화염 조선

화염 조선 _{火焰朝鮮}

박재광 지음

전 통 비 밀 병 기 의  과 학 적 재 발 견

글항아리

우리나라는 역사적으로 수많은 외침을 이겨내며 오늘에 이르렀다. 그 많은 전쟁을 겪으며 우리 민족은 성능이 뛰어난 무기의 보유와 끊임없는 훈련이 나라를 지키는 요체임을 인식하고 무기 개발에 많은 관심과 노력을 기울였다.

전쟁에서는 병력의 규모라든가 전략과 전술, 충분한 물자의 조달, 훈련된 병사와 장수의 통솔력 등 어느 것 하나 소홀해선 안 되겠지만, 무엇보다 중요한 것은 병사 개개인에게 지급되어야 할 무기였다. 무기는 스스로를 보호하고 상대를 제압하기 위해 반드시 필요한 것이었고, 얼마나 우수한 무기를 보유하고 개발했느냐에 따라 국가의 운명이 달라지기도 했다. 역대 전쟁에서 무기가 전쟁 상황을 결정했던 사례는 적지 않게 찾아볼 수 있는 것으로, 무기의 보유와 그 성능은 한 나라의 국력을 상징하기도 한다.

조선시대에 외국에서 사신들이 오면 구경하고자 했던 세 가지가 있었다. 첫째는 신기에 가까운 궁술을 관람하는 관사觀射요, 둘째는 화약을 이용하여 형형색색의 불꽃을 쏘아 올리는 관화觀火이고, 셋째는 금수강산의 대명사인 금강산 관광이었다. 이 셋은 조선이 보유한 천하제일의 명기이자 자랑이었다. 이들 관람은 국가 안보 차원에서 엄격히 제한됐기에 외국 사신들의 관심이 컸고, 한 가지 구경만으로도 최고급 대우로 여길 정도였다. 이중에서 관사와 관화는 조선의 대표적인 군사 무기이자 호국 병기를 통해 높은 기술력과 국방력을 과시할 수 있는 행사였다.

사실 이들 전통 무기에는 선현들의 피와 땀, 혼이 깃들어 있다고 할 수 있는데, 국가적 위기 상황을 벗어나고자 수많은 적으로부터 스스로를 보호하려 했던 노력의 산물이었기 때문이다. 이 책은 우리 민족이 가장 장기로 여기는 활과 국가적 사업으로 개발돼 오늘날까지도 사용되고 있는 화약병기, 다연장로켓의 원조인 화차, 해상에서의 탱크 거북선, 조선 최고의 전함 판옥선 등에 담긴 선현들의 지혜를 다시금 되새겨보고자 펴낸 것이다.

고조선시대로부터 사용된 활은 화약병기가 등장하기 이전까지 원거리 무기 가운데 가장 대표적인 것이었다. 동이족東夷族으로 불린 우리 민족은 일찍부터 궁시를 가장 중히 여겼고, 가장 대중적인 무예 역시 활쏘기였다. 내용에서 약간의 차이가 있긴 하나, 오늘날 양궁에서 보여주는 한국인의 저력은 결코 이와 무관하지 않을 것이다.

고구려 고분벽화를 보면 활 쏘는 기마 무사라든가 군사 행렬 속에 포진해 있는 궁수의 모습을 통해 당시에 활이 지녔던 위용을 느낄 수 있다. 이러한 활의 전통은 이민족과의 전쟁이 잦았던 고려와 조선에까지 이어졌다. 조선시대에는 무과시험 과목에 활쏘기가 들어 있었고, 일상생활에서는 사대부들이 소양을 닦는 하나의 수단이었다. 또 고려 말에 최무선이 제조한 화약 및 화약병기는 국가적 사업으로 진행됐다. 최무선은 당시 창궐하던 왜구를 물리치기 위해 필요한 것이 이들 무기라 판단하고 부단한 노력 끝에 화약의 국산화에 성공했다. 이후 화약병기는 무기 체계상 일대 변혁을 초래해 전쟁의 양상을 바꿔놓았다.

조선시대 들어서 화기 개발은 잠시 주춤하기도 했으나 대외방어를 위해 적극적으로 추진됐다. 이 과정에서 최무선의 화약과 화기 제조술이 그의 아들인 최해산으로 전승되었고, 이후 국가적 차원에서 관리·개발됐다. 특히 세종은 북방의 4군 6진 영토 개척을 위해 화약과 화기 개발에 주력했는데, 그 결과 조선의 화약과 화기 제작기술이 국제적 수준에 도달할 수 있었다. 그러나 이후 엄격한 관리와 지나친 통제, 나아가 장기간 지속된 평화로 인해 그 기술은 점차 낙후되어갔다.

1592년에 벌어진 임진왜란 초기 조선군은 육상전투에서 일본군의 조총에 밀려 열세를 면치 못했지만 해전에서는 우수한 성능을 지닌 대형 화포를 거북선·판옥선과 함께 운용해 연전연승을 거둘 수 있었다. 무기의 중요성을 절감한 조선은 전쟁이 끝난 후 조총을 비롯한 호준포·삼안총·불랑기 등 새로운 무기 개발에 착수했다. 그후 우리나라에서 제작한 조총의 우수성은 대외적으로도 널리 알려져 청나라가 조총과 우수한 조총병을 지원해달라고 요청할 정도였다.

이 책은 오랫동안 우리나라의 전통무기를 연구해 오신 여러 선생님들의 선행연구를 토대로 정리했다는 점을 분명히 밝혀둔다. 주화와 신기전이 우리나라 최초의 로켓형 화약무기라는 것을 처음으로 과학적인 연구를 통해서 밝히고 그 우수성을 세계에 널리 알리신 채연석 전 항공우주연구원장을 비롯하여 인문학 측면에서 심도 있게 연구하신 허선도 교수, 또한 현존하는 여러 전통무기에 대한 실체 규명에 전념하신 이강칠 전 육군박물관장 등 많은 분들이 있다. 이러한 분들의 선행 연구 성과가 없었다면 이 책은 결코 나오기 힘들었을 것이다. 특히 채연석 박사는 인문학자가 쉽게 풀 수 없는 우리 전통무기의 실체를 공학적인 연구와 복원 및 발사시험을 통해 선구적으로 밝혀놓음으로서 필자와 같은 인문학자가 이 분야에서 역사적 의미를 찾아 갈 수 있도록 깊은 토대를 제공해주셨다. 따라서 이 책에서 언급하고 있는 많은 정보와 도판들은 이런 연구 성과를 토대로 재정리되었다 할 수 있다. 후학으로서 그분들의 연구에 힘입었으면서 동시에 더욱 많이 발전시켜야 온당하나 아직 많이 미흡한 것이 사실이다. 이 자리를 빌려 깊이 감사드리고, 학술서의 형식을 따르지 않아 본문에 그 사실을 일일이 밝히지 못한 부분에 대해 넓은 이해를 부탁드린다.

2009년 1월
박재광

차례

화약 개발을 둘러싼 모험
- 최무선에서 세종대 기술 혁신까지

　　　　　　우리 역사는 최무선이 화약을 발명했고,
그때부터 화약병기를 사용했다고 가르쳐왔다. 그러나 고려 말
에 이루어진 최무선의 화약 발명은 세계 최초도 아니었고, 또
당시 고려 사람들에게 전혀 알려지지 않았던 화약을 만들어낸
것도 아니었다.

　최무선 이전부터 고려 사람들은 화약을 가지고 불꽃놀이를
했고, 무기로도 사용했다는 것이 기록에 분명하게 남아 있다.
1104년_{숙종 9}, 고려는 북쪽의 여진에 대해 대규모 정벌을 단행했
는데, 이때 발화대發火隊라는 특수부대가 편성·운용되었다. 발
화대가 일반적인 화공부대인지, 아니면 화기를 장비한 부대였
는지는 확실치 않다. 다만 당시 중국 대륙의 패권을 장악하고
있던 몽고가 이미 화기를 사용하고 있었고, 고려가 몽고와 일

찍부터 교류를 텄던 점으로 미루어 적어도 화약병기에 대한 인식은 있었던 듯하다. 이후 1135년_{인종 13}에 등장하는 화구火毬나 1274년_{충렬왕 원년} 여몽연합군이 일본 정벌 시에 사용했다는 이른바 철포鐵砲도 화약병기의 일종이었다. 『몽고습래회사蒙古襲來繪詞』와 『고려사』 열전에는 화약병기로 추정되는 용어들이 여럿 나오고 있다.

최무선에 대해 잘못 알려진 것들

화약병기에 대한 보다 확실한 기록은 1356년_{공민왕 5} 9월 고려의 중신들이 서북면 방어군을 사열하고 총통統筒을 발사하니, 그 화살이 순천사 남쪽 땅까지 가 떨어져 깊이 박혔다는 내용이다. 또 고려가 명나라에 화약병기를 요청하는 기록도 있는데, 1373년_{공민왕 22} 11월, 공민왕이 장자온張子溫을 명나라에 보내 왜구들을 상대할 배에서 사용할 화약병기와 화약을 지원해줄 것을 요청했고, 이듬해 5월 8일 명나라로부터 염초 50만 근, 유황 10만 근과 더불어 여러 가지 약품을 지원받았다는 것이다.

이러한 사실들로 볼 때 논란의 여지가 있을 수 있지만, 최무선 이전에 이미 화기와 화약이 도입되었을 가능성이 높다. 특히 고려 말은 왜구의 침입이 빈번해져 이를 상대할 신병기가 절실했는데, 그런 점에서 이미 고려에게 독자적인 화약을 제조

고려의 화약무기 제조가, 최무선

할 필요성은 충분했다. 하지만 화약병기를 사용했다고 해서 그것이 곧 화약과 화약병기의 자체 생산을 의미하는 것은 아니었다. 과학기술 수준의 차이가 있긴 하지만 동양권은 이미 금속활자 문화 단계에 있었기 때문에 화기의 주조가 불가능한 것은 아니었기 때문이다.

특히 고려의 금속기술은 지금 우리가 알고 있는 것보다 수준이 훨씬 높은 것이었다. 이미 청동기 제품이 대량생산되었고, 거대한 불상을 창조해낼 정도로 제철기술이 발전했다. 또 거푸집 기술과 규격화된 제품의 대량생산 기술이 집약된 청동활자라든가, 중국에서 최고의 품질을 자랑하는 '고려동高麗銅', 팔만대장경판에 쓰였던 순도 97.1~99.6퍼센트의 마구리 구리판 등은 놀라운 동 제련기술을 보여준다. 즉 고려의 금속기술은 화약병기를 제조하는 데 전혀 문제가 없을 정도로 탁월했다. 다만 관건은 화약을 어떻게 제조하는가였다.

당시 화기의 효능을 정확히 인식하고 있던 중국은 주변 국가보다 무기 체계를 우월하게 유지하기 위해 오랫동안 화약 제조법을 극비에 부쳤고, 나라 바깥으로 유출되는 것을 철저히 통제해 고려가 그 제조기술을 얻어내기란 결코 쉽지 않았다. 화약의 주요 성분인 유황·목탄·염초 이 세 가지 가운데, 유황과 목탄은 비교적 쉽게 얻을 수 있었지만 염초만은 화학적 기술이 뒷받침돼야 했다. 사실 화약을 만드는 것은 염초 제조기술에 모든 것이 달려 있다고 해도 과언이 아니었다.

특히 당시 고려는 아직까지 화약의 중요성에 대해 깊이 인식하지 못하고 있었다. 더욱이 화약이 당시 서해안에 창궐하는 왜구를 물리칠 결정적 무기로 활용될 수 있다는 점은 아무도 생각해내지 못했던 것이다. 이러한 상황에서 그저 불꽃놀이 도구 정도로만 생각되던 것을 왜구를 패퇴시킬 무기로 활용할 수 있다는 전술상의 중요성에 주목했던 이가 바로 최무선이었다. 흔히 필요는 발명의 어머니라고 말들 하지만, 대부분의 사람은 필요를 절실하게 느끼지 못한 채 수많은 일을 지나쳐버리기 십상이다. 최무선은 그런 범상한 태도를 뛰어넘는 비범한 관찰력과 통찰력을 지니고 있었다. 그 결과 우리나라에서 최초로 실용성 있는 염초 제조법을 습득해 자체 생산을 이뤄낼 수 있었다.

최무선은 중국의 이원李元이라는 인물로부터 염초 제조기술을 배웠다. 원과 명의 교체기였던 당시의 중국 대륙은 화약 제조기술에 대한 감시가 상대적으로 소홀했었고, 그 틈을 타 기술은 유출되고 말았다. 최무선은 이때를 놓치지 않았고, 그런 까닭에 염초의 정제 방법을 처음으로 연구해내는 데 성공했다. 당시의 화약 성분은 염초석 75퍼센트, 유황 10퍼센트, 목탄 15퍼센트 정도로 구성돼 있었다. 최무선은 수차례의 실험을 통해서 마침내 최적의 혼합 비율에 다가갈 수 있었다.

다시 씌여질 고려 화약병기의 역사

최무선이 화약을 본격적으로 만들기 시작한 때는 1377년우왕 3이다. 그는 조정에 건의해 화통도감火㷬都監이라는 화기 제조기관을 설치함으로써 화약과 화약병기의 제조 업무를 주관했다. 이는 곧 고려가 화약병기를 자체적으로 대량생산하는 체제를 갖추었음을 의미하는 것으로서, 중국에 이어 동양권에서 두번째 화기 보유국이 되었다.

화통도감에서는 화약과 함께 대장군大將軍 · 이장군二將軍 · 삼장군三將軍 · 육화석포六花石砲 · 화포火砲 · 신포信砲 · 화통火筒 · 화전火箭 · 철령전鐵翎箭 · 피령전皮翎箭 · 철탄자鐵彈子 · 오룡전五龍箭 · 유화柳花 · 주화走火 · 촉천화燭天火 등 18종에 달하는 화약병기를 제작했다. 고려는 이들 화기를 군사적으로 적극 활용했는데, 이를 뒷받침하고자 화기 운용부대인 화통방사군火筒放射軍까지 설치했다. 나아가 해전에서 화포를 활용하기 위해 누선樓船이라는 전함도 새롭게 건조했다. 이러한 화기 운용은 곧바로 성과를 내기 시작했는데, 화기로 무장된 고려의 전함은 대 왜구전에서 큰 위력을 떨쳤다. 1380년^{우왕 6}의 진포해전_{鎭浦海戰}과 1383년에 벌어진 남해의 관음포해전_{觀音浦海戰}에서 거둔 성과가 그것이다.

특히 진포해전은 우리나라 해전사상 중요한 전기를 마련했다고 할 만하다. 우선 자체 생산한 화약과 화포로 장비한 수군이 치른 최초의 해전이었다는 점을 꼽을 수 있겠고, 또 하나는 해전술상 화포가 장비된 전함이 투입되어 함포 공격을 감행한 최초의 전투라는 점에서 의의가 크다. 그러나 아쉽게도 고려의 화약병기 가운데 전해지는 유물은 없다. 몇몇이 그 시대의 것으로 추정되긴 하는데, 그중 하나가 경희대 박물관의 고총통 2점이다. 외형적으로는 길이 23.7~24센티미터, 구경 1.6센티미터로 명나라 초기의 총통과 유사하다. 하지만 내부 구조가 조선 세종 말기의 독자적인 총통 형태와 다르고, 오히려 스웨덴의 로셀트 소총통 및 중국의 14세기 총통과 유사하다. 따라서 고려 말 최무선에 의해 제작되었거나, 적어도 세종 이전에 제작된 것으로 추정된다. 또다른 하나는 아리사카가 쓴 『병기고』에 언급되어 있는 유물이다. 길이 35~36센티미터, 구경

고총통, 경희대박물관 소장

논란이 되는 유물의 명문 부분(홍무 18년명 총통)

14~21밀리미터의 청동제 화기 2점인데, 표면에 '숙자유승叔字鍮勝, 무게 4근8냥, 길이 1자9푼'이라는 명문이 새겨져 있다. 아리사카는 이 유물을 12세기 이전 조선의 화창火槍이라고 소개하고 있다.

최근에 발견된 유물 한 점 역시 세간에 새로운 논쟁거리로 떠오르고 있다. 1998년 4월 문화재 사기사건의 증거물로 압수된 총통인데, 길이 30.2센티미터, 지름 구경은 2.7센티미터이다. 표면에 '홍무 18년우왕 11, 1385 7월에 양광도 내상에서 원수 왕●의 지시에 의해 만들어졌다洪武十八年 乙丑七月日 楊廣內床造 元帥王●'는 문구가 새겨져 있는 게 눈에 띈다. 논쟁의 핵심은 이 총통의 진위 여부다. 형태나 명문, 유물의 상태, 성분비 등 여러 조건을 좀더 종합적으로 검토해봐야겠지만, 만약 이 유물이 고려의 총통으로 입증된다면 아마도 그 시대의 가장 오래된 화약병기로 기록될 것이다.

여말선초 화약병기의 과학성

전통시대에는 화약병기를 크기별로 분류해 대형·소형으로 나누기도 하고, 총통의 내부 구조에 따라 무격목형과 격목형·토격형 등으로 분류하기도 했지만, 기본적으로는 점화 방식에 따라 지화식指火式과 화승식火繩式, 수석식燧石式, 뇌관식雷管式 등으로 구분할 수 있다. 점화 방식으로 구분한다면 조선시대에 사용된 화기 가운데 화승식인 조총鳥銃과 뇌관식 총을 제외한 모든 화기, 즉 일반적으로 총통이라 불리는 화약병기는 손으로 직접 화약선에 불을 붙이는 지화식이라 할 수 있다. 조총은 지화식에서 발전한 화승식 소총이고, 구한말에 사용된 뇌관식 총은 화승식보다 좀더 진일보한 것이다.

여기서는 지화식 화약병기를 중심으로 그 구조와 특징을 살펴본다. 지화식 화약병기는 〈표 1〉과 같이 병사들이 직접 휴대하고 다니면서 사용하는 소형 화기와 대형 화포로 구분된다.

구분	고려시대	조선시대
소형	대장군, 이장군, 삼장군 육화석포, 화포, 신포, 화통 *고려시대의 경우 소형·대형 구분이 모호	이총통, 삼총통, 사전총통, 사전장총통 팔전총통, 세총통, 신제총통, 주자총통 승자총통, 차승자총통, 소승자총통 중승자총통, 대승자총통, 별승자총통
대형		일총통, 총통완구, 천자총통, 지자총통 현자총토, 화자총통, 별황자총통, 대완구, 중완구 소완구, 총통완구, 불랑기, 호준포, 백자총통 비몽포, 구포, 대포, 중포, 소포

표 1 우리나라의 지화식 화약병기 현황

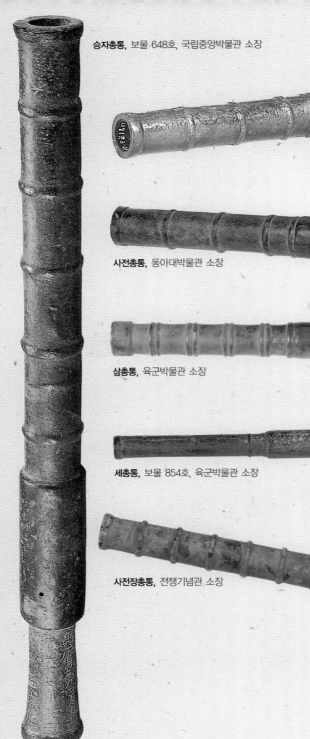
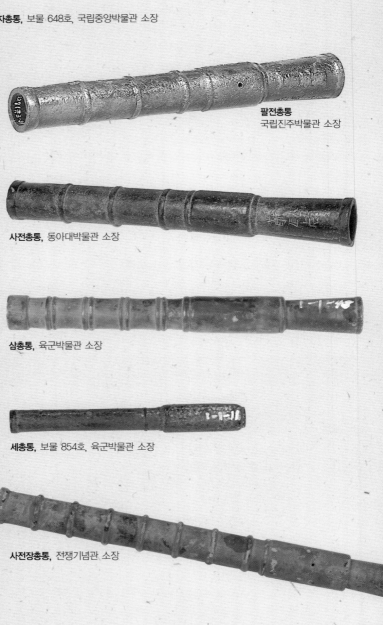

승자총통, 보물 648호, 국립중앙박물관 소장

팔전총통
국립진주박물관 소장

사전총통, 동아대박물관 소장

삼총통, 육군박물관 소장

세총통, 보물 854호, 육군박물관 소장

사전장총통, 전쟁기념관 소장

대장군포
육군박물관 소장

　조선초기 소형 화기의 구조는 총신 부위인 부리부_{嘴部}, 격목
부_{激木部}, 약통부_{藥筒部}와 손잡이 형태의 자루가 끼워지는 병부_{柄部}
등으로 나뉜다. 이러한 형태는 세종 말기에 완성됐으며, 이전
에 중국의 화약병기를 모방하는 단계에서 독자적인 형태로 정
착된다. 구조적인 특징을 살펴보면, 가장 주목해서 볼 부분이
격목부이다. 이 부위는 약통 속에 넣은 화약이 폭발할 때 가스
의 유출을 방지해 폭발력을 키움으로써 총통이나 포의 성능을
좋게 하려는 것으로서, 약통 앞부분에 끼우는 나무인 격목을
장치하는 부분이다. 바로 이 격목부가 우리나라 화약병기를 시
대별로 구분해주는 단서가 되는데, 총신의 내부 구조가 무격목
형_{無激木形}과 격목형_{激木形}, 토격형_{土隔形}으로 변화하고 있다.

　(가) 형태는 주로 여말선초에 중국제를 모방해서 제작하던

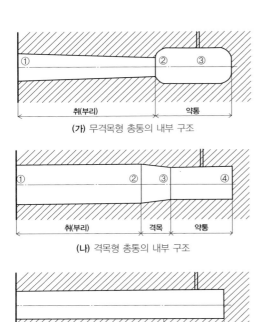

(가) 무격목형 총통의 내부 구조

(나) 격목형 총통의 내부 구조

(다) 토격형 총통의 내부 구조

단계에 나타난 총통이며, (나) 형태는 세종 말기에 대대적인 화기 개량을 통해서 독자적으로 발전시킨 것이다. 이후에는 발사물이 화살[箭]에서 탄환으로 바뀌어 (다) 형태의 총통이 등장하게 되었다.

(가)와 (나) 형태의 총통에서는 같은 양의 화약이 폭발했을 때 그 폭발력에 의해 받는 힘은 무격목형보다 격목형이 크다. 약통의 내부 폭발 압력이 같을 경우 격목에 작용하는 힘은 그 단면적에 비례하기 때문에, 단면적이 큰 격목형 총통에서 발사되는 화살이 더 멀리까지 날아갈 수 있다. 뿐만 아니라 무격목형 총통은 화살이나 탄환을 넣는 부리의 내부가 직선이 아니고 경사져 있기 때문에 발사물이 똑바로 날아가지 못한다. 이런 까닭에 무격목형 내부 구조를 가진 총통은 격목형 총통보다 오래된 형태라 볼 수 있다. 현재 남아 있는 총통 중에서는 경희대박물관의 고소총통이 무격목형 과 같은 내부 구조를 지니고 있다.

특히 무격목형 총통에서는 탄환이 아닌 화살만 쏘아야 했다. 탄환을 발사할 때 격목을 사용하지 않고 토격, 즉 화약을 약통에 넣은 뒤 그 위를 흙으로 덮고 다진 후 환을 넣고 쏘았는데, 약통 내부가 부리 내하경보다 넓기 때문에 그곳에 흙이 들어가면 화약이 폭발할 때 총통이 파열되거나 힘이 약해진다. 하지만 화살을 한 개만 사용할 경우에는 화살 뒤 끝부분이 격목 역할을 해 격목 없이도 화살을 쏠 수 있었다.

격목형 총통의 내부는 화살을 사용하는 총통에 가장 알맞은 구조로 되어 있다. 이 경우 약통에서 화약의 폭발로 발생하는 연소가스의 압력을 최대한 이용할 수 있는데, 이 총통의 내부는 안쪽 약통으로 들어갈수록 좁아져 격목을 격목통에 꼭 맞게 낄 수 있다. 다시 말해 총통에서 화살을 발사할 때 발사 속도, 즉 화살의 사정거리를 좌우하는 것이 이것에 따라 결정된다. 이러한 구조를 가진 총통들 대부분은 세종 27년 화기의 획기적인 개량이 단행된 후 제작된 것들이다.

격목형 총통이 처음 제작된 세종 말기에는 발사물로 화살만을 사용했지만 조선중기 사격 방법과 화약 굽는 방법 등을 기술한 이서李曙의『화포식언해火砲式諺解』에 보면 탄환도 사용했음을 알 수 있다. 즉 발사물의 종류에 따라 달라졌는데, 발사물이 화살일 경우는 격목을, 탄환일 경우는 토격을 사용하고 있다. 이에 따라 격목형 총통에서 화살을 발사할 때에는 나무로 만든 격목을 사용하고 탄환을 발사할 때는 흙을 이용한 토격을 사용했다. 토격은 약통에 화약을 넣고 그 위를 흙으로 다지면서 막아주는 격목통이 필요 없다. 그런 까닭에 탄환을 발사물로 사용하는 토격형 총통에서는 부리의 내경과 약통의 내경이 같은 구조를 갖추고 있는 것이다.

세종대, 대량 격발 무기를 완성하다

토격형 총통과 같은 구조인 승자총통에서는 격목을 사용할 수 없는데, 이는 『화포식언해』의 기록에도 보인다. 즉, 승자총통은 한 냥의 화약을 사용하고 토격의 두께는 6분이며, 철환 15개나 피령목전을 사용하고, 600보를 날아가며, 격목은 없다고 한 것으로 봐도 알 수 있다.

따라서 소형 총통의 내부 구조는, 발사물인 화살의 사정거리를 크게 하고 한 번에 여러 개의 화살을 발사하기 위해 무격목형에서 격목형으로 변했으며, 총통의 발사물이 화살에서 탄환으로 바뀌면서 그 구조 또한 격목형에서 토격형으로 변천되었음을 알 수 있다. 이는 실제 유물의 형태를 비교해봐도 마찬가지인데, 같은 명칭의 총통이라도 제작 시기가 언제인가에 따라 형태가 다르게 나타난다.

두번째로 부리부에 있는 마디[竹節]이다. 우리나라의 총통은 중국이나 외국의 총통보다 마디가 많은 것이 특징이다. 그 개수를 비교해보면, 크기가 비슷한 중국제 화약병기는 2개인 데 반해 조선의 이총통은 6개로 훨씬 많다. 총통에 마디가 많으면 그 겉면적이 넓어져 자연히 공기와 접촉하는 면적이 늘어난다. 이것은 냉각 속도를 빠르게 해주는

화포와 화약을 제조하는 최무선

냉각핀 역할을 비롯해 폭발할 때에 높은 압력에서도 총통이 견딜 수 있도록 강도를 보강해주는 역할을 하기에 중국제에 비해 훨씬 더 과학적이다.

세번째로 다량의 화살을 장전하여 발사한다는 점이다. 조선 초기의 총통은 사전총통, 팔전총통 등의 이름에서도 알 수 있듯이 주로 화살을 발사했다. 이러한 점은 유럽이나 중국 초기의 화포도 마찬가지였지만, 조선에서는 보다 많은 화살을 정확하게 발사하기 위한 연구가 이뤄졌고, 그 결과 세종 때에는 4~12개에 이르는 화살을 한꺼번에 쏠 수 있었다. 초기의 화약병기에는 강선이 없었기 때문에 탄환보다는 화살이 화살대와 화살 깃의 작용으로 인하여 상대적으로 안정적인 궤적을 그리며 날아갈 수 있었다. 하지만 한 번에 여러 개를 넣어 쏘면 화살이 제각각 날아가기 쉬우므로 상당히 정교한 사격기술이 요

구됐다. 그런 와중에 세종 말기 기술적인 개량이 완성됨으로써 안정적으로 많은 화살을 발사할 수 있게 된 것이다.

이처럼 조선은 고려시대부터 전해오던 모든 화약무기에 대한 성능시험을 대대적으로 진행했고, 그것의 단점을 분석해 개선 방안을 세움으로써 화약무기를 점점 정교화해나갔다. 뿐만 아니라 이들 무기에 대한 전면적인 규격화 · 표준화 작업을 실시하고자 『총통등록統筒謄錄』을 편찬해 전국에 배포했다. 『총통등록』의 발행은 병기기술 발전에서 중요한 의의를 지니는데, 곧 이 시기 조선의 병기 제작법이 기술적으로 높은 수준에 이르렀음을 입증하고 있다.

일반적으로 화약무기가 병기에 도입되어 일정 시간이 지나면 다량 생산이나 계열 생산의 문제가 제기되며, 그에 따라 설계의 규격화, 표준화, 제작기술 공정의 합리화, 제품의 검사, 시험, 규정의 완성과 같은 문제가 뒤따른다. 서구 유럽에서 화약무기에 대한 규격화는 18세기 중엽에 가서야 실현되는데, 조선에서는 유럽에 비해 3세기나 앞선 15세기 중엽에 이미 그러한 조치를 취하고 있었던 것이다.

세계 해전사의 흐름을 바꾼 최무선
- 대형 화포와 해전술

고려 말부터 조선초기까지 살았던 대학자 권근權近, 1352~1409의 문집 『양촌집陽村集』에는 진포해전에서 왜구들의 배를 격파한 최무선을 축하하며 쓴 시가 실려 있다.

님의 재략이 때맞춰 내어나니	明公才略應時生
30년 왜란이 하루 안에 평정되도다	三十年倭一日平
바람 실은 전선은 새들도 못 따라가고	水艦信風過鳥翼
화차는 우레 소리를 올리며 진을 독촉하네	火車催陣震雷聲
주유가 갈대숲에 불 놓은 것이야 우스갯거리일 뿐이고	
	周郎可笑徒焚草
한신이 배다리 만들어 건넜다는 이야기야 자랑거리나 될까 보냐	
	韓信寧誇詐暫渡

이제 공의 업적은 만세에 전해지고 　　　　豊烈自今傳萬世

능연각에 초상화 걸려 공경 가운데 으뜸일세 　凌煙圖畫冠諸卿

공의 화약무기 제조는 하늘의 도움이니 　　　天郎公衷作火砲

한 번 바다 싸움에 흉포한 무리 쓸어버리네 　樓接一戰掃兇徒

하늘에 뻗치던 도적의 기세 연기와 함께 사라지고

　　　　　　　　　　　　　　　　慢空賊氣隨煙散

세상을 덮은 공과 이름은 해와 더불어 영원하리

　　　　　　　　　　　　　　　　盖世功名慶日鋪

긴 맹세가 어찌 긴 세월 뒤에까지 기다릴까 　永誓豈惟期帶礪

응당 군사의 대권을 맡게 되도다 　　　　　專征應赤賜弓鐵

종묘사직은 경사롭고 나라는 안정을 찾았으니

　　　　　　　　　　　　　　　　宗祧慶賴邦家定

억만 백성의 목숨이 소생하는도다 　　　　億萬蒼生命再蘇

주유가 갈대숲에 불 놓은 것이야 우스갯거리일 뿐

　　　　권근이 언제 이 시를 썼는지는 알 수 없
지만, 1380년 진포해전 직후에 최무선이 승리를 거두고 개선
해오자 이를 칭송하기 위해 지은 것으로 보인다. "주유가 갈대
숲에 불 놓은 것이야 우스갯거리일 뿐"이고 억만 백성의 목숨
이 소생한다는 데서, 최무선이 이뤄낸 업적에 대해 당대 사람
들이 어떻게 느꼈을지 짐작해볼 만하다. 권근은 최무선보다 20

여 세 나이가 어렸지만, 동시대 사람으로서 그를 아주 높이 평
가했다.

  최무선을 높게 평가할 수밖에 없었던 것은 이런 이유에서다.
첫째, 화약과 화약병기를 자체 생산하여 무기로 활용했다는 점
이다. 둘째, 화약과 무기들을 그저 발명하고 개발만 한 것이 아
니라 그것들을 가지고 실제 전투에 참가해 위대한 공적을 남겼
다는 점이다. 최무선은 30년 동안 창궐하며 노략질을 일삼던
왜구들을 하루아침에 싹 쓸어버렸다. 첫번째 부분에 대해서는
앞서 살펴봤기에 여기서는 둘째 부분을 중심으로 살펴보자.

최무선은 고려 말 화약병기의 개발자이자 왜구 소탕의 공을
세운 장군이었다. 그가 어떤 전투에 참여했었던가를 상세히 밝
혀내긴 어렵지만, 몇몇 전투에서 그의 활약을 엿볼 수 있다. 대
표적인 것이 진포해전이었다. 고려 우왕 3년¹³⁷⁷ 10월, 최무선
은 화약병기를 제조해 빈번하게 침범해오는 왜구를 격멸하려
는 의지를 나타냈고, 이를 위해 화기 제조기술을 보안하기 위
한 화통도감을 설치하자고 건의했다. 그리고 바로 이 화통도감
에서 대장군·이장군·삼장군·육화석포·화포·신포·화통
등 18종의 화기를 제조해냈다. 물론 그렇다 해도 화약과 화약
병기의 자체 생산으로 중세의 전술이 하루아침에 새로운 전투
나 전술 양식으로 진보했다고 볼 순 없다. 화기는 이후 보병들
에게 통상적인 병기로 채택되고 나아가 보병의 전투를 지원하
는 오늘날의 포병과 같은 역할을 수행하기까지 장구한 세월을
기다려야만 했다.

화약병기의 발달은 그 사회의 일반적인 산업과 공업기술 수
준에 따라 서서히 진행될 수밖에 없었으며, 초기에는 극히 초
보적인 수공업적 기술에 의존하기 마련이다. 그럼에도 불구하
고 화약병기의 개발은 끈질기게 추진되었는데, 활과 창 같은
재래식 무기와는 비교도 안 될 살상 효과를 발휘한 덕분이었
다. 고려의 화약병기들이 어떤 제원과 성능을 보유하고 있었는
지는 현재로서 명확히 밝힐 순 없지만 각종 전술 목적에 적합

한 다양한 화기 제조에 주력했던 것만은 확실하다. 특히 화통도감이 설치된 지 불과 6개월 만에 비록 소규모이더라도 화통방사군火㷁放射軍이 편성되었다는 점은 곧 화기가 재빨리 전술적 목적에 이용되었음을 증명해준다.

해전에 혁신을 일으킨 화포

동서양을 막론하고 화약병기는 대형에서 소형으로 발전해왔다. 그럴 수밖에 없는 것이 화약의 폭발적인 힘에 의해 발사물을 날려 보내는 병기의 경우, 흑색 화약이 밀폐된 상태에서 연소되면 내부 압력이 급격히 높아져서 거의 폭발적으로 연소하기 때문이다. 이러한 폭발력을 감당하기 위해서는 포신砲身이 두껍고 육중해야만 하는데, 이에 따라 화약병기의 크기도 자연히 커진다.

이 점은 고려의 경우도 예외가 아니었다. 최무선에 의해 제작된 18종의 화기 가운데 대장군·이장군·삼장군·육화석포·화포·신포·화통이 화약의 폭발적 힘에 의해 화살이나 탄환 등 발사물을 날려 보내는 장약폭발식裝藥爆發式 화포라 할 수 있다. 조선시대의 천자총통, 지자총통, 현자총통, 황자총통을 비롯해 총통완구·대완구·중완구·소완구 등도 같은 종류다. 이들 대부분은 크고 육중한 형태를 띠고 있다. 그런 까닭에 초기에는 주로 이동의 필요성이 적은 고정포로서 요새나 성곽 방어에 사용됐다. 특히 산지가 많은 우리나라의 자연적인 조건은 이러한 경향을 더욱 촉진시켰다.

하지만 해상에선 달랐다. 크고 무거운 화약병기도 일단 선박에 거치시키면 그 이동에 따라서 기동성을 갖게 돼, 지상 전투에서 그다지 효용성이 없던 대형 화포가 해전에서는 훌륭한 성능을 발휘했다. 특히 당시 화포에서 쏘는 발사물로는 대형 화살[箭]을 사용했기 때문에 모두 목선木船이었던 군선軍船들은 화약병기에 의해 쉽게 파괴되었고, 해전의 성격상 멀리 떨어져 있는 적선을 먼저 공격할 수 있다는 장점도 작용했다.

혁명적인 기동성의 발견

결국 대형 화포를 장착한 군선의 등장은 기존의 해전 형태를 획기적으로 바꿔놓았다. 동서양을 불문하고 고대와 중세의 해전은 배를 타고 있다는 점을 제외하고는 육상 전투와 별다를 바가 없었다. 양측은 배를 몰며 활을 쏘다가 거리가 가까워지면 서로의 배에 뛰어올라 창칼을 겨누고 육박전을 전개했다. 이처럼 배 위에서 벌어지는 백병전의 성공률은 매우 낮은 것으로, 비록 승전을 거두더라도 피차간에 막대한 희생을 치르기는 마찬가지였다. 하지만 화약병기가 등장하자 원거리에서의 공격이 가능해졌고, 화포를 많이 싣기 위해서는 더 크고 튼튼한 배가 필요해 조선술의 발달도 뒤따르게 되었다.

폭발 반동력 견디는 평저선의 건조

고려말기 왜구(倭寇)의 침략은 가장 큰 골칫
거리였다. 이들이 창궐하기 시작한 때는 1350년인데, 거의 매
해 전라도·경상도 지역을 괴롭히다가 드디어 충청과 경기 지
역까지 침범했고, 급기야 한반도의 모든 해안지역에 걸쳐 약탈
을 자행했다. 당시 고려는 이들 왜구를 해상에서 격퇴시키지
못하고 연해 지방에 20~30리 혹은 50~60리 간격으로 소규모
방어기지를 구축함으로써 그들이 상륙한 후 육상 전투를 통해
격퇴시키는 전술을 구사했다. 이런 전술은 치명적인 약점이 있
었다. 해안 지방을 모두 망라하기가 불가능할뿐더러 당시 고려
군은 훈련조차 제대로 받지 못해 고전을 면치 못하는 때가 부
지기수였기 때문이다.

왜구의 전략은 교묘했다. 고려의 허술한 연안 방어체제의
틈을 찌르고 들어오는 식이었다. 즉 규모가 큰 그들은 대선단(大
船團)을 구성해 연해를 배회하다가 불시에 기습 상륙했다. 이후
방어기지를 수비하던 고려군을 격파시킨 후 물자를 약탈했고,
고려군이 조직적으로 반격을 개시하려 하면 손쓸 틈 없이 재
빠르게 배에 올라타 도주하는 식이었다. 소규모 왜구의 경우
도 뒤지지 않았다. 이들은 은밀하게 정찰병을 상륙시켜 미리
약탈 대상을 선정해놓았다가 기습 상륙함으로써 고려군이 출
동하기 전에 일을 보고 신속히 철수하는 방법을 썼다. 그런 까

닭에 언제 어느 지점에 상륙할지 모르는 왜구를 방어하는 데 있어서는 무엇보다도 그들 선단을 해상에서 격멸시킬 수 있는 전투 수단을 개발하는 것이 절실했던 터였다. 때마침 화약병기의 자체 제작은 이러한 시대적 요구를 충족시키는 첫 걸음이 돼주었다.

화통도감을 통해 무기기술은 급속도로 발전해갔다. 최무선은 화기를 적재하고 활용할 전함을 직접 건조하기도 했다. 고려는 일찍이 일본 정벌을 통해 전함 건조 실력을 인정받았고, 공민왕대에 이미 전함을 건조해 화통을 발사한 적도 있었지만, 최무선은 기존의 고려 전함이 지닌 장점은 살리고 단점은 보완해 새로운 전함인 누선樓船을 건조했던 것이다.

고려의 배는 돛을 단 평저선平底船이라는 점이 특징이었다. 조수 간만의 차가 심한 우리나라 해안에서는 썰물 때 배가 옆으로 기울지 않고 균형을 잡을 수 있도록 폭이 넓고 바닥이 평평한 평저선이 적합했다. 이렇게 만들어진 선박은 화포를 운용하는 데에도 유리하게 작용했다. 배에서 화포를 발사하면 폭발 반동력에 의해 큰 충격을 받아 배가 한쪽으로 기울며 흔들린다. 특히 재료가 나무로 돼 있고 배수량이 일정한 규모일 경우 더 심한 진동을 받게 된다. 이러한 점은 배의 안정성뿐 아니라 화포의 명중률에도 커다란 영향을 끼치는데, 평저선은 포 사격 시 발생하는 진동에 영향을 받지 않을 수 있었다. 결국 최무선이 화포 운용에 적합한 선박을 건조함으로써 그 효과를 극대화시켰던 것이다.

100척으로 500척 해상 요새 초토화

1380년^{우왕 6}에 일어난 진포해전, 그로부터 3년이 지나 남해에서 발생한 관음포 해전에서 화기로 무장한 고려의 전함은 왜구에 그 위력을 과시할 수 있었다.

1380년 8월, 왜구는 500여 척의 전선을 이끌고 전라도 진포를 거점으로 삼아 내륙에 침입했다. 고려 조정에서는 최무선의 화기를 시험해볼 만한 기회라며, 그를 도원수로 임명해 참전토록 했다. 당시 고려 수군은 전선이 왜선에 비해 5분의 1밖에 안 될 정도로 열세에 처해 있었다. 하지만 화포가 있었기에 무기체계 면에서는 이미 유리한 고지를 점하고 있었다. 이때 왜선들이 대규모 작전을 펴기 위해 쓴 전술은 각 전선을 연결시켜 하나의 거대한 해상 요새를 만드는 것이었다. 여기에 맞서는 고려 수군은 예전이라면 왜선의 위세에 눌려 감히 근접할 엄두도 못 냈겠지만, 화포로 무장한 덕에 초대형 선단을 향해 대규모 화포 공격을 가할 수 있었고, 곧 적선 500척을 전소시켰다.

이 전투는 기존 해전에서 기본 전술이었던 당파전술^{撞破戰術}에 한 차원 높은 함포전술이 가미되어 새로운 변화를 이뤄냈다. 고려는 승리를 이끌어내 자신감을 되찾았고, 이를 토대로 해상

정지 장군 경번갑, 광주민속박물관 소장

방어를 적극화하여 정지 장군을 해도원수로 임명하고 해상 초계도 강화했다. 특히 화포를 운용함에 있어서도 시험적인 수준을 넘어서 응용 단계에 도달하고자 노력했다.

이러한 상황에서 맞닥뜨린 또 하나의 전투가 1383년에 벌어진 관음포해전이었다.

진포해전에서 대패한 왜구는 보복을 가하기 위해 120척의 대선단을 이끌고 곧 다시 남해를 침입해왔다. 여기에는 정지鄭地, 1347~1391 장군이 출정해 화포와 궁시를 사용함으로써 적선 17척을 불살랐다. 이 해전에서 보여준 함포의 전술적인 운용은 진포해전보다 진일보한 것이었다. 진포해전의 경우 정박돼 있는 고정 표적에 대해 함포 공격을 가한 것이라면, 관음포해전은 해상에서 이동하고 있는 표적을 공격했다는 점에서 달랐다.

이후 고려는 해전에서 얻은 자신감으로 수세적인 작전에서 적극적인 공격 전략으로 전환했고, 왜구의 근거지인 대마도 정벌론이 대두하기까지 했다. 결국 1389년창왕 원년에 경상도 원수 박위朴葳가 전함 100척으로 출정해 대마도를 정벌했다. 당시 고려군은 대마도 해안에 정박해 있던 적선 300여 척을 소각하고,

연안에 있던 주거 시설을 모조리 불태웠다. 이후 왜구가 침략해오는 횟수는 현저히 줄어들었다. 이 대마도 정벌에서 화포의 활용이 어떠했는지 그 구체적인 기록은 남아 있지 않지만, 전투 상황이 포구에 집결된 대선단에 대한 집중 공격이었던 점 등을 미루어볼 때 화포가 크게 활용되었을 가능성이 높다.

최무선, 세계 해전술의 흐름을 바꾸다

유럽에서 화포를 사용하여 해전을 벌인 것은 고려보다 무려 200년이나 늦은 1571년, 베네치아 · 제노바 · 에스파냐의 신성동맹神聖同盟 함대가 튀르크 함대를 격파한 레판토해전이었다. 당시 세계의 주도권은 이슬람교로 무장한 오스만튀르크 제국에 있다고 해도 과언이 아니었다. 오스만 제국의 슐레이만 1세재위 1520~1566는 오스만 함대를 이용하여 합스부르크 함대를 격파하고, 모로코를 제외한 북아프리카 연안을 제압하여 지중해 제해권을 확보했으며, 키프로스 섬까지 점령했다. 이에 대해 로마 교황 피우스 5세는 유럽을 규합하여 반오스만연합신성동맹을 결성해 대항했다.

1571년 10월 7일, 오스만 함대는 키프로스 작전을 펼친 후 군함을 보수하기 위해 지중해 코린트 만 어귀인 레판토 항구에서 신성동맹의 그리스도교도 함대와 격돌했다. 세력 면에서 양쪽은 엇비슷했지만, 200척이 넘는 갤리선과 3만여 명의 병력을 거느린 오스만 함대가 수적으로는 다소 우세한 위치를 점하고 있었다. 하지만 함정은 다른 곳에 숨겨져 있었다. 오스만 함대는 그리스도교도 함대에 신형 화약병기, 즉 대포가 탑재돼 있다는 사실을 알지 못했다. 강력한 대포를 보유한 신형 베네치아 갤리선에서 예상치 못한 포격을 가하자 튀르크 함대는 전열이 흐트러져 패배하고 말았다. 100여 척의 군함 나포, 1만 명의 장병 생포의 전과를 거둔 이 해전은 그리스도교 진영이 오스만 제국에 대해 거둔 최초의 승리였다. 이후 오스만 제국은 서서히 쇠퇴의 길에 접어들었고, 이 해전에서 얻은 승리로 에스파냐와 그 해군은 세계 해양의 새로운 제패자가 되었다.

최무선 장군 추모비

　이후 세계 해전술의 흐름은 화포를 적극적으로 활용하는 방향으로 전개된다. 조선시대 최대의 전란이었던 임진왜란 당시 조선 수군이 거둔 연전연승의 밑바탕에는 대형 화포가 있었다. 당시 조선은 꾸준히 화기를 개량한 덕에 천자총통·지자총통 등 대형 화포를 이미 보유한 상태였고, 이를 함선에 모두 장착해 함포전을 전개함으로써 승리할 수 있었다. 당시 일본 수군이 중소형 함선과 조총을 중심으로 배의 현(舷)을 붙이고 백병전을 편 반면, 조선 수군은 대형 선박 전후좌우에 장착된 각종 화포를 바탕으로 한 함포전을 위주로 했다. 또한 조선군이 사용한 화포는 일본군의 조총에 비해 사거리가 월등히 길었기 때문에 접근하지 않은 상태에서도 적을 공격할 수 있어 육전과는 다르게 절대적인 우위를 점했던 것이다.

세계 4대 해전 가운데 하나이며, 서구에서 해군 전술의 획기적인 변화를 가져온 시발점이라 평가받는 넬슨의 트라팔가해전도 전술의 중심 포인트는 평행하게 이동하는 두 개의 함대 사이에서 수많은 함포를 어떻게 포격하는가에 있었다. 넬슨 제독을 승리로 이끈 그의 전술은 빅토리 호의 중앙 돌파

넬슨 제독(위)과 트라팔가 해전

로 적 함대를 둘로 갈라놓은 후, 이어지는 함대를 평행 상태에서 발포하고 90도 선회하여 적의 선열을 끊는 것이었다. 마지막으로 혼란에 빠진 적의 함대에 들이닥쳐 승리로 이끈 이 전

술은 훗날 해군 전술에 많은 변화를 가져왔다.

결국 화약병기를 이용하여 적함을 공격하는 최무선의 새로운 전술은 세계 어느 전략가나 과학자와 견주어볼 때도 결코 그 성과가 낮다고 볼 수 없을 것이다.

사거리 1300보 대형 화기의 개발
- 임진왜란에서 조선을 구한 무기들

고려 말 급진적으로 발전하던 화약병기는 1392년 조선왕조가 건국된 이후 일시적으로 주춤하다가 이후 부국강병책으로 새롭게 인식되면서 재도약하기 시작했다. 특히 세종은 지상 전투에서도 효과적으로 이용할 수 있는 화약병기를 개발하는 데 주력했는데, 이는 평안도와 함경도에 산악과 삼림이 많은 지형적 조건을 교묘히 이용하여 상습적인 침입을 일삼던 여진을 제압하기 위해서였다. 휴대용 화기와 박격포 같은 성능을 지닌 곡사포, 조기에 경보를 전달할 수 있는 신호용 화기 등이 필요했고, 화기의 성능과 주조술을 개량했다.

세종대, 『총통등록』 발간하다

화약무기가 전국적으로 보급되어 중앙

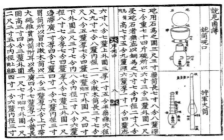

『국조오례의서례』 「병기도설」의 총통완구 설명 부분

뿐 아니라 각 도에서도 화포를 제작했지만, 성능 면에서 만족할 만한 수준은 아니었던 듯하다. 『세종실록』에는 도에서 제작한 화포들이 제각각의 규격으로 만들어져 발사 시 명중률이 떨어지고, 사거리도 짧다는 내용이 기술되어 있다. 이에 세종은 화포를 개량하고 표준화·규격화하는 작업에 착수했고, 이를 1448년세종 30 9월에 『총통등록』 편찬으로 마무리지었다.

『총통등록』은 단순히 기존 총통들을 국가적 차원에서 정리한 것만이 아니다. 이미 보유하고 있던 총통들에 대해 전면적으로 시험하고 성능이 떨어지는 것을 개량하기 위한 일련의 연구를 진행해 전문화·규격화했다는 점에서 그 역사적 의미가 크다. 기존에 이미 전국적인 생산 체제는 갖추고 있었지만 통일된 설계도면과 엄격한 기술 규정이 없었고, 제품 검사 체계가 철저히 수립돼 있지 못해 같은 종류의 화포라도 치수와 무게에서 서로 차이 났으며 제작 정밀도 또한 각기 달라서 화포의 성능이 떨어졌었다. 하지만 1440년대 들어 기술적인 대책을 마련하면서 제작시험 사업을 통일되게 진행해 사거리를 훨씬 늘리는 성과를 이룩하게 된다. 당시 추진된 화약병기의 개량 결과는 다음과 같다.

화기 명칭	개량 전	개량 후	
	사거리	한 번에 1개 화살 발사	한 번에 4개 화살 발사
천자총통	400~500보	1300보	1000보
지자총통	500보	800~900보	600~700보
황자총통	500보	800보	500보
가자화포	200~300보	600보	400보

표 2 세종대의 화기 개량 결과, 1보=6자=125센티미터

세종대의 화약병기 개발과 관련된 우리의 과학기술은 세계에서도 우수한 수준이었다고 할 수 있다. 『세종실록』이나 『국조오례의서례國朝五禮儀序例』 「병기도설兵器圖說」 등의 문헌에 기술된 각종 화약병기 설계에 사용되었던 자尺를 보면 알 수 있는데, 가장 작은 단위인 '리釐'가 0.3밀리미터의 아주 작은 크기였다. 『문종실록』의 한 기사는 당시 화포 제작의 정확성과 세밀성을 극명하게 드러낸다.

병조에서 군기감軍器監의 첩보牒報에 의거하여 아뢰기를, "이보다 앞서 각색 총통各色銃筒에 실구멍線穴의 지름이 7리釐였는데, 방사放射할 때 실화약선의 불이 갑자기 꺼지므로, 지금 1리를 더하여 쏘아 시험했더니, 불이 꺼지지 않았습니다. 그러나 화살의 멀고 가까움과 맞히는 물건의 깊고 얕음에 따른 가감加減이 또한 없습니다. 청컨대 이제부터 완구碗口·철신포

鐵信㷁 · 장군화포將軍火㷁 · 세총통細銃筒 등의 실 구멍도 아울러 『등록謄錄』에 기재한 바에 의하고, 그 나머지 각색 총통의 실 구멍도 모두 1리를 더하여 8리로 정하소서" 하니, 그대로 따랐다.

– 『문종실록』, 권4, 즉위년 10월 5일 을해

이렇게 개량된 화포는 중종 10년[1515]의 삼포왜란, 23년 야인의 만포진 침범, 39년의 사량진왜변 등 야인과 왜구들의 침구에서 적극적으로 활용되었다. 특히 중종 16년 1월에 서후徐厚가 개발한 벽력포霹靂砲가 해전에 유용했다고 한다. 한편 왜구들도 점차 중국으로부터 새로운 조선술을 익혀 견고한 배를 만들기 시작했고, 화기를 장비한 대선단을 이뤄 침범해오자 대형 화포를 개발할 필요성이 더욱 절실해졌다. 특히 1555년[명종 10]에 을묘왜변乙卯倭變이 발생하자 왜선을 격파하는 데 효과적인 천자총통 · 지자총통과 같은 대형 총통과 화기 주조 · 개발이 이루어지는 등, 이 시기 화약병기에 있어서 가장 특징적인 면이 바로 대형 화포의 발달이라 할 수 있다.

다음의 기사가 이러한 분위기를 잘 드러내고 있다. 1545년[명종 즉위년] 11월 8일, 군기시 제조軍器寺提調가 명종에게 "오늘 중국 사람으로부터 화포 제작법을 전습받아 모화관慕華館에서 쏘아보았으나 별로 맹렬한 힘이 없어 40보 밖에 표적을 세우고 쏘았는데도 모두 맞지 않았습니다. 우리나라의 포는 한 발이 방패에 맞았는데 도로 튕겼습니다. 중국 사람들이 '중국에서는 삼나무의 재를 쓰기 때문에 빠르고 맹렬한데 여기서는 버드나무 재를 쓰기 때문에 맹렬하지 않다'고 했습니다. 또 그 기계가 매우 둔하여 우리나라 포만 못합니다"라고 했는데, 이는 당시 조선의 화포가 중국의 화포보다 우수했음을 보여주는 사례다.

조선 수군은 어떻게 연승했을까?

고려 말부터 지속적으로 발달해온 대형 화포는 16세기 중반 조선이 외세의 침략으로 절체절명의 위기를 맞은 임진왜란에서 그 위력을 여실히 드러낸다. 왜란 초기에 조선군은 조총을 이용한 일본군의 보병전술에 맥없이 무너져 육전에서 연패를 거듭했다. 당시 일본군이 소지한 조총의 성능이 조선군이 장비했던 소형 화기에 비해 월등히 뛰어나기도 했거니와, 조총을 이용한 전술을 처음 경험한 조선군이 적절히 대응하지 못한 탓에 속수무책으로 당했던 것이다. 그 결과 일본군은 많은 조총을 소지하지 않았음에도 자신들이 기대했던 것보다 월등한 공격력을 발휘할 수 있었고, 조선군은 그나마 가지고 있던 화기조차 제대로 사용해보지 못한 채 무너지고

이순신 장군 흉상
전쟁기념관 소장

말았다. 결국 개전 1개월이 채 못 돼 수도 서울이 함락당하고, 임금은 의주로 피난 가는 등 국토의 대부분을 잃을 위기에 처했던 것이다.

그러나 이 위기를 극복하는 데 결정적인 변수가 있었는데, 그 하나가 바로 수군이었다. 육전에서의 연패와 달리 해전에서는 이순신을 중심으로 한 조선 수군이 연전연승을 구가했다. 여기에는 여러 요인이 있겠지만 그중 하나는 대형 화포 덕이었다. 당시 조선 수군이 운용하던 거북선과 판옥선板屋船에는 고려 말부터 개량해온 천자총통 · 지자총통 · 현자총통 · 황자총통 · 별황자총통 등 대형 화포가 장착돼 있었다. 이들 화포가 지닌 성능의 우수성으로 해전에서 조선 수군이 전술적인 우위를 차지할 수 있었다. 당시 조선 수군의 활용했던 화포의 제원과 성능은 다음과 같다.

화포명	길이 : 센티미터	구경 : 밀리미터	발사물 『화포식언해』	사거리
천자총통	130~136	118~130	대장군전 1발 조란탄 100발	900보 10여 리
지자총통	89~89.5	105	장군전 1발 조란탄 100발	800보
현자총통	79~83.8	60~75	차대전 1발 조란탄 100발	800보 1500보
황자총통	50.4	40	피령차중전 1발 조란탄 40발	1100보
별황자총통	88.8~89.2	58~59	피령목전 1발 조란탄 40발	1000보

표 3 임진왜란 당시 사용된 대형 화포

이들 화포는 대장군전·장군전·차대전·피령목전·피령차중전 등 대형 화살을 사용했고, 필요에 따라서는 조란탄鳥卵彈을 다수 발사해 산탄 효과를 거두었다. 특히 별황자총통은 약실 뒤에 손잡이를 끼우도록 했고, 중간 부위에 포이砲耳를 부착해 삼각다리 형태의 받침대에 거치시킬 수 있게 했는데, 이는 배의 갑판 등에 고정하여 상하좌우로 쉽게 운용할 수 있는 장점이 있다.

잠시 임진왜란 때의 해전 상황으로 들어가보자. 1592년 7월 8일 이른 아침, 이순신은 거제도의 목동인 김천손金千孫에게서 '적의 대·중·소선을 합하여 70여 척이 오늘 하오 2시쯤, 영등포 앞 바다로부터 거제와 고성의 경계인 견내량에 이르러 머물고 있다'는 정보를 입수하자마자 출동했다. 견내량 바깥 바다에 이르렀을 때 일본 수군의 척후선 2척이 이순신 함대를 발견하고 본대로 도주하자 이를 추격하며 일본 수군의 상황을 살폈다. 그 결과 일본군 와키자카 야스하루脇坂安治의 함대 73척이 견내량에 정박 중이라는 사실을 알게 되었다. 이에 이순신은 "견내량은 지형이 매우 좁고 암초가 많아 판옥전선이 서로 부딪치게 돼 싸움하기가 곤란할 뿐 아니라, 적은 만약 형세가 불리해지면 기슭을 타고 육지로 올라갈 것이므로 한산도 바다 한가운데로 끌어내 모조리 잡아버릴 계획"을 세웠다. 이후 이순신은 판옥선 5~6척으로 왜군을 공격하는 것을 총공격처럼 보

임진왜란 해전 상황을 그린 조선역해전도, 일본 아오키 화랑 소장

이게 해 적을 한산도 앞바다로 유인하는 작전을 펼쳤다. 이 작전에 넘어간 일본 수군은 돛을 올리고 조총을 쏘며 쫓아왔다.

이에 조선 수군은 퇴각하는 것처럼 꾸며 바깥 바다로 나왔고, 이순신은 후퇴 속도를 조절하여 적선이 일렬로 서도록 유도했다. 그러고는 급선회 명령을 내려 마치 학의 날개와 같이 전선을 좌우에서 포위하는 학익진鶴翼陣을 펴서 적선을 포위 공격했다. 이러한 전법은 나중에 프랑스의 나폴레옹이 트라팔가 해전에서 사용했던 것이나 일본의 도고 헤이하치로東鄕平八郎 제독이 대한해협에서 러시아의 발틱 함대를 격파한 전법과 매우 유사하다. 이에 대해 서구의 전쟁사가 발라드G. A. Ballard는 고도로 훈련된 정예 함대만이 펼칠 수 있는 전술로, 그 기동성은 놀라운 것이었다고 극찬하기도 했다.

이후 조선 수군은 먼저 거북선으로 적진에 돌입하여 공격했고, 모든 전선이 지자총통 · 현자총통 · 승자총통 등과 화전을 발사하여 일본 수군을 궤멸시켰다. 이 전투에서 조선 수군은 와키자카 휘하 전선 47척을 격파했고 12척은 나포했으며, 일본군 상당수가 참수되거나 익사했다. 단지 전투 중에 뒤떨어졌던 일본 대선 1척과 중선 7척, 소선 6척 등 14척만이 안골포 및 김해 등지로 도주했다. 이렇듯 한산해전은 조선 수군이 해상권을 장악하여 전세를 뒤바꿔놓음으로써 전란을 극복하는 데 결정적인 역할을 했다. 한산대첩은 이순신의 탁월한 작전 지휘와

수군의 눈부신 활약, 거북선·판옥선의 우수성, 나아가 대형
화포의 성능이 어우러져 큰 위력을 발휘한 것이었다.

훗날 러일전쟁에서 도고 제독이 러시아의 발틱 함대를 격침
시킨 후에 사람들이 그를 칭송하면서 영국의 넬슨 제독에 비할
만하며, 조선의 이순신 장군과 같은 명장이라고 했을 때 그는
다음과 같이 말했다.

"나를 넬슨 제독과 비교하는 것은 가능하지만 이순신 장군
과 비교하는 것은 감당할 수 없는 일이다. 영국의 넬슨 제독
은 군신軍神이라고 부를 만한 인물이 못 된다. 세계의 해군 역

사에서 군신으로 존경받을 만한 제독이 있다면, 이순신뿐이
다."

도고 제독은 이순신을 전쟁에 탁월한 장군으로만 보지 않고
전인적인 인격자로 평가함으로써 숭상했다고 하며, 러시아 함
대와의 해전을 앞둔 자리에서 이순신 장군의 혼령에게 도와달
라고 기도를 드리기까지 했다는 이야기도 전해진다.

안쪽부터 총구까지 여러 발사체 채워

조선시대에 개발·활용된 대형 화포는
아래의 표와 같은데, 이름이 비슷하여 같은 것으로 오해하기
쉽다. 명칭은 대체로 화포의 크기 순서로 붙였지만, 무기의 크
기나 구경은 시대에 따라 차이가 심하다.

시대	조선초기	조선중기	조선후기
주요 대형 화포	천자화포, 지자화포 현자화포, 황자화포 가자화포,총통완구 장군화통, 일총통	천자총통, 지자총통 현자총통, 황자총통 별황자총통, 대완구 중완구, 소완구 소소완구	천자총통, 지자총통 현자총통, 황자총통 불랑기, 호준포 비몽포 쌍포, 구포 백자총통, 홍이포 별대완구, 대완구 중완구

표 4 조선시대 대형 화포의 변화

천자총통, 보물 647호, 진주박물관 소장

지자총통, 전쟁기념관 소장

지자총통, 보물 862호, 진주박물관 소장

황자총통, 보물 886호
전쟁기념관 소장

현자총통, 보물 885호
진주박물관 소장

이들 대형 화포의 발달 양상과 특징을 살펴보면, 먼저 고려 말에 최무선이 화약무기를 개발했을 당시의 대형 화포가 발전하여 세종연간까지 천자·지자·현자·황자화포 등이 사용되었고, 이후 개량과정을 거쳐 성종 때 간행된 『국조오례의서례』「병기도설」에는 총통완구·장군화통·일총통 등으로 명칭이 바뀌어 사용되고 있음을 알 수 있다. 이들 화포는 대체로 조선 초기의 대형 화포이지만, 중·후기에 비해 규격이 그리 크지 않고, 내부 구조는 격목형이다. 이는 대형 화포에서 대형 화살을 많이 사용한다는 점과 완구와 같이 석환石丸(團石)을 사용하는 경우에도 토격을 사용할 수 없다는 점이 작용했기 때문이다. 이러한 특징은 후기까지 이어지는데, 구한말에 서구의 제작 공법을 도입하여 만든 중포·소포의 경우 토격형 구조를 보인다.

이후 명종연간에 대형 화포의 규격과 형식이 점차 달라진다. 이때에도 명칭은 대체로 조선초기와 비슷했지만, 규격은 전혀 달랐다. 즉 규격은 대형화됐고 유형은 세분화되었다. 또 약실이 포신과 구별되지 않고, 약실 둘레에도 마디가 형성되어 있는 점이 다르다. 이는 조선초기와 후기의 같은 이름의 화포와는 또다른 특징이라 하

조선중기의 중완구, 보물 858호
진주박물관 소장

겠다. 발사체의 경우도 조선초기의 화포들은 원칙적으로 대형 화살만을 발사했지만, 중기에는 철환 같은 원형발사체도 함께 사용했다. 특히 『신기비결神器秘訣』에 대형 화포의 포신 안쪽부터 화약-종이-격목-탄환 수십 발-흙-탄환 수십 발-흙-탄환 수십 발-흙-큰 탄환을 차례로 넣는다고 되어 있는 것으로 봐서, 화포의 안쪽부터 총구까지 발사체를 가득 채우는 셈이 된다. 따라서 한 번 발사로 다량의 발사물을 날려 보냄으로써 파괴력을 높였다고 할 수 있다.

대형 화포는 임진왜란을 겪으면서 명나라의 화포가 도입되어 제작 공정상이나 형식적인 면에서 좀더 다양화되었다. 전체적인 포신의 형태나 죽절의 제작 수법은 이전에 비해 더욱 세련되어졌음을 볼 수 있다. 이렇듯 고려시대로부터 이어져온 조선의 대형 화포는 지속적인 발달을 거듭하면서 삼포왜란, 사량진왜변, 을묘왜변, 임진왜란 등 국가 존망의 위기 상황 가운데 해전에서 외적보다 우위를 점하고 승리를 거두는 데 결정적인 역할을 수행했다.

천자총통, 보물 647호, 진주박물관 소장(왼쪽)

별황자총통, 육군박물관 소장(오른쪽)

구한말 대원군 때 제작된 중포, 전쟁기념관 소장(왼쪽)

대완구, 보물 857호, 육군박물관 소장(오른쪽)

현자총통, 동아대박물관 소장

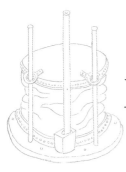

휴대용 대포의 출현
- 세총통부터 승자총통까지

          인류 역사에서 화약병기가 등장한 이래 14세기에 이르면 대형 화포를 줄여놓은 듯한 소형 화기가 등장한다. 최초의 총은 한마디로 사람이 휴대할 수 있는 작은 대포였다. 우리나라의 경우는 좀 다르지만, 보통 화기의 총신은 무쇠나 청동을 넓적하게 펴서 판을 만들고 이것을 김밥처럼 둥글게 말고 접합부를 용접하거나, 당시의 대포들처럼 길쭉한 쇠판 여러 개를 둥글게 이어 붙여서 원통 모양을 만든 다음 쇠고리 마디인 죽절을 씌워서 보강한다. 서구에서 총신이나 포신을 지칭함에 있어 barrel이란 단어를 사용한 것도 당시의 대포 등에서 길쭉한 쇠판과 쇠고리를 씌워 붙이는 제작 방식이 마치 큰 나무 술통을 만드는 것과 유사해서 붙여진 것이다. 또 대형 화포를 줄여놓은 듯한 총들은 'handgun' 혹은 'hand cannon'

이라 불렸다. 중세 영어로는 'gonne' 혹은 손에 들고 다닐 수 있다고 하여 'handgonne'이라고 불렸는데, 'gun'이라는 단어는 여기서 유래했다.

고려 말 이후 우리나라에서도 화약병기 발달 추세에 따라 다양한 총과 대포들이 등장했다. 조선초기에 사용된 화기로는 천자총통天字銃筒 · 지자총통地字銃筒 · 현자총통玄字銃筒 · 황자총통黃字銃筒 · 가자화포架字火砲 · 총통완구銃筒碗口 · 장군화통將軍火筒 · 일총통一銃筒 · 이총통二銃筒 · 삼총통三銃筒 · 사전총통四箭銃筒 · 팔전총통八箭銃筒 · 세총통細銃筒 · 신기전神器箭 · 총통완구銃筒碗口 등이 있다. 이중에서 천자총통 · 지자총통 · 현자총통 · 황자총통 · 장군화통 · 총통완구 등은 중량이 무거운 큰 대포에 해당하고, 나머지는 구경이 3센티미터 미만으로 가볍고 작은, 지금으로 말하면 소총에 해당한다.

여기서 잠시 명칭에 대해 언급하자면, 천자 · 지자 · 현자 · 황자 · 우자 · 주자총통과 일 · 이 · 삼총통 등은 크기를 고려해 천자문과 일련번호를 순서대로 붙였고, 사전총통 · 팔전총통 등은 발사물의 개수를 고려하여 이름이 붙여졌다. 따라서 명칭을 음미해보면 화기의 크기와 특징을 알 수 있다. 이번 장은 소형 화기를 중심으로 살펴본다.

우리나라 권총의 시원, 세총통

조선초기의 화기 중에서 가장 주목할 만한 것은 세총통이다. 전체 길이가 14센티미터, 구경은 0.9센티미터에 불과해 조선시대에 제작된 화기 가운데 가장 작다. 이런 형태는 사실 세계에서 유래가 없는 것이다. 동서양을 막론하고 일반적으로 소형 화기의 구조는 총신 부분과 화약이 들어가는 약실 부분, 그리고 총신의 끝부분에 달려 있는 모병冒柄 자루를 끼우는 곳 부분으로 이뤄진다. 모병에 나무 자루나 창대를 끼운 후 총신 끝에 붙은 자루를 오른팔 겨드랑이 밑에 끼고, 오른손으로 총신을 단단히 붙잡은 상태에서 조준하며 왼손에 불심지를 잡고 점화구에 갖다대 점화하는 것이다. 혹은 자루를 오른팔 겨드랑이에 끼고 왼손으로 붙잡은 채 오른손으로 점화하기도 했다. 우리나라의 경우도 세총통을 제외한 모든 소형 화기는 모병에 나무 자루를 끼워서 사용한다.

그런데 세총통은 이러한 화기들과는 달리 모병 없이 약실 끝부분에서 마감되었다. 자루를 끼우는 부위가 없다면 총신을 잡을 방법이 없는데, 어떤 방식으로 사용했을까? 바로 쇠집게와 같은 철흠자鐵欠子가 별도로 있어 이것으로 총신을 잡고 사용했다. 결국 세총통은 크기가 너무 작아 사격할 때는 손으로 직접 잡지 못하고 철흠자를

세총통, 보물 854호, 육군박물관 소장

이용했다. 자칫 번거로울 수 있는 철흠자를 왜 사용했을까? 여기서 당시 화기 제조기술의 우수성을 엿볼 수 있다.

화기를 간편하게 휴대하기 위해서는 일단 크기가 작고 가벼워야 한다. 그런데 당시에 사용된 소형 화기들은 무게가 꽤 나가 애로 사항이 많았다. 『태종실록』에 당시 화기는 힘이 센 사람만 쏠 수 있고, 설사 쏜다 해도 두세 발이면 팔이 아파서 더 이상 쏘지 못한다는 기록이 나온다. 결국 크기를 줄이고 무게를 가볍게 개량할 필요가 있었는데, 그 성과로 나타난 것이 세총통이다.

화기를 주조함에 있어서도 서구의 방식과는 달랐기에 경량화하는 데 어려움이 있었다. 따라서 세총통의 개발은 주조 시에 발생할 수 있는 여러 문제점을 해결하는 정교한 기술이 있었기에 가능했던 것이다. 문제는 세총통처럼 극소형으로 제작하다보니 총신이 너무 가늘게 형성돼, 모병에 나무 자루를 만들어 끼운다 하더라도 발사 시 폭발력을 버티지 못하고 자루가 부러질 수밖에 없다는 점이었다. 이에 자루 대용으로 탄성이 강한 주철로 만든 철흠자를 고안해 총통을 잡고 쏘도록 했던 것이다.

이처럼 세총통에는 우리나라 국방과학기술의 우수성과 선현들의 지혜가 담겨 있다. 세총통을 쏘는 모습을 상상해보노라면 마치 권총을 쏘는 모습이 연상되기에 우리나라 권총의 시원이라고도 할 수 있다. 이 세총통은 조선초기 세종대왕 재위 시절에 여진족을 토벌하기 위해 개발한 화약무기 가운데 하나다. 당초 개발할 때에는 적진에 침투하는 정찰병들이 간편하게 휴대할 수 있는 무기로 고안되었으나, 이후 기병들이 주로 사용했다. 이러한 사실은 세종 1437년 6월 27일에 파저강 유역의 여진족에 대한 정벌 계획을 수립하면서 평안도 절제사에게 내린 훈령에 잘 나타난다.

"지난번 경이 보고하길 '정찰병에게 긴급 호신용으로 총통을 휴대시켜왔으나, 그 총통은 아무리 몸집이 작아도 급박한 상황에 부딪히면 신속히 발사할 수 없으므로 더이상 만들어 지급할 필요가 없습니다'라고 했다. 그런데 이번에 군기감에서 새로 고안한 세총통을 시험해보았더니, 휴대하기도 가볍고 간편하며 사격 방법 또한 편리했다. 정찰병 호신용으로는 부적당할지라도, 적과 마주쳐 싸울 때 기마병이 안장에 여러 자루 넣어두고 하나씩 꺼내 쏘기에는 매우 편리하고 유익하며, 위급할 때는 어린이와 아녀자라도 쓸 수 있을 만큼 조작이 간편하기 때문에, 이제 세총통 150개와 피령전皮翎箭 1000개, 철전鐵箭 1500개를 보내니 적절히 나눠 쓰게 하고, 피령전은 현지에서 견본대로 모방하여 만드는 것이 좋겠다."

「신립 장군의 여진 정벌도」, 고려대 소장(『북관유적도』 수록)

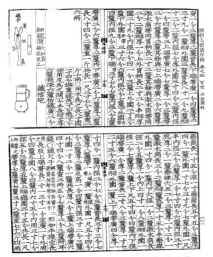

「병기도설」의 세총통도, 『국조오례의서례』에 수록

철흠자로 세총통을 잡고 있는 형태

결국 기병이 장전되어 있는 여러 개의 세총통을 안장에 넣고 다니다가 유사시에 사용하기 편리하다는 점에서 휴대 무기로 사용됐던 것이다. 특히 여자나 어린이도 사용할 수 있을 정도로 간편하다는 점에서 호평을 받았다. 당시 사용된 세총통·철흠자의 설계도와 제원은 1474년[성종 5] 간행된 『국조오례의서례』 「병기도설」에 상세히 기록되어 있고, 당시에 제작된 유물이 육군박물관에 소장되어 있다. 이 유물은 1965년 한 수집가가 기증한 것으로 유일하게 전해오고 있으며, 보물 854호로 지정되어 있다.

화약 절약 방안과 일발다전법의 확대

세종은 재임 기간 중에 대대적인 화기 개량을 단행했는데, 주목적은 화기에 쓰이는 화약의 양을 감소시키고, 한 번에 여러 발의 화살을 날려 보낼 수 있는 일발다전법一發多箭法을 완성하는 데 있었다. 조선초기에 사용되었던 화약병기들은 몇 가지 특징을 지니고 있다. ① 내부가 격목형 구조를 띄고 있어 화살을 발사하는 데 용이하다 ② 총신 부위에 수 개의 마디가 조성돼 있어 총신의 파열과 발사 시의 냉각핀 역할을 한다 ③ 1발에서 12발의 화살을 한 번에 장전한 후 한꺼번에 발사할 수 있다.

이러한 특징은 우리나라 화기와 제조기술의 우수성을 보여준다. 특히 그중에서도 세번째 언급된 내용은 역사적으로도 중요한 의미를 담고 있다. 일반적으로 전통시대의 화약병기는 화약과 발사물^{화살} 내지는 탄환을 총구 쪽에서 장전한 다음 심지에 불을 직접 점화하여 발사하게 되는데, 재장전 후의 발사도 이러한 과정을 반복해야 했다. 이 때문에 화기를 한 번 발사한 후 두번째 발사할 때까지는 몇 분의 시간이 소요되어 사격 속도가 극히 느릴 뿐만 아니라, 일단 발사한 후 재장전하는 동안 병사가 적의 공격으로부터 무방비 상태에 놓이게 되는 취약점이 있었다. 따라서 동서양 모두 병사들의 훈련을 통해 재장전 시간을 줄이는 데 주력했고, 한꺼번에 다량의 화살을 발사하는 기술을 확보하고자 노력했다.

이러한 '일발다전법' 기술은 당시로서는 첨단 기술로 태종 때부터 고심했으나 쉽게 이루어지지 못했다. 세종대에 들어와서도 지속적으로 개량하려는 노력을 폈지만 기대에 미치지 못해, 한때 중국으로부터의 기술 도입을 고려하기도 했으나 결국 조선 독자적으로 일발다전법을 완성하기에 이르렀다. 1433년

세종 15 9월, 일발다전법의 실험이 성공했다. 당시 조선은 한 번에 2개 내지 4개의 화살을 발사하는 새로운 화포를 만들어 시험적으로 발사해 성공을 거뒀다. 이후 개량을 거듭하여 1445년세종 27 3월에 마침내 〈표 5〉와 같이 거의 완벽한 일발다전법을 완성했던 것이다.

화 기 명	길이 : 센티미터	구경 : 밀리미터	발 사 물
이총통	44.99	26.2	소전 1발, 세장전 6발 차세장전 9발
삼총통	33.18	16.1	차중전 1발
팔전총통	31.33	29.4	세전 8발 차세전 12발
사전총통	26.3	21.9	세전 4발 차세전 6발
사전장총통	43.05	24.1	차소전 1발, 세장전 4발 차세장전 6발
세총통	14	8.1	차세전 1발

표 5 조선초기의 소형 화기

한편 세종은 화기 운용부대를 증편하고, 화기 사격술을 개량하는 것에도 힘을 기울였다. 1441년세종 23 6월에 시행한 화기 사격술의 개혁은 사수射手는 사격만 맡고 다른 한 사람은 많은 시전矢箭을 가지고 사수를 따라다니면서 연속해서 보급하도록 하는 것이었다. 사수와 시전 보급인을 구별함으로써 사격하는 사람과 장전하는 사람이 한 조가 되어 발사 속도를 증가시키는 방법은 보병뿐만 아니라 기병에게도 적용되었다. 즉 기병의 경우도 사격하는 사람 뒤에 많은 양의 화살과 탄환, 여분의 화기를 휴대한 사람이 뒤따라 다니면서 화기를 사격하는 이에게 쉴 새없이 전달하도록 한 것이었다.

그러나 이와 같이 사수와 장전수를 한 조로 편성하는 개념은 전투원에 대한 수요를 증폭시켰다. 이에 1447년세종 29 11월 총통군銃筒軍을 오伍 단위최소 규모의 군사조직 단위로 5명으로 구성로 편성해 사수와 장전 수로 분리하여 운영하는 것을 골자로 하는 사격술 대개혁을 시도했다. 즉 화기를 사격하는 총통군 5명을 1오로 편성하여, 그중 4명은 사격만 담당하고 나머지 1명에게는 장전만 맡게 하여 보급을 끊이지 않게 했다. 또 이총통, 삼총통, 팔전총통, 사전총통, 세총통의 다섯 가지 총통은 격목과 화약 양이 각기 달라 혼용하기 쉬우므로 한 오 내에서는 모두 같은 총통을 사용하여 이총통오二銃筒伍, 팔전총통오八箭銃筒伍 등으로 구분해 운영했던 것이다. 또한 한 오 내에서 장전 수는 장약된 총통과 이에 필요한 기구들을 말에 싣고 따라다니면서 보급하고, 사수는 총통 외에 궁시와 도검 등을 가지고 다니도록 하여 사수와 장전 수가 상호 보완적인 관계를 유지하도록 했다.

가장 진화한 소형 화기, 승자총통과 소승자총통

세종대에는 잠시 주춤거렸던 때를 제외

하고 화기가 꾸준하게 급속도로 발달했다. 세조 13년 이시애李施愛의 난을 계기로 개인 휴대용 화기인 신제총통新製銃筒이 개발되기도 했고, 성종 때에는 북쪽의 야인野人과 남쪽의 왜구 도발에 맞서기 위해 화기에 대한 관심이 증폭되어 육총통六銃筒 · 신제화기新製火器 · 후지화포厚紙火砲 · 주자총통宙字銃筒 · 측자총통昃字銃筒 등이 개발되었다. 소형 화기의 개발은 이후 정체 상태에 빠져들며 기술적인 측면에서 큰 진전을 보지 못한다. 특히 화기 제조기술에 대해 보안만 유지한다면 주변 적대국에 비해 무기 체계상의 우위를 유지해나갈 수 있으리라는 위정자들의 낙관론적 태도는 상황을 악화시키기에 충분했다. 이렇게 국내 화기 개발이 멈춰 있는 동안 주변 여진과 일본 등은 화기 개발에 주력해나갔다.

마침내 16세기 중엽에 이르러 일본은 서구로부터 화기기술을 습득하기에 이르렀다. 일본은 우리나라보다도 2세기나 늦게 기술을 개발했음에도 이를 급속도로 발전시키는 데 성공했다. 그 당시 일본에 도입된 화기가 조총이었다. 한편 조선에서는 새로운 소형 화기가 개발됐는데, 대표적인 것이 승자총통이었다. 이것은 선조대에 전라 · 경상병사를 지낸 김지金墀가 개발했는데, 한 번에 철환 15개와 피령목전을 발사하며, 사거리가 600보에 달했다고 한다. 정확한 개발 시기는 알 수 없으나 기록에는 1583년선조 16에 처음 보이며, 실물 유물 중에서 가장 빠

른 것은 1575년선조 6에 제작된 것이므로, 적어도 1575년 이전
에 개발된 듯하다. 이 승자총통은 1583년 니탕개의 난 토벌과
1588년 여진 정벌 당시 큰 효과를 보았다는 기록이 실록에 여
러 차례 나온다.

임진왜란 당시 조선군이 사용한 소형 화기는 대부분 승자총
통류이다. 이는 다시 승자총통, 차승자총통, 소승자총통, 중승

자총통, 대승자총통, 별승자총통 등으로 나뉜다. 이들 각각은 대량으로 사용된 탓인지 실물 유물이 상당히 많이 남아 있다. 현재 국내에 70여 자루가 전하고, 일본만 해도 10여 자루 이상을 보유하고 있다. 특히 이순신의 『난중일기』를 보면 1592년 6월 2일에 벌어진 해전에서 대승자총통과 중승자총통을 사용했다는 기록이 있다. 또한 전남 여천시 백도 앞바다에서 승자총통, 차승자총통, 소승자총통, 별승자총통 등이 다량으로 인양된 적이 있다. 이런 증거들로 미루어볼 때 임진왜란 당시 조선 수군들이 승자총통 계열의 총통을 많이 사용했음을 알 수 있다.

승자총통은 어떤 장점을 가진 무기였기에 이토록 많이 사용된 것일까? 조선중기의 승자총통과 전기의 소형 총통에서 보이는 결정적인 차이점은 겉모양이 아니라 그 내부 구조에 있다. 초기의 소형 화기는 기본적으로 격목형 총통인 데 반해, 승자총통은 격목을 사용하지 않는 순수한 토격형 총통이라는 점에서 대조된다. 이후 조선중기에 등장한 소형 화기는 화살을 발사할 때는 격목을 사용하고, 철환을 발사할 때는 토격을 사용했다.

승자 · 별승자총통, 전쟁기념관 소장

조선시대 소형 화기에서 발사하는 철환, 전쟁기념관 소장

그러나 승자총통은 격목을 사용하지 않고, 토격만 사용하도록 특수 설계한 순수한 토격형 화기총통이라 할 수 있다. 그렇기에 화살보다는 철환3~15개을 주로 사용하는 최초의 총통이라는 것이 가장 중요한 특징이자 장점이었다. 소형 화기의 경우 화살보다는 철환을 쏘는 것이 더 효율적이기 때문이다.

특히 소승자총통이 조총과 같은 신식 총과 몇몇 유사한 특징을 지니고 있다는 점에 주목해야 한다. 먼저 소승자총통에는 가늠쇠[前照星]와 가늠자[後照星]가 있다. 앞서 언급했듯이 조선의 소형 화기들은 총통을 가슴이나 겨드랑이 위치에 두고 지향 자세로 사격해야만 했다. 이런 경우라면 물론 가늠쇠와 가늠자가 필요 없을 것이다. 결국 소승자총통에 가늠쇠와 가늠자가 있다는 것은 지향 사격을 한 것이 아니라 근대처럼 눈 옆에 총을 붙

소·중·대승자총통
전쟁기념관 소장

총가에 장착된 소승자총통
전쟁기념관 소장

이고 조준 사격을 했음을 의미한다. 두번째는 소승자총통에는 여타 승자총통류와는 달리 총가(銃架)개머리판가 있다는 것이다. 다시 말해 눈 옆에 총통을 붙이고 가늠쇠와 가늠자를 이용한 조준 사격을 할 수 있었다.

이렇듯 사격에 유리한 장치는 조총처럼 정밀한 발사 장치는 아니지만, 이 정도만으로도 우리나라 화약무기 발달사에 있어서 매우 중요한 변화라 할 수 있다. 이런 소승자총통이 개발된 것은 도대체 언제일까? 혹시 임진왜란 발발 후 조총을 모방하여 제작한 것은 아닐까? 뜻밖에도 소승자총통이 개발된 때는 임진왜란 이전이다. 현재 남아 있는 실물 유물을 살펴보면 1587~1588년 사이에 제작한 소승자총통이 20여 자루에 달한다. 이미 임진왜란 이전에 소승자총통이 일반화됐다고 볼 수 있다. 비록 총통을 개발한 인물이 누구인지에 대한 기록은 전해지지 않지만, 조총 같은 신무기의 장점을 생각해냈던 것이 분명하다.

이처럼 승자총통과 소승자총통은 조선의 소형 화기 중에서는 가장 진화한 무기였지만 조총에 비하면 점화 장치와 휴대성 면에서 불편한 점이 많았다. 결국 임진왜란 당시 조선군이 조총을 장비한 일본군의 보병전술 앞에 맥없이 무너지는 결과를 초래했던 것이다.

일본의 조총 기술을 따라잡다
- 진화하는 조총

　　　　　　화약이 중국에서 처음 발명된 이후 전통
시대에 펼쳐졌던 무사 중심의 전쟁 양상은 군사 개개인의 능력
이 100퍼센트 활용될 수 있는 집단전의 형태로 변형되었다. 물
론 고대 그리스나 로마의 경우 개인 능력이 중심이 되는 집단
전의 형태를 이미 보였지만, 화기처럼 단기간에 누구나 전투기
술을 배울 수 없는 창검과 궁시 위주였다. 그러나 화기가 개발
되면서 양상은 달라졌다. 그중 화승총은 신체적 능력에 관계없
이 무력 집단을 형성하는 데 가장 용이한 무기다. 따라서 한 개
인에게 많은 시간과 물력을 투자해서 이루어지는 전통시대의
기사 집단은 경제적으로 상대가 되지 않았다.

　　조총과 같은 화승총은 유럽에서 발달했다. 16세기 초반 스페
인에서 개발된 아퀴버스arquebus에서 유래된 소총으로, 조총의

등장은 기존 전쟁사를 다시 쓰게 하는 역사적 전환점을 가져왔다. 그 가운데 대표적인 것이 1592년 일본의 조선 침략이다.

1592년 4월 14일, 일본군의 부산진성 공격으로 시작된 임진왜란은 조·명·일 삼국이 화약병기를 주요 전투 무기로 삼아 벌였던 동아시아 최초의 대규모 국제 전쟁이었다. 임진왜란 이전까지만 해도 동아시아 삼국 가운데 무기 체계에서 명나라에 버금간다고 자처했던 조선은 전쟁의 발발과 함께 무기 후진국임을 깨닫게 된다. 이는 초기 전투에서 연속적으로 패함으로써 여실히 증명되었던 것이다. 당시 조선군은 다양한 화기를 장비하고 있었는데, 소화기인 총통들은 일본의 화기인 조총과 화약병기라는 점에서는 같았으나 성능 면에서는 현격한 차이를 보였다. 즉 조선의 화기가 화약선 심지에 직접 불을 붙이는 방식인 지화식인 데 반하여, 조총은 격발 장치가 있어 방아쇠를 당기면 용두龍頭에 끼워져 있는 화승火繩이 화약에 불을 붙여줌으로써 탄환이 발사되는 화승식 소총이었기 때문에 성능과 운용에 있어서 많은 장점을 지니고 있었다.

"나는 새도 능히 맞힐 수 있다"

일본말로 '무대뽀無鐵砲·무철포'는 '무턱대고 일을 저지르는 경우'를 일컫는다. '철포鐵砲', 즉 "나는 새도 능히 맞힐 수 있다能中飛鳥"고 하여 이름 붙여진 '조총鳥銃'도

없이 싸움에 나서는 것은 무모하다는 의미로 쓰였다. 훗날 동아시아의 명운을 가르게 될 이 철포가 일본 땅에 상륙한 시점은 1543년이다.

이해 8월 25일 새벽, 정체불명의 선박 한 척이 다네가시마種子島의 서남단 가도쿠라곶에 표착했다. 우리에게 다소 생소한 다네가시마는 일본의 우주발사 기지가 있는 곳으로 이곳에 일본 최초로 조총이 전래되었다. 승려 난포분시南浦文之가 쓴『철포기鐵砲記』1606에 의하면, 당시 다네가시마에 표착한 선박은 남·동 중국해를 무대로 밀무역에 종사하던 안휘성 출신의 대두목 왕직王直이 소유한 것이었다. 그는 1543년 8월 초에 선단을 이끌고 광둥성을 떠나 양쯔강 하구의 영파寧波로 가다가 해적선의 습격을 받고 태풍까지 만나 표류하여 다네가시마에 도착한 것이었다.

이들 선박에는 100여 명의 선원과 3명의 포르투갈 사람들이 함께 타고 있었으며, 이들은 스스로를 보호하기 위해 철포 이하 조총을 갖고 있었다. 섬의 도주島主였던 다네가시마 마사토키種子島惠時와 그의 아들 도키타카時堯는 이들이 갖고 있던 조총에 깊은 관심을 보였다. 특히 포르투갈 사람들의 사격시범 때 총신에서 섬광이 뿜어져나오고 굉음 소리가 들리자 모두 엉덩방아를 찧을 정도로 놀랐다. 당시까지만 해도 일본인들이 접했던 화약병기는 가마쿠라 막부 때 여원연합군이 일본을 정벌하면서 사용했던 철포와 중국에서 도입된 지화식 총에 불과했다. 그러나 이들이 가지고 있었던 조총은 명중률이나 사정거리, 파괴력에 있어서 이전의 화기를 훨씬 능가했던 것이다. 이에 도키타카는 조총 1정을 영락전永樂錢 2000필疋에 달하는 거금을 주고 산 뒤 조작법을 배우는 한편 조총을 제작하는 데에도 관심을 쏟았다. 영락전이라 하면 명의 영락제 때 주조된 돈으로, 오늘날의 달러화처럼 국제적 신용을 누렸기에, 당시 일본에서는 이를 국내 통화로 사용했다. 영락전 2000필을 오늘날의 엔화로 환산하면 1억 엔에 상당할 정도로 거금이다. 거금의 총값을 받은 남만인은 도키타카에게 조총 1정을 더 증정했다고 한다.

이때부터 다네가시마에서는 조총 제작을 위한 작업이 본격적으로 이루어졌다. 원래 이곳은 사철砂鐵 산지가 해안을 따라 널리 분포돼 있어 제철업이 발달했던 섬이다. 제작은 도장刀匠이었던 야이타 킨베八板金兵衛의 책임하에 이루어졌다. 그러나 조총 제조는 일본도를 만들어온 경험과 감感, 솜씨만으로는 쉽게 이루어질 수 없는 이질적인 분야였기 때문에 난관에 부딪히기 일쑤였다. 이를 해결하는 과정에서 킨베의 딸 와카사若狹가 큰 역할을 했는데, 당시 16세였던 그녀는 아버지의 기술적 어려움을 해결하고자 포르투갈인에게 몸을 바쳤다고 한다. 현재 니시노오모테 시의 구모노시로雲之城 묘지에는 '와카사 충효비'가 세워져 있다.

이런 우여곡절을 거쳐 일본식 조총인 '종자도총種子島銃'이 만들어졌고, 이것은 1544년 1월 4일에 시작된 야쿠시마 탈환 작전에서 기대 이상의 전과를 올렸으며, 이듬해 육지에까지 전파되기에 이른다. 조총의 전래와 함께 일본에서의 전쟁 양상도 큰 전환점을 맞는다. 당시는 쇼군의 지위가 땅에 떨어지고 약육강식이 판을 치던, 이른바 '센고쿠 다이묘戰國大名' 시대였다. 그때 조총의 중요성을 누구보다 먼저 꿰뚫어본 오다 노부나가織田信長는 1575년의 나가시노 전투에서 조총을 유효적절하게 사용하는 전술을 구사했다. 당시 오다는 3000명의 조총부대를 3열로 배치한 후 1개 조가 사격하는 동안 나머지 2개 조는 장전하게 함으로써 기마대가 주축이던 적군을 완벽하게 무찌를 수 있었다. 오다의 조직적 총격술은 전국시대 일본의 세력 판도를 완전히 뒤바꿔놓았고, 임진왜란 때에 가공할 위력을 발휘했던 것이다.

종자도 조총

일본에서 제작된 여러 조총들

「장소합전도병풍」, 나가시노 전투를
그린 기록화 병풍

조총 이용한 일본군 보병전술에 당하다

조총이 우리나라에 전해진 계기는 임진왜란이었다. 물론 왜란이 일어나기 3년 전인 1589년^{선조 22} 7월, 대마도주였던 소오 요시토시^{宗義智}가 조선에 몇 개의 조총을 진상해왔으나 대수롭지 않게 여겼던 탓에 군기시에 사장시키고 말았다.

그후 왜란이 발발하자 조선군은 초기부터 일본군의 화기와 전술에 연패를 당했다. 전쟁 초기 가장 고비가 되었던 충주 탄금대 전투 상황을 전해주는 자료를 보면 알 수 있다.

코리아^{조선} 군사들은 반월진에 포진해서 수가 적은 일본군을 한가운데로 몰아넣을 계획이었다. 차츰 가까이 다가오자 고니시는 신호를 하여 모든 병사들이 그들의 깃발을 올리면서 공중에 흔들어댔다. 일본군들은 특히 상대방이 취하고 있는 반월진의 양쪽 끝부분을 향해 동시에 헤아릴 수 없을 정도로 조총을 쏘아대면서 맹공격을 했다. 더이상 견딜 수 없게 된 코리아 병사들은 약간 후퇴를 했다가 더욱 강력하게 두 번이나 공격을 해왔지만 일본군들은 조총을 들고서 미늘창과 도끼창으로 무장한 상대방을 여유 있게 압도했으며 적들은 도망치기 시작했다. 적진 뒤로는 배를 타고 건너야 할 만큼 수량이 많은 강물이 흐르고 있어 수많은 사람이 물에 빠져 익

사하고 일본군의 손에 죽기도 했는데 그 숫자가 가히 8000
명에 달했다.

　　　　　　　　　　－ 루이스 데 구스만, 『선교사들의 이야기』, 1601

　당시 일본군은 대체로 기사와 보병으로 편제돼 있었고, 보병
은 다시 조총병鳥銃兵·창병槍兵·궁병弓兵으로 구분돼 있었다. 벽
제관 전투에 참가했던 다치바나 무네시게立花宗茂의 부대를 보면,
전투 주체인 조총병은 350명이고 창병은 640명, 궁병은 91명
으로 조총병은 창병의 절반이었다. 특히 일본군의 전술이 주목
할 만하다. 적과의 대치 상태에서 먼저 조총병이 사격하고 난
후 2선으로 물러나 재장전을 하면, 이어서 궁병이 조총병의 사
격 장전 시간을 메우기 위해 활을 쏘았고, 그후 조총병이 계속
사격을 가함으로써 적의 전열을 흐트려뜨렸다. 그러면 창병이
뒤를 따라 보병의 후방에 위치해 있던 기사와 함께 돌격하여
백병전을 벌임으로써 전투의 승패를 결정지었다. 이러한 전술
은 원거리 무기인 총과 접전용 무기인 창을 효과적으로 배합·
운용함으로써 전술적 효과를 극대화한 것이었다.

　이에 반해 조선의 지휘관들은 일본군의 조총과 화기를 통한
전술을 정확하게 인식하지 못했다. 이 점에 대해서는 유성룡柳成
龍도 『징비록懲毖錄』에서 '신립申砬이 충주에 도착했을 때 조령을
먼저 점거하고 길을 끼고서 50~60리 사이에 사수·포수를 세

「동래성순절도」, 육군박물관 소장(왼쪽)

「임진정왜도」, 순천 왜교성 전투에서 조명연합군의 공격에 맞서 싸우는 일본군 조총병(위쪽)

「파진대적도」, 1619년 압록강을 건넜던 강홍립 휘하의 조선 원정군이 후금군과 맞서 있는 장면을 그린 것. 정조 때 간행된 『충렬록』에 실려 있다. 앞줄에는 총을 든 조총수, 뒷줄에는 활을 든 궁수가 도열해 있다.

워 공격하면 일본군도 쉽게 진격하지는 못했을 것이나, 이곳을 버린 채 평야에서 우리나라 군사들은 활과 화살을 가진 기병으로 일본군의 장기인 조총 전술에 대항함으로써 패했다' 고 하여 전술의 부재를 지적하고 있다. 따라서 당시 조선군 장수들은 일본군의 전술을 제대로 파악하지 못했을 뿐만 아니라 이에 대응할 만한 전술도 익히지 못했음을 알 수 있다.

이렇듯 임진왜란 초기 조선군은 일본군의 조총을 이용한 보병전술에 맥없이 당했다. 일본군은 파죽지세로 공격해왔고, 조선군은 가지고 있던 화기조차 한번 사용해보지도 못한 채 무너졌다. 이후 조선은 초기 전투의 경험을 토대로 피아彼我 화기의 성능상의 우열과 전술상의 차이를 파악한 후 일본과 명나라의 선진 화기를 도입하고자 노력했다. 조선은 항왜降倭를 동원하여 조총에 대한 기술을 알아내고, 노획한 조총을 분석하여 시험 제작하는 동시에, 명군을 통해 보다 발전된 화기 제조술을 배우려는 등 다방면에 걸쳐 노력을 경주했다. 그런 끝에 마침내 조총 제조기술을 습득할 수 있었다. 그러나 조총의 총신 제조기술이 교묘하여 제조가 쉽지 않았기에 성능도 떨어졌고, 그 재료가 되는 철물이 부족하고 재정이 궁핍하여 제조해낼 수 있는 조총의 수량이 적었던 점 등 난관이 도처에 있었다. 그럼에도 조총은 꾸준히 제조되었고, 그 기술도 점차적으로 향상되었다.

조선은 지방의 조총 자체 조달과 상납을 적극 권장하기도 했는데, 특히 선조는 노획한 조총을 자주 올려 보낸 경상우수사 원균元均의 노고를 치하하기 위해 조총을 가지고 상경한 그의 아들 원사웅元士雄에게 관직을 제수한 사례가 있다. 또 이순신은 1593년 9월 14일 일본의 조총을 모방하여 우수한 성능의 조총을 제조하는 데 성공했고, 진주목사 김시민金時敏도 진주성 전투에 대비하여 170여 점의 조총을 만들어냈다. 김성일金誠一 또한 산청의 지곡사에서 호남지방으로부터 집결시킨 숙련공들을 통해서 정철正鐵을 가지고 조총을 제조했다는 기록이 있다. 이러한 노력이 한데 어우러져 조선 최대의 위기인 임진왜란을 극복할 수 있었다.

화기도감의 조총 기술, 세계를 능가하다

전쟁이 끝난 후 국방에 대한 중요성을 깨달아 무기 개발은 활발히 이루어졌는데, 1614년광해군 6 7월 14일에는 화기도감火器都監이라는 전문 화기 제조기관이 설치되기도 했다. 이곳에서는 조총을 비롯해 불랑기·백자총·삼안총·소승자총통 등이 제작되었는데, 1622년 10월에만 조총 900여 정과 화포 90문 등이 만들어질 정도였다. 이곳에서의 조총 제조는 초기 숙련된 장인을 중심으로 제작하는 1인 공장工匠 체제가 아닌, 장인들의 생산능력을 기초로 공정을 짜서 분업적 협업 형태로 진행되었다. 따라서 조총 제작 공정에는 소로장小爐匠

匠, 야장台匠, 찬혈장鑽穴匠, 나사정장螺絲釘匠, 연마장鍊磨匠, 조성장照星匠, 이약통장耳藥桶匠 등의 철장과 초련목수장初鍊木手匠, 조가장造家匠, 장가장粧家匠, 찬혈장穿穴匠, 취색장取色匠, 기화장起畵匠, 염장染匠, 피장皮匠 등의 다양한 장인이 참여했다.

조총을 제조하는 과정에서 가장 까다롭고 정밀성이 요구되는 공정은 총열 제작이다. 이는 조총의 성능과도 직결되는데, 그 면이 고르고 곧게 형성돼야 사격 시 사거리와 명중률이 높아진다. 초기에는 총열을 두 쪽으로 각각 만들어서 이어 붙이는 형태였으나, 나중에는 서양과 마찬가지로 긴 철봉에 철판을 말아가면서 두드려 만들었다. 총열 제작이 끝나면 그 끝에 암나사를 파고 수나사를 박아넣는다. 그런 다음 숫돌로 표면을 정교하게 다듬어 마무리짓는다. 이후 조총 앞뒤의 가늠자와 가늠쇠, 조총에 불을 댕기는 용두와 부속품, 점화약을 담는 화문과 덮개인 화문개, 개머리판 등을 제작한다. 부품이 다 만들어지면 부속을 결합하고 옻칠과 조각, 마광으로 모양을 낸다. 이렇게 완성된 조총의 가격은 쌀 3석5두 정도였다.

조총 제조기술은 꾸준히 발전돼 인조연간에 이르러서는 국내에서 생산된 것이 일본의 것보다 훨씬 더 우수하다는 자신감까지 표명하게 되고, 제조 수량도 꾸준히 증가해 인조 5년1627에는 연간 1000정이던 생산량이 10년 후에는 두 배로 증가해 주력 무기로서 사용되었다. 1614년 청나라와 싸우고 있던 명나라를 지원하기 위해 강홍립姜弘立이 조선 군사 1만3000명을 이끌고 만주로 출병했을 당시 절반에 가까운 5000여 명이 조총으로 무장했을 정도였다. 이후 조선에서 제작한 조총의 우수성은 대외적으로도 널리 알려져, 1657년효종 8 3월 청나라가 조선에 조총을 대량으로 무역해줄 것과 우수한 조총병을 지원해줄 것을 요청하기까지 이르렀다.

변급邊岌과 신유申瀏의 두 차례에 걸친 나선羅禪 정벌은 이러한 배경에서 이루어졌다. 2차 나선 정벌 당시 신유가 이끌고 흑룡강에 출병한 조선군은 304명전투원 225명, 비전투원 79명이었다. 신유의 출병 상황은 『북정일기北征日記』에 자세히 기록되어 있다. 이에 따르면 당시 조선군은 출병 전에 2회, 출병 후에 3회 등 다섯 차례에 걸쳐 사격 연습을 했는데, 과녁에 명중한 회당 비율이 최고 32.5퍼센트에서 달했으며, 매회 평균 25.8퍼센트, 즉 4발 중에 1발을 맞출 정도로 실력이 매우 우수했다.

이들 조선군은 1658년효종 9 6월 10일, 송화강과 흑룡강이 합류하는 곳에서 러시아군과 전투를 벌여 적의 주력을 거의 섬멸하는 전과를 거두었다. 이후 청나라의 요청에 따라 얼마 동안 송화강 방면에 머무르다가 그해 가을 영고탑을 거쳐 개선했다. 조선군이 흑룡강 출병에서 거둔 또 하나의 성과는 새로운 총기를 도입했다는 점이다. 당시 우리가 소지한 소총이 이른바 화승총火繩銃인 데 반해 흑룡강에서 조선군과 전투를 벌인 러시아

조총, 전쟁기념관 소장

천보총, 경남대박물관 소장

군의 소총은 17세기 초에 재래식 화승총을 개량·개발한 부싯돌 방식의 점화 장치를 단 수석식燧石式 소총이었다. 이 소총은 화승총보다 간편하고 기후의 영향을 받지 않으며 사격 속도도 빠르기 때문에, 이미 서구에서는 이를 개발하여 사용하고 있었다. 당시 조선군은 러시아군과의 전투에서 수석식 소총 수십 점을 노획했으나 모두 청군에게 강제로 인도되었다.

신유는 예리한 군사적 시각으로 러시아군의 우수한 총기를 주목했고 향후 이것을 도입하고자 무척 애를 썼다. 그는 새로운 총기의 중요성을 인식해 사이호달沙爾虎達과 끈질기게 교섭한 결과 끝내 한 자루를 입수했다. 이로써 주체적으로 수석식 총이 처음으로 도입되었던 것인데, 이는 우리나라의 화기 발달사상 획기적인 사실로 기억할 만하다. 그러나 이후 이 총은 군기시 창고에 사장되었으며, 이를 통한 신화기의 개발이 이루어지지 못했던 점이 안타까울 따름이다. 이후에도 조선은 조총을 지속적으로 개량했는데, 그 결과 숙종대에는 사거리가 1000보에 달하는 천보총千步銃이 개발되기도 했다. 다만 현재 천보총이라 이름 붙여진 유물이 몇 점 있으나 단순히 총열이 긴 장조총과 구별해내기 쉽지 않아 아쉽다.

달리는 불, 나는 창
- 우리나라 최초의 로켓, 주화와 신기전

　　　　　　　하늘을 나는 로켓, 과연 조선시대에도
이런 병기가 있었을까? 아마 많은 사람들은 없었을 거라고 단
언하겠지만, 몇몇 사람들은 몇 년 전엔가 TV를 통해 방송되었
던 조선시대 화차의 발사 모습을 기억할 것이다. 실제 우리나
라에도 지금의 로켓과 같은 첨단 병기가 있었다. 바로 주화走火
라는 것으로 고려 말 최무선이 개발해낸 것이다. 주화는 '달리
는 불'이라는 뜻이다. 이것은 지금의 로켓과 같은 얼개와 동작
원리를 갖추고 있었기 때문에 우리나라 최초의 로켓이라 할 수
있다.

　　인류 역사상 가장 오래된 로켓은 1232년 중국에서 사용된
'비화창飛火槍'으로 꼽힌다. 이는 글자 뜻 그대로 '날아가는 불
창'이다. 당시의 비화창은 종이를 16겹으로 말아 통을 만들고

중국의 화전을 발사하는 병사

명나라 때에 화전을
개량하여 만든 신화비아神火飛鴉

신화비아와 유사한 형식의 화룡출수火龍出水로
해전용으로 개발한 것이다.

삼, 수지, 파라핀, 황, 분탄, 초석 등을 혼합한 화약을 만들어넣어 창에 부착한 것으로, 창 앞부분에 매달아 놓은 통 속의 화약이 맹렬히 타면서 연소가스를 뒤로 분출하며 그 반작용으로 앞으로 날아갔다. 목표물에 도착한 로켓이 터지면서 불을 퍼지게 해 목표물을 불태우는 것이 무기의 역할이었다. 이 비화창이 기록상 보이는 세계 최초의 로켓인데, 이에 대한 더 자세한 설명이나 그림은 전하지 않으며, 그림상 최초의 로켓으로 전하는 것은 1621년 명나라에서 출판된 『무비지』에 보이는 화전火箭이다.

중국에서 개발된 로켓은 이후 동양에서 지속적으로 발전을 거듭했다. 1232년 금나라와의 전투에서 로켓기술을 배운 몽골의 칭기즈칸 군대는 세계를 정복하려는 야망을 품고 유라시아와 동남아시아에서 로켓을 사용했고, 이로써 로켓은 세상에 널리 전파되었다. 이들이 사용한 로켓은 1249년 아라비아를 거쳐 이탈리아까지 전해졌고, 곧이어 유럽 각국의 군사 전문가들은 어렵지 않게 화전이라는 신무기에 관심을 집중시켰으며, 로켓기술은 전쟁에서 한몫하게 된다. 우리나라에도 그 무기가 입수돼 고려 말에 최무선에 의해 주화가 개발되었고, 이후 조선 세종대에 신기전神機箭으로 발전했다.

최무선에 의해 만들어진 화약무기 중에는 화전이라는 것도 있는데, 주화와 화전의 차이는 무엇일까? 오늘날에도 중국에서는 로켓을 화전이라고 부른다. 1960년대 말 미국의 폰 브라운 박사가 인간을 달에 보내기 위해 설계하여 만든 새턴 로켓이 있는데, 중국인들은 이를 토성화전土星火箭이라 불렀다. 이렇듯 중국에서는 영어의 로켓과 화전을 같은 것으로 여기고 있다. 그러나 우리나라에의 화전은 로켓이 아니다. 화전은 말 그대로 '불화살'이란 뜻으로, 화살의 앞부분에 솜을 매달고 거기에 기름을 묻혀서 불을 붙인 다음 활로 쏘는 것이다. 이것은 목표물을 불태울 때라든가 적을 혼란시킬 때에 사용했고 사람을 죽이는 데는 쓰지 않았다. 이런 화전이 고려 말과 조선 초에 들어오면서 기름 묻은 솜 대신 화약을 부착했다. 그러나 화약을 붙이는 방법이 한쪽 끝이 뚫린 원통형 통에다 화약을 담아 하는 것이 아니고, 메주처럼 그냥 뭉쳐서 화살촉에 부착한 뒤 종이와 헝겊으로 겉을 싸고 실로 묶는 방식이었다.

결국 우리나라의 화전은 화약덩어리에 달린 점화선에 불을 붙여 쏘아 화살이 날아가는 도중이나 목표물에 도착하는 즉시 화약에 불이 붙어 폭발하면서 목표물을 불태우거나 적을 혼란시키는 무기였다. 따라서 중국의 화전과는 근본적으로 구조가 달랐다.

우리나라 최초의 로켓, 주화

주화가 이 땅에 처음으로 모습을 드러낸 시기는 정확히 알 수 없지만, 최무선이 화통도감에서 활약한 시기를 1377년부터 화통도감이 문을 닫은 1387년까지로 본다면, 이 사이에 우리나라 최초의 로켓인 주화가 만들어졌을 법하다.

최무선은 자신이 만든 로켓의 이름을 주화, 즉 '달리는 불'이라 명했다. 이런 이름을 붙인 까닭은 로켓의 동작과정을 눈여겨보면 금방 이해할 수 있다. 로켓을 발사하려면 우선 이를 발사대에 올려놓고 약통 속의 화약에서 연결되어 약통 밖으로 나와 있는 점화선에 불을 붙인다. 그러면 점화선이 타들어가서 약통 속의 화약에 불이 붙어 연소가스를 만들고, 이 가스는 약통 아래에 뚫린 분사 구멍을 통해 밖으로 내뿜어진다. 이때 만들어지는 힘이 추진력인데, 옆에서 보면 화살이 불을 뿜으며 앞으로 달리는 것처럼 보이므로 이렇게 부른 것이다. 15세기 유럽에서 로켓을 '플라잉 파이어Flying Fire' 곧 '나는 불'이라 불렀는데, 이 역시 로켓이 불을 뿜으며 날아가는 모습에서 따온 것이다.

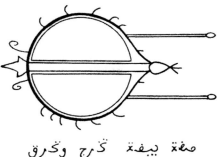

13세기에 아라비아의 핫산 알라마가 쓴 『병기와 기마전투에 대한 책』에 나와 있는 '연소하여 스스로 날아가는 달걀'이라는 이름의 로켓.

고려의 주화는 조선시대에 접어들어 여러 종류로 발전되다가 세종대부터는 본격적이고 체계적으로 연구·개발되어 소·중·대 세 가지 종류로 나뉘어 제작되었다. 한글과 측우기, 자격루, 물시계 등의 발명이 말해주듯이 세종대에는 과학, 국방, 사회, 예술 등 여러 분야에서 그 전례를 찾아볼 수 없을 만큼 큰 발전을 이뤘다. 세종의 북방 개척 계획에 힘입어 연구·개발된 갖가지 과학적인 화약무기들은 김종서와 최윤덕 장군 등이 압록강과 두만강가에서 이른바 4군과 6진을 개척할 때에 눈부신 활약을 펼쳤다.

이러한 사실은 『세종실록』 기사에서 쉽게 찾아볼 수 있다. 1447년세종 29 말에 함경도와 평안도에 많은 수의 로켓이 사용되었다는 기록이 있는데, 그해 11월 22일과 12월 2일 두 차례에 걸쳐 함경도와 평안도에 보낸 갖가지 주화의 수가 소주화 2만4600개, 중주화 8840개, 대주화 90개 등 모두 3만3530개에 이르렀다고 하니, 당시 로켓의 중요성과 활용도를 짐작하고 남는다. 다만 아쉽게도 주화의 구조나 형태에 대한 자세한 설명이나 그림은 찾아볼 수 없고, 간접적 기록이 『세종실록』을 비롯한 몇 권의 책에 전해질 뿐이다. 주화에 대한 기록은 『화포식언해』에 "走走火화筒통은中듕神신機긔筒통과로ᄀ티니라"라고 한 기록과 『총통등록』이 편찬되기 몇 달 전인 『세종실록』 권118, 세종 29년 11월 22일 신해辛亥조에 실린 내용, 그리고 『융원필비戎垣必備』의 매화법埋火法에 주화를 이용하는 방법이 기록되어 있는 것 등이다.

이후 세종은 화기를 개량하고 표준화·규격화하는 작업에 착수하여 1448년세종 30 9월에 『총통등록』 편찬으로 마무리지었는데, 지금은 전해지지 않았다. 그러나 불행 중 다행으로 1474년에 편찬된 『국조오례의서례』 「병기도설」에 『총통등록』에 기록되었을 법한 내용이 그림과 함께 실려 있다. 당시의 로켓을 비롯한 각종 소형 화기 11가지, 이들 화기에서 발사되는 화살류 11가지, 둥근 나무그릇 속에 화약과 끝이 날카로운 쇳조각이나 쑥 따위의 물질을 넣고 적의 진지나 배에 던져 폭발시키는 폭탄의 일종인 질려포통蒺藜砲筒 3가지, 종이 폭탄인 발화통發火筒 4가지, 지화地火, 화차火車, 화전, 그리고 로켓인 신기전 4가지 등 당시의 모든 화약무기 36종이 실려 있다.

이중에서 신기전에 관한 그림과 기록은 주화나 신기전 등 세종대에 사용됐던 로켓의 구조를 밝히는 데 중요한 자료가 되었다. 특히 『화포식언해』에서 주화의 약통과 신기전 약통은 서로 같다고 한 것으로 미루어, 주화는 신기전에 앞서 있던 우리나라의 첫 로켓형 화기이며, 『총통등록』이 출판되었던 시기를 전후로 하여 주화에서 신기전으로 이름이 바뀌었음을 알 수 있다. 통상적으로 주화는 폭탄 장치인 발화통을 갖고 있지 않아 발사 시에만 발화통을 부착해 사용했으나, 신기전의 경우 애초에 제조과정에서 발화통을 부착시켰다.

세계 최고最古의 첨단 전투용 로켓, 신기전

신기전은 1448년세종 30부터 역사에 등장했고 이후 활발히 사용되었다. 1474년에 편찬된 『국조오례의서례』 「병기도설」에 나와 있는 신기전은 〈표 6〉과 같이 대신기전, 산화散化신기전, 중신기전 소신기전의 네 종류가 있다.

명 칭	총 길이	안정막대 길이	약 통					폭 탄		제작연대
			길이	직경	두께	내경	분사구멍 직 경	길이	직경	
대신기전	5588	5310.8	695	102	16.2	63.1	37.5	228	78	1448
산화신기전	5310.8	5310.8	695	102	16.2	63.1	37.5	115	63.1	1448
중신기전	1455	1406	200	28	5.7	16.6	7.2	25	16.6	1448
소신기전	1152	1103	147	22	4.2	11.6	4	-	-	1448

표 6 신기전의 규모 (단위 : 밀리미터)

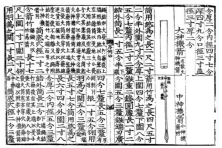

「국조오례의서례」『병기도설』에 나와 있는 대신기전과
중신기전의 설명 부분

　대신기전은 신기전 중에서 가장 크
다. 그 형태를 살펴보면 약통에는 화
약을 넣어 위 끝을 종이로 여러 겹 접
어 막고 그 위에 '대신기전 발화통'을
장착한다. 약통의 윗면과 발화통의 아
랫면 중앙에는 구멍을 뚫어 둘을 약선
도화선으로 연결한다. 이처럼 윗면에 폭
탄인 발화통을 부착시켜놓고 약선으로 연결하는 것은, 목표 지
점으로 신기전이 날아가는 도중이나 거의 다 날아갔을 즈음에
발화통이 자동적으로 폭발하도록 하기 위함이다. 발화통까지
포함된 대신기전의 전체 길이는 약 5.6미터로 대형 로켓에 해
당한다. 그 당시에 가장 큰 대포였던 장군화통將軍火筒에서 발사
된 대전의 길이가 1.9미터였던 것을 볼 때 그 크기를 짐작할 수
있다. 대신기전은 주로 압록강 하구 의주성에서 강 건너에 있
는 오랑캐들을 공격하기 위해 사용된 것으로 보이며, 사정거리
는 1.5~2킬로미터 정도로 추측된다. 압록강 하구에서 물이 흐
르는 너비가 그 정도이기 때문이다.

　산화신기전은 대신기전을 응용하여 만든 로켓으로 "불을 흩
어놓는 신기전"이라는 뜻이다. 전체적인 크기는 대신기전과
같으나, 발화통을 사용하지 않고 약통의 윗부분을 비워놓아 그
곳에 안정막대簡가 부착되지 않은 여러 개의 소형 로켓인 지화

통地火筒과 소형의 종이폭탄인 소발화통을 서로 묶어 점화선으로 연결한 점이 다르다. 이에 따라 목표 지점에 산화신기전이 도착할 때쯤 소형 로켓에 점화되어 사방으로 흩어지면서 소발화통이 폭발하도록 설계된 무서운 로켓이다.

중신기전은 대나무로 제작하되 맨 앞에는 화살촉을 달았고, 그 뒤에 중신기전을 추진시키는 화약이 들어 있는 약통이 달려 있다. 맨 끝은 새 깃으로 만든 날개를 달고 있다. 약통의 윗부분에는 소발화통이라는 소형 폭탄이 장치돼 있어, 추진화약이 다 연소된 후에는 내부 심지를 통해 발화통의 화약에 점화되어 폭발하도록 되어 있다. 사정거리에 대한 자세한 기록은 없지만, 시험 결과 200~250미터 정도 날아갈 수 있었다.

신기전 중에서 가장 작은 소신기전은 길이 100미터의 대나무를 안정막대로 사용하고 맨 앞에는 중신기전과 같이 화살촉을 달았으며, 촉에서 조금 뒤로 떨어진 부분에 약통을 달았다. 맨 뒷부분에는 새털로 만든 안정 깃을 달았으나, 대신기전·중신기전과는 달리 약통만 있고 발화통은 없다. 따라서 폭발하지는 않고 맨 앞의 화살촉으로

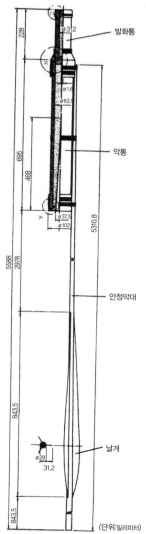

대신기전 설계도, 채연석의 『한국초기 화기 연구』에서 발췌

복원된 신기전의 발사 장면

적을 살상한다. 이 신기전의 사정거리는 100~150미터 내외다.

0.3밀리미터의 세밀한 기술

한편 신기전에 관한 문헌 기록인 「병기도설」을 살펴보면 길이를 표시할 때 아주 작은 단위인 리를 사용하고 있음을 알 수 있다. 이는 0.3밀리미터에 해당하는 아주 작은 길이 단위로, 결국 세종 때 이렇게 미세 단위까지 사용하며 로켓을 설계했다는 것이고, 이것은 당시 우리 과학기술 수준이 얼마나 높았는지를 입증한다.

그렇다면 이들 신기전은 어떻게 사용했을까? 문헌상에 상세히 나와 있지는 않지만, 주화와 신기전의 발사 장치는 대포형 화기의 발사기와는 달리 매우 단순한 구조를 갖고 있다. 이는 발사 장치에 의해 추진되는 것이 아니기 때문이다. 로켓형 화기의 경우 발사 장치는 발사 방향과 각도를 정해주는 역할만 할 뿐 추진은 주화와 신기전 자체 내에 부착된 추진제통^{약통}을 이용하기 때문이다. 자체 추진력을 지니고 있어 발사 초기의 안정성만 유지해줄 수 있다면 어느 것이라도 괜찮았다. 이런 까닭에 주화나 신기전의 발사 장치는 안정막대만 꽂거나 뉘여놓을 수 있는 것, 즉 빈 대나무통이나 낚싯대를 걸어놓는 받침 대X, Y형 지지대 같은 것을 사용했거나 성의 안쪽 벽에 뉘여놓고 발사하든지 특수 발사대를 사용했을 것이다.

이는 주화의 발사 장치에 대한 기록에서도 뚜렷이 나타난다. 세종 23년 10월 1일조에 "대나무를 길이 4~5척쯤 되게 잘라 (…) 금촉소주화를 화살통 속에 넣어서 걸어두었다가 군사가 피로하여 활을 당길 힘이 없어 화살이 적에게 미치지 못할 경우나 혹은 적에게 쫓기고 화살이 다 떨어져서 힘이 없을 때에는 화초

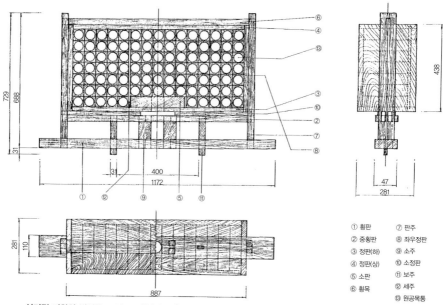

신기전 기화차 발사틀 도면도, 채연석의 『한국 초기 화기 연구』에서 발췌(단위: 척, 1척=30.303센티미터)

① 횡판   ⑦ 판주
② 중횡판   ⑧ 좌우정판
③ 정판(하) ⑨ 소주
④ 정판(상) ⑩ 소정판
⑤ 소판   ⑪ 보주
⑥ 횡목   ⑫ 세주
        ⑬ 원공목통

로 금촉소주화를 쏘면 적이 감히 가까이 오지 못한다"고 했다.
또한 세종 29년 11월 22일조에는 "말 탄 사람의 허리 사이나
화살통에 꽂아서 말을 달리며 쏘면……"이라고 한 것으로 보아
주화를 대나무통이나 화살통에서 발사했음을 알 수 있다.

신기전은 1451년, 문종이 화차를 창안하여 제작하면서 화차
의 신기전기에서 대량으로 발사되기 시작했다. 즉 주화와 신기
전은 화약의 힘을 빌려 스스로 적진에 날아감으로써 한 번에
많은 양을 발사할 수 있고, 비행 중에 연기를 분출함으로써 적
에게 공포심을 일으키며 적진을 불사를 수 있었다. 뿐만 아니
라 사정거리가 길며, 앞부분에 발화통이 달려 있어 적진에 이
르러 폭발한다는 등 많은 장점을 지니고 있었다. 이와 같은 사
실은 실록 기사에서도 여실히 나타나고 있다.

주화走火의 이익은 크다. 말 탄 사람의 허리 사이나, 혹은 화
살통에 꽂아서 말을 달리며 쏘면 맞는 자가 반드시 죽을 뿐
만 아니라 그 형상을 보거나 소리를 듣는 자들은 모두 두려
워서 항복한다. 밤 싸움에 사용하면 광요光耀가 하늘에 비쳐
적의 기운을 먼저 빼앗는다. 복병이 있는가 의심스러운 곳에
서 사용하면 연깃불이 어지럽게 발하여 적의 무리가 놀라고
겁에 질려 자기 자신을 숨기지 못하고 노출한다.

－『세종실록』 권118, 세종 29년 11월 신해

특히 신기전 앞쪽에는 발화통이라는 폭탄이 장착되어 있는데, 이 통 속의 화약에는 전체 화약 무게의 27퍼센트에 달하는 쇳가루가 들어 있어, 발화통이 터질 때 뜨거운 파편 구실을 한다. 이때 주위에 있는 적이나 말의 몸에 뜨거운 쇳가루가 박힐 것이고 말 위에 타고 있던 적군은 부상당하거나 말에서 떨어질 것이니 효과가 무척 컸을 법하다. 따라서 각 군영에 많은 양을 배치해 사용되었고, 실제 주요 전투에서도 결정적인 역할을 하여 조선군이 승리하는 데 큰 원동력이 되었다.

콩그레브·아리 로켓과 견주다

우리나라의 주화나 신기전을 서양의 로켓과 단순 비교할 수는 없지만, 19세기 이전의 외국 로켓을 비교한 〈표 7〉을 보면 우리의 로켓 기술이 결코 뒤떨어지지 않는다는 것을 실감할 것이다.

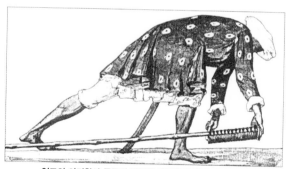

인도의 아리왕이 중국의 화전을 개량하여 만든 아리 로켓

국명	로켓명	전 체		추진제통		제작연대
		무게 킬로그램	길이 밀리미터	직경 밀리미터	길이 밀리미터	
한국	중신기전		1455	28	200	1445~1448
	산화신기전	4.5~5	5310	102	695	1448~1474
	대신기전	5~5.5	5588	102	923	1447
중국	비화창				2척(600)	1232
	비창전		6척(1800)	1촌2분(36)	8촌(240)	1400~1600
독일	Geissler	50lbs(20.2)				1668
	M.B.	100lbs(40.4)				1730~1731
인도	Ari		3300	50	200	1760
영국	Paper	6lbs(2.7)	4300	113	66.5	1805
	Congreve 32-Pounder	32lbs(14.5)	4600	90~100	800~900	1806
	42-Pounder	42lbs(19)	5200	123	1000	1810~1820

표 7 19세기 이전 세계 각국의 주요 로켓 규모 (lbs=무게 단위, 괄호는 킬로그램)

특히 가장 근대화된 인도의 아리 로켓이나 영국의 콩그레브와 비교해도 구조 및 형태, 성능 면에서 전혀 손색이 없다고 자부할 정도다. 아리 로켓은 1750년대 후반 인도에 있는 마이소르국의 하이더 아리왕이 외세의 침입으로부터 나라를 지키기 위해 중국의 화전을 개량하여 만든 것으로, 지름 5센티미터·길이 20센티미터의 원통형 철제 로켓이며, 사정거리가 1500미터에 달했다. 마이소르군은 영국군과의 전투에서 이 로켓을 사용해 효과를 톡톡히 보았다. 이후 이 전투에 참가했던 영국군

포병장교 윌리엄 콩그레브는 이를 모방하여 좀더 성능이 개량된 로켓을 만들었는데, 여기에 자신의 이름을 붙여 콩그레브 로켓이라고 불렀다.

　이처럼 신기전은 다른 나라 어느 로켓과 견주어도 뒤떨어지지 않는 우리나라의 대표적인 국방 기술 발명품이자 막강한 국방력을 과시하는 하나의 상징이라 할 수 있으며, 장거리 공격용 무기이자 주화에 이은 세계 최고最古의 첨단 전투용 로켓이었던 것이다. 현재 이 신기전의 실제 유물은 어느 곳에도 전해지는 것이 없다. 다만 전쟁기념관을 비롯하여 몇 군데 박물관에 『세종실록』과 『국조오례의서례』 「병기도설」의 내용을 바탕으로 복원한 모형이 전시되어 있을 따름이다. 조선시대 국방과학 기술의 총 집결체라고 할 수 있는 신기전은 우리의 국방과학 및 무기 체계의 역사를 이해하고 발전시킬 수 있는 소중한 문화유산이기에 더욱 소중하게 다루어져야 할 것이다.

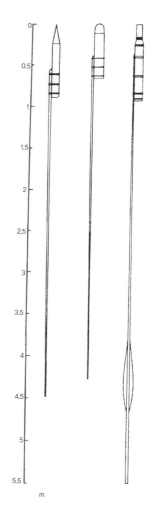

19세기 초 영국에서 개발된 콩그레브 로켓과 대신기전의 비교. 왼쪽부터 콩그레브 32lbs, 51lbs 로켓 및 대신기전.

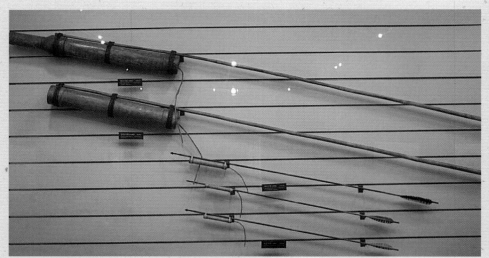

위로부터 대신기전, 산화신기전, 중신기전, 소신기전, 전쟁기념관 소장

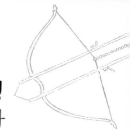

대량살상 무기의 탄생
- 우리나라 최초의 다연장 발사기, 화차

조선의 국경지역 한 요새에서 전투가 벌어졌다. 수없이 많은 적이 밀려오는 상황에서 지휘관의 명령에 따라 로켓 발사대와 같은 병기의 도화선에 불이 붙여지고 100여 발의 화살이 몰려드는 적을 향해 발사되었다. 적들은 날아오는 화살에 혼비백산해 흩어지고 전세는 한순간에 역전됐다.

이것은 결코 영화 속 한 장면이 아니다. 우리 역사 속에서 얼마든지 있었을 법한 장면이며, 이때 사용된 것은 현대식 병기가 아닌 조선시대의 화차다. 동서고금의 전쟁에 있어서 승패는 유·무형의 전력에 의해서 결정됐는데, 이중에서 유형의 군사전력으로 상대방보다 우수한 무기를 보유하는 것을 중요한 요소로 꼽을 수 있다. 화약의 발명과 더불어 등장한 화약병기는 전쟁 양태에 많은 변화를 가져왔다. 이 병기들은 기존의 냉병기冷兵器에 비해 원거리 발사와 강한 타격력으로 살상력이 컸을 뿐만 아니라 굉음과 섬광, 연기를 수반해 상대방에게 주는 심리적 피해도 상당했다. 전쟁터에서 화약병기를 어떻게 운용하느냐가 승패의 관건이 되기도 했다.

그러나 문제는 무게였다. 이 때문에 운영상의 애로가 많았는데, 이에 대한 해결책으로 수레에 장착하여 기동력과 안전성을 구비한 병기가 등장했다. 이중 하나가 화차로, 수레 위에 총통銃筒이나 신기전과 같은 화기를 장착해 수백 개의 화살과 신기전 등을 동시에 또는 연속적으로 발사할 수 있는 최첨단 다연장多聯裝 발사기이다. 즉 단시간에 강력한 화력을 발사해 밀집된 목표

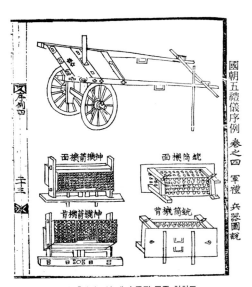

『국조오례의서례』「병기도설」에 수록된 문종 화차도

공격에 가장 큰 효과를 발휘함으로써 방어전과 공격전에서 널리 사용되었다. 어찌 보면 오늘날의 다연장 로켓이나 전차tank, 자주포Self-propelled artillery, 장갑차Armored car or carrier의 원형이라고 말할 수도 있다.

조선시대의 화차와 관련하여 현재까지 전해오는 자료는 간단한 그림과 설명 등 단편적인 기록밖에 없는 실정이다. 다만 『국

조오례의서례』에 문종대 화차의 도면과 구체적인 설명이 기술

돼 있어 이 시기 화차를 이해하는 데 도움이 된다. 당시 화차는

문종 화차를 비롯해 여러 종류가 있었는데, 모두 각 시대의 군

사적인 요구를 반영하여 개량되었다. 첫번째는 1409년에 최해

산崔海山이 개발한 화차이고, 두번째는 1451년 문종이 창안한 것

으로 신기전기神機箭機·총통기화차銃筒機火車이다. 세번째는 화차에

주자총통 50정을 탑재한 것이고, 네번째는 임진왜란 중에 변이

중邊以中이 만든 것이다. 다섯번째는 조선후기에 승자총통 대신

조총 50정을 설치한 것으로, 좌우에 방패를 부착시켜 군사를

보호하도록 했다. 이들 화차는 대량 살상 무기로서 전국의 군

신기전기화차(복원), 전쟁기념관 소장

영과 해안·성곽 등에 널리 배치됐으며, 임진왜란·병자호란 등의 전란에서도 큰 효과를 보았다.

화차의 새로운 유형 – 최해산 화차

우리나라에서 화차에 대한 기록이 처음 나타나는 것은 1409년^{태종 9} 10월이다. 최해산은 아버지 최무선의 뒤를 이어 화약무기를 개발·제조하는 데 전력을 기울였는데, 그가 완성해낸 것이 첫번째 화차다. 물론 이전에도 화차라는 명칭이 붙여진 무기가 있긴 했다. 고려 말 1372년경에 최무선이 화약의 국산화에 성공하고 1377년 화통도감을 설치한 후 화약과 각종 화기를 제작했고, 1380년 진포해전에서 화기를 전함에 탑재한 함재포^{艦載砲}나 화차를 이용하여 승리를 거두었던 것이다. 여기서 등장하는 화차라는 명칭은 원래 최무선이 만들었다는 화약무기들의 종류에는 있지 않다. 단지 당시 권근이 지은 진포해전의 승전을 축하하는 시구에 '화차'가 등장한다.

이와 관련한 당시의 기록이 상세하지 않아 구체적으로 알 수는 없지만, 화통도감에서 제조한 대장군 및 이장군 등의 대형 화포를 수레에 탑재하여 대형 화살을 발사하는 형태의 포차^{砲車}로 추정된다. 따라서 이 화차는 다연장 발사기로서의 화차와는 다소 거리가 있지만, 기존의 단순 화공용 수레 개념에서 발전하여 최초로 화기를 탑재한 새로운 개념의 병기라는 데 의미가 있다. 이후 태종대에 보다 정확한 다연장 발사기 개념의 화차가 등장했다. 『태종실록』에 '화차의 제도는 철령전鐵翎箭 수십 개를 여러 개의 동통銅筒총통에 넣어서 작은 수레[小車]에 싣고 화약으로 발사하면 맹렬하여 적을 제어할 수 있다'『태종실록』 권18, 태종 9년 10월 병진조는 내용이 나오는데, 이것이 화차에 대한 본격적인 기록이라 할 수 있다.

당시 최해산은 권근의 상소로 1401년태종 원년에 군기감 주부軍器監主簿로 발탁되어 국왕의 보호와 아버지의 공에 힘입어 화기 제작에 진력했고, 1409년 10월 육상전에서 마침내 기동력이 탁월한 수레에 화기를 탑재한 화차를 제작해냈다. 최해산은 자신이 제작한 화차를 가지고 국왕이 친림한 가운데 경복궁 북편 후원인 해온정解慍亭에서 발사 시범을 보였다. 결과는 성공적이었고, 태종은 총책임자인 군기소감軍器少監 이도李韜와 실질적 책임자인 최해산과 시연에 참가한 화통군에게 말 한 필씩을 상금으로 하사했다. 이후 이들 화차가 어떻게 실전에 사용되었는지 그 구체적인 기록은 나타나지 않지만, 태종과 세종연간에 걸친 여진 정벌전에서 그 몫을 했을 것으로 보인다.

최해산이 제작한 화차의 첫번째 특징은 외형적으로 소형이라는 점이다. 화기를 탑재하는 수레를 특별히 소거小車라 한 점으로 미루어 소형 수레임을 알 수 있다. 일반적으로 소차 혹은 소거는 외바퀴[獨輪]에 2인 1조로, 한 사람은 끌고 한 사람은 밀어서 물자를 운반하는 데 사용하는 민간용 수레를 일컬었으나, 전시에는 적군의 공격을 방어하는 다목적용 전차로 활용되기도 했다. 당시 총통은 대형 화포가 위주였기에 이동상의 불편 때문에 공격용으로 사용하는 데에 제약이 많았다. 이 점에 착안해 최해산은 주로 공격용 화기로의 운용을 위한 화차의 경량화에 주력했던 듯하다. 게다가 대형 화포에 대한 소거의 사용은 공격 작전에 있어서 취약한 기동력을 보완시켜준 것이었다. 두번째는 여러 개의 동통에 철령전을 장전하여 발사하는 연발식 화기였다는 점이 특징이다. 한 번에 하나의 화살을 화약으로 발사하는 청동제 화기 여러 개를 장착하여 수십 발의 철령전을 발사했다.

결국 최해산의 화차는 이동성이 약한 최무선의 해상용 동차형 화차를 육전에서의 기동성에 중점을 두고 개량한 것으로, 소거라는 수레 위에 중소형 화기를 탑재해 연발식으로 전환한 것이라 하겠다. 따라서 최무선의 화차가 후대에 통칭되는 포차와 유사한 것인 데 비해, 최해산의 화차는 수레라는 기동력에 중점을 두고 다량의 화살을 날려 보낼 수 있는 다연장 발사기와 유사한 것으로 추정된다. 또한 최무선의 화차가 중량이 무거운 대형 화포라 한다면, 최해산의 화차는 비교적 가벼운 화기를 탑재했을 것으로 보인다. 이는 당시 화차를 사용하는 주 목표 대상이 해상에서는 적선賊船이었지만, 육상에서는 인명이었기 때문이다.

화차의 세계화—문종 화차

최해산이 화차를 개발한 후 40여 년이
지난 1451년^{문종 1} 새로운 형태의 화차가 등장했다. 실전에서 화
약병기의 효능이 점차 커지자 왕세자 시절부터 화약무기 개발
에 많은 관심을 가졌던 문종은 즉위할 즈음 화기의 효력을 배
가시키기 위해 화차를 대대적으로 개량하는 데 성공했다.

이와 관련해 『문종실록』에는 "임금이 임영대군 이구^{李璆}에게
명하여 화차를 제조하게 했는데, 화차 위에 가자^{架子}를 만들어
그 안에 중신기전 100개 혹은 사전총통 50개를 설치하고 불을
심지에 붙이면 연달아 발사하게 되었다. 광화문에서 서강까지
차를 끌어 시험하니, 평탄한 곳에는 두 사람이 끌어서 쉽게 가
고, 진흙 도랑 및 평지에 돌이 있거나 조금 높은 곳은 두 사람
이 끌고 한 사람이 밀어야 하며, 높고 험한 곳은 두 사람이 끌
고 두 사람이 밀어야 한다. 그 제도는 모두 임금이 지시^{指授}한
것이었다"^{『문종실록』 권6, 문종 1년 2월 임오조}라고 기록되어 있다.

문종 화차는 신기전기와 총통기화차, 두 종류가 있다. 신기
전기화차는 중신기전 100발을 동시에 혹은 연속적으로 쏠 수
있는 일종의 다연장 로켓 발사기이고, 총통기화차는 사전총통
50정이 장착되어 세전 200발을 발사할 수 있는 다연장 발사기

이다. 이 화차는 그해 1월 모화관에서 시험 발사한 결과 매우 성공적이었다. 군기감에서 허수아비를 만들어 갑주를 두르고 방패로 무장한 후 70~80보 밖에 세운 뒤 화차전火車箭과 편전片箭으로 각각 쏘아 비교했는데, 화차전이 더 강렬할 정도였다. 이로써 화차 1대의 위력이 화통수 여러 명을 대체할 수 있다는 점이 검증되었다.

당시의 화차의 제원과 설명, 그림은 1474년성종 5에 발간된 『국조오례의서례』 「병기도설」조에 상세하게 수록돼 있다. 이를 바탕으로 복원한 화차가 오늘날 전쟁기념관 등에 전시된 유물이며, 수차례에 걸쳐 발사 시연도 행해졌다. 이 문종 화차는 조선의 화차 중에서도 가장 독창성이 뛰어난 것이라 할 수 있다. 구조적 측면에서도 매우 독특한데, 수레는 지름 87센티미터짜리 바퀴 2개 위에 길이 230센티미터, 너비 74센티미터의 차체가 올려져 2명이 끌 수 있도록 했다. 수레 위에는 사전총통 50개를 장착한 총통기나 로켓형 화기인 중신기전 100개를 장전하여 동시 발사할 수 있는 로켓 발사틀 신기전기를 장착하여 사용하도록 했다.

특히 화차의 수레는 당시 조선에서 사용하던 바퀴축이 차체에 붙어 있는 보통 수레와는 차별되고, 인접국인 중국 화차에 사용된 수레와도 다른 형태다. 수레의 차체가 바퀴 위로 올려진 형태를 취하고 있는데, 이는 수레의 차체를 바퀴축으로부터 올려줘 발사각이 최대 40도에 이르러 화살의 사정거리는 최대로 높아진다. 또 바퀴축을 수레의 차체보다 좁게 만들어 우리나라처럼 도로 폭이 넓지 않은 지형에서도 편리하게 사용할 수있는 등 과학적 독창성이 매우 뛰어났다.

이후에도 문종 화차를 개량하려는 노력은 지속적으로 나타났다. 이사임李思任은 화차 측면에 방패를 설치하고 가자架子발사틀를 쇠로 장식할 것을 건의했다. 방패 설치는 화차 좌우에 방패를 장착하여 그것을 운용하는 사람이 몸을 숨길 수 있도록 했던 것이며, 신기전기의 가자와 전혈箭穴을 쇠로 장식하는 것은 화재를 막으려는 계책이었다. 이처럼 개발된 문종 화차는 그해 2월에 경중京中에 50대, 의주 등 양계兩界 4읍에 각각 20대씩 모두 80대를 배치하도록 했고, 1451년 한 해 동안만 700여 대의 화차가 제작되어 전국적으로 배치되었다. 또한 평소에 사용하지 않으면 무용지물이 되므로 일상적으로 관청의 물건을 운송하는 수레로 사용하다가 유사시에만 화차로 이용하도록 했다.

이렇듯 조선전기에 활용된 화기 및 화차의 성능은 무기 체계상 세계적인 수준이었다고 해도 과언이 아니다.

화차의 발전－변이중 화차, 허적 화차, 융원필비 화차

조선시대에는 남북의 이민족에게 양란兩亂임진왜란, 병자호란의 치욕을 당했으며, 변방에서의 침입사건도 빈

번히 일어났다. 이에 조선은 남쪽의 일본과 북쪽의 야인에 대한 대비책으로 화차 개발에 깊은 관심을 가졌고, 실전에서 그 효능이 입증되기도 했다.

성종 때 여진 정벌과정에서 적의 포위망을 뚫고 진격해 격퇴시키는 데 화차가 활용되었고, 임진왜란 때에도 화차의 활용이 적극 검토되었다. 특히 행주산성 전투에서는 권율이 화차 40량을 운용하여 일본군에 비해 절대적으로 열세에 있던 상황을 극복하고 큰 승리를 이끌어낸 기록이 있다. 이 과정에서 화차에 탑재되는 화기도 성능이 우수한 최신의 것으로 대체되었으며, 성종대에는 화차에 사전총통 대신 주자총통 50정을 탑재했고, 선조대에는 승자총통이 탑재되었다. 특히 임진왜란 당시 권율에게 지원된 변이중 화차는 이전의 것들과는 다른 독특한 형태를 보이고 있다. 먼저 당시 일반에서 사용하던 수레를 기본적으로 활용했다. 또 화기를 장착하는 발사틀을 전면 개량했는데, 네 방면에 방호벽을 설치하여 방호력을 증진시켰으며, 여기에 앞측과 좌우측 세 방면으로 총 40개의 총통을 장착했다. 또 네 방면의 방호벽에 각각 1개의 관측구를 설치해 내부에 있는 포수가 밖을 관측할 수 있도록 했다. 짐작건대 이 화차는 적에 대한 살상력 증대를 위해 전문화된 기능

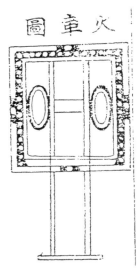

『망암집』에 수록된 변이중 화차

성과 전술적 운용에 중점을 두고 개발되었던 듯싶다. 이후 조선후기로 가면서 전투 양상에도 변화가 나타났고, 이에 대응한 무기 체계도 바뀌었는데, 화차 역시 여러 차례 개량화가 이루어졌다.

먼저 숙종대에 허적許積에 의해 훈련도감에서 새로운 형태의 화차가 제작되었다. 이전의 것을 토대로 발전시켰는데, 그 형태는 초헌軺軒과 거의 같아 가운데 두 바퀴를 설치하고, 위에는 다섯 층으로 판을 설치한 후 판마다 구멍 열 개를 뚫어 각 구멍에 조총 한 자루씩을 탑재했다. 허적 화차의 가장 큰 특징은 임진왜란 이후 휴대용 화기 중에서 가장 성능이 우수한 조총이 발사기의 주 화력이 되었다는 점이다. 이 화차는 북벌론의 이념적인 계승하에 청나라와의 전쟁에 대비한 병기로서 적극적으로 운영되었으며, 숙종대에 100량이 제작되기도 했다.

또 신경준申景濬이 쓴 『여암전서旅庵全書』에도 화차가 고안되어 실려 있는데, 이는 공용 화기인 불랑기포를 탑재한 포차로, 전방위에 걸쳐 회전 사격을 가능케 하는 장치를 설치하여 사격술의 효용성을 크게 증진시켰다. 또한 판방板房의 설치로 탄약의 원활한 공급과 철판을 덧댄 방호력의 증진을 통해 공격용 무기로서의 기능을 지니고 있으나 다연장 발사무기와는 거리가 있다.

이처럼 지속적으로 화차 개발과 활용이 논의되었는데, 그 효

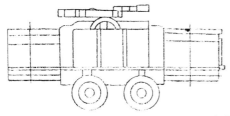
『여암전서』에 수록된 신경준 화차

용성은 당시 군사제도의 중요한 사료인 『만기요람萬機要覽』1808에 나와 있는 군영의 화차 보유 현황에서도 짐작할 수 있다. 당시 훈련도감에는 121대의 화차가 배치되어 있었고, 금위영에서는 56대, 어영청에서는 10대를 보유하고 있었다. 조선후기에는 화기의 질적·양적 발전으로 개인 휴대 무기로의 무장과 다량의 공용 화기가 등장해 화차의 전술적 기능이 약화되기는 했으나 여전히 활용되고 있음을 보여준다. 이 당시에 사용됐던 화차의 모습은 순조대에 발간된 『융원필비』에 실려 있는데, 화차와 목화수차木火獸車 두 종류이다. 『융원필비』는 훈련대장 박종경朴宗慶의 주도로 새롭게 개량·제작했던 무기들을 도해하고 그 규격과 용법에 대한 설명을 붙인 책으로 1813년순조 13에 발간되었다.

이 화차의 주요한 특징 중 하나는 실전에서의 전술적 운용에 중점을 두고 화기수에 대한 방호력을 증진시킨 점이다. 좌우측에 방패를 설치하여 화기를 운용하는 병사를 보호했다. 화차에 방패를 달아 병사를 보호하자는 논의는 조선전기부터 있어왔지만, 신속히 운용하는 데 방해가 된다는 이유로 실행되지 못했다. 그러나 이때에 와서 다시 방패를 달기에 이른 것이다. 또 하나는 발사틀에 지붕 덮개를 씌워 기후 조건에 구애받지 않도

록 했고, 탑재 화기는 숙종대 이후부터 화차에 탑재되던 조총
이 활용되었다. 그리고 차체가 바퀴축 위에 있는 문종 화차의
수레와는 달리 일반 수레를 이용했다. 한편 목화수차는 화차에
탑재된 조총의 수를 15정으로 줄이는 대신 발사틀 위에 동물
모형[翼虎]을 설치하여 적에게 공포감을 주었고, 익호의 입에서
는 거북선의 용머리처럼 화약을 연소시켜 불꽃과 연기를 토해
내 적을 혼미하게 했다.

'구룡'이라 불리는 다연장 로켓 개발

오늘날 다연장 로켓은 재래식 야포와는
비교도 안 될 정도로 넓은 지역을 일거에 초토화할 수 있는 강
력한 무기다. 현대에 들어와 다연장 로켓이 위력을 발휘하게

우리 기술로 개발된
K-136구룡 다연장로켓

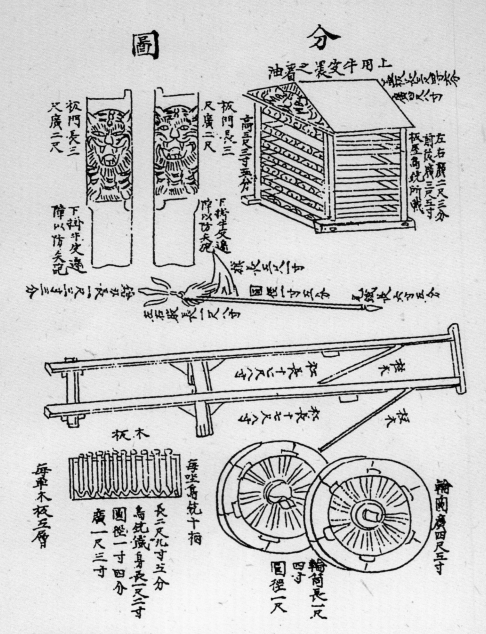

『융원필비』에 수록된 화차(상세도)

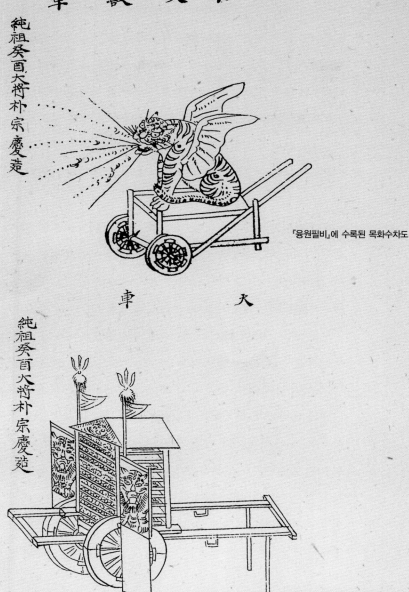

木犬戰車

純祖癸百大將朴宗慶造

『융원필비』에 수록된 목화수차도

火大車

純祖癸百大將朴宗慶造

『융원필비』에 수록된 화차도

된 것은 제2차 세계대전에서이다. 1939년에 개발된 소련의 BM-13-16 다연장 로켓 발사기는 1941년 7월 13일, 모스크바전투에 배치되어 독일군에게 16발의 로켓탄을 일제히 뿜어냈다. 긴 불꼬리를 끌며 날아간 로켓탄은 곧 독일군 진지 여기저기서 강력한 폭발을 일으켰고, 순식간에 전차와 장갑차 17대, 화포 15문이 격파되고 사상자가 수백 명에 이르렀다. 이 전투는 현대전에서 다연장 발사기의 위력을 일깨워준 계기가 되었다.

이보다 수백 년 전에 개발·운영된 조선의 화차는 각종 화기를 장착하고 좁고 험한 도로에서도 쉽게 기동하여 막강한 화력을 집중시킬 수 있었으며, 군사들을 보호하기 위해 칼과 창, 방패를 갖춘 기동전투 수단으로서 동시대 유럽의 어느 전차와 비교해도 결코 뒤지지 않았던 위력적인 병기였다. 그러나 이러한 병기기술이 오늘날까지 이어지지 못하고 국방과학기술은 한동안 침체기를 겪어야 했다. 그후 1980년대에와서 다시 발전의 단계에 들어섰다. 한국에서 개발한 최초의 현대식 로켓인 36연장의 K-136 다연장 로켓은 국방과학연구소에 의해 개발되어 1980년대에 배치되기 시작했다. '구룡九龍'이라 불리는 이 다연장 로켓은 군단 및 사단의 야전포병을 위한 것으로서, 국내에서 설계·시험평가·제작이 이뤄졌으며, 순식간에 대량 화력을 집중시켜 기동력을 갖춘 적의 중요 표적들을 무력화시킬 수 있다.

다연장 로켓의 선구적 형태를 보여주는 화차는 우리나라의 독창적이고 첨단기술이 집약된 무기라 할 수 있다. 특히 문종 화차는 세계 역사상 흔치 않게 왕이 직접 발명하고 대량으로 제작했다는 점에서 그 역사적 의미가 크다.

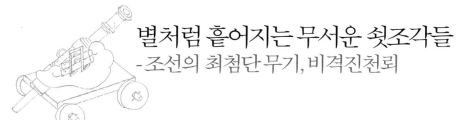

별처럼 흩어지는 무서운 쇳조각들
- 조선의 최첨단 무기, 비격진천뢰

1757년 미국 대륙을 차지하기 위해 벌어진 영불전쟁을 소재로 한 영화 「라스트 모히칸」, 19세기 나폴레옹 시대를 배경으로 영국 해군과 프랑스 함선의 전투를 그린 「마스터 앤드 커맨더」 등과 최근 우리나라에서 방영되었던 「불멸의 이순신」 등의 사극에서 등장하는 대포 사격 장면은 실제 가능한 일일까? 이들 대부분은 함재 화포를 통해 발사된 포탄이 목표물에 맞아 폭발하는 장면을 연출하고 있다.

이와 관련하여 전쟁사를 전공한 필자에게 간헐적으로 들어오는 질문 중 하나가 "요즘 ○○ 사극이나 ○○ 영화에서 등장하는 것처럼 포탄이 터지냐?" 하는 것이다. 이에 대해 필자는 "아니다"라고 대답한다. 그러면 다시 "당시 사용했던 화포는 어떻게 발사됐고, 무슨 살상 효과가 있느냐?" 라고 되묻는다.

대답은 역시 간단하다. "당시의 화포는 오늘날과 같이 신관信管 장치가 있어 날아가 폭발하는 것이 아니라, 대부분 성벽을 부수거나 함선을 격파하는 데 사용했다. 단한 가지 예외가 있다면 비격진천뢰飛擊震天雷이다"라고 답하곤 한다. 비격진천뢰란 발사하면 날아가서 폭발과 동시에 천둥 번개와 같은 굉음과 섬광, 수많은 파편을 쏟아내는 무기다. 이른바 작열탄炸熱彈이라 할 수 있다. 비격진천뢰

화왕산성에서 출토된 비격진천뢰
국립진주박물관 소장

는 우리나라 고유의 화기 가운데 유일하게 목표물에 날아가서 폭발하는 폭탄으로, 병기사적으로 매우 중요하다.

2003년 6월 10일자 몇몇 신문에 "조선중기의 포탄 비격진천뢰 창녕 화왕산성서 발굴"이라는 기사가 실려 학계가 주목한 바 있다. 경남문화재연구원이 창녕의 화왕산성 유적을 발굴하는 과정 중 발견되었는데, 그 모양이 완전하게 남아 있었다. 특히 이곳은 임진왜란 당시 곽재우 장군이 왜군과 전투를 했던 지역이기 때문에 왜란 때 사용됐을 가능성이 매우 높다.

전통시대 포탄의 발달과정

16세기부터 19세기에 이르기까지 전 세계 바다를 주름잡은 유럽 범선과 화포의 위력에 대해 살펴보

자. 당시 유럽 해전에서 상대 함선에 포격을 가하는 목적은 배 자체의 격침이 아니라 인명 손실과 적선의 기동력 약화에 있었다. 레판토해전 등 16세기 해전에서 함재 화포의 활용은 전투 초기 몇 차례의 사격으로 끝이 났고, 포격전에 이어 머스킷 사격전을 했으며, 또한 투창을 던지거나 권총 사격을 하다가 적선에 넘어가 창칼로 백병전을 벌였다. 이러한 전투 방식은 화포로는 적선의 격침은 물론 그것을 손상시키기도 어렵기 때문에 나타난 자연스러운 현상이었다.

실제 영불해협 해전을 제외한 16세기 해전에서 화포를 쏘아 적선을 격침시킨 사례는 레판토해전 초기 대형 캐논으로 터키 갤리선 5척을 격침시킨 것밖에 없었다. 무적함대와 영국 함대가 맞붙은 1588년 영불해협 해전에서는 레판토해전에 비해 함포전 비율이 훨씬 높아졌다. 병사들의 단병접전 능력이 강했고, 사거리는 짧지만 강력한 캐논 위주로 함포를 탑재한 에스파냐 함선에 영국 함선들이 의도적으로 접근을 회피한 까닭이다. 하지만 열흘에 걸친 포격전에도 불구하고 에스파냐 함대의 피해는 단 16척에 불과했다. 가장 치열했던 그래블린 앞바다 해전에서 화약과 포탄이 떨어진 에스파냐 함선에 100미터까지 접근한 영국 함대가 하루 종일 컬버린과 캐논을 퍼부어댔는데도 격침된 에스파냐 함선은 단 3척밖에 없었다. 결국 열흘 동안 무적함대는 124척 중에서 16척을 잃었는데, 전투 중 격침된 배가 3척, 전투 이후 침몰한 배가 1척이고, 나머지 12척은 좌초하거나 표류해 나포되었다는 사실이 이를 증명한다.

반면 우리나라 전함에 탑재된 화포는 고려 말 개발 초기 단계부터 상대방 선박을 파괴하거나 불태우기 위한 목적으로 고안되었다. 이렇듯 동서양의 함포나 화포의 사용은 그 목적에서 차이가 있었고, 그에 따라 발전 양상도 달랐다. 이 때문에 일부에서는 조선의 판옥선과 서구 유럽의 함선이 격돌한다고 해도 결코 뒤지지 않을 것이라는 주장도 나오고 있다.

그럼에도 불구하고 동서양을 막론하고 초기 대포에서 발사하는 포탄은 폭발하지 않는 단순한 고체 덩어리 발사체solid projectile에 불과했다. 포탄이 적에게 도달할 때까지 폭발을 지연시키는 기술을 개발할 수 없었기 때문이다. 이러한 고체탄은 폭발력이 없어 단순히 충격력만 지니고 있다. 이런 이유로 당연히 실제 적을 살상하는 것보다는 성이나 선박 같은 구조물을 공격하는 용도로 사용됐다. 그렇지만 우리나라의 비격진천뢰만은 내부에 화약을 충전하고 신관 장치를 갖추고 있었기에 적의 위치에 도달할 때쯤 자체 폭발을 일으켜 파편으로 적을 직접 살상할 수 있었다. 이 같은 작열탄은 폭발할 때 발생하는 폭풍과 화염에 의해 적을 살상하는 효과를 냈다. 폭발음이 주는 충격 또한 중요한 효과 중 하나였으며, 작열탄을 처음 보는 사람이나 말에게는 특히 큰 효과를 발휘했다.

유럽의 해상전투 장면(위쪽)

레판토해전 기록화(오른쪽)

물론 이전 시대에도 작열탄은 있었다. 포탄 속에 화약을 채우고 그 윗부분에 구멍을 내 도화선이 꼽힌 나무마개를 끼웠다. 도화선 길이를 폭발 시간에 맞춰 적당히 조절하고 나무마개에 끼운 다음 포탄에 박아넣는다. 포탄을 뒤집어 나무 받침대를 끼우고 발사약에 도화선이 접촉되도록 포구 속에 밀어넣어 쏘면 발사약의 연소 열기로 도화선이 점화되어 타들어가다 터진다. 문제는 이전 시대엔 도화선 길이_{폭발 시간}와 사거리_{목표}까지의 비행 시간을 맞추기 힘들었다는 점이다. 또 대포의 성능도 상대적으로 약했기에 견고한 배들을 격파하기에는 적당치 못했다. 이 때문에 터지지는 않지만 배에 구멍은 확실히 내는 단단한 포탄을 써왔다. 비격진천뢰와 유사한 중국의 진천뢰도 작열탄의 일종이었다.

실제 18세기 나폴레옹이 트라팔가해전에서 사용했던 함포의 발사물도 터지지 않는 포탄이었다. 이후 화포 및 포탄 제작기술이 발전하면서 도화선을 사용하는 시한_{時限} 신관이라는 믿을 만한 것이 나오자 작열탄이 적극적으로 사용됐다. 이후 불을 댕겨 폭발하도록 시간을 조절할 수 있는 지극히 불확실하고 유치한 작열탄이 개발된 때가 1830년이고, 탄환이 목표물에 닿자마자 신관이 발화하면서 작약에 불을 댕겨 폭발하는 원추탄_{圓錐彈}이 개발된 때는 1850년이다. 이후 프랑스와 영국을 비롯한 유럽 국가들은 발전된 형태의 작열탄을 사용했는데, 특히 접촉—충격식 신관이 등장하면서 사용 빈도와 효과가 배가되었다.

임진왜란 때 개발된 조선의 비밀 병기, 비격진천뢰

비격진천뢰는 선조 때 화

창경궁에 보존된 비격진천뢰
국립고궁박물관 소장

포장火砲匠이던 이장손李長孫이 만든 시한時限 작
열탄으로 비진천뢰, 진천뢰로 불리기도 한
다. 이에 대한 기록은 비교적 풍부하여 『조
선왕조실록』『징비록』『정한위략征韓偉略』『화
포식언해』 등에서 그 구조·형태·사용예·
위력 등을 알 수 있다. 우선 유성룡의 『징비록』
에는 다음과 같은 흥미로운 기사가 있다.

"좌병사 박진이 경주를 수복했다. (…) 박진은 좌도 군사 만
여 명을 거느리고 경주성 밑까지 진격해나갔다. 그러자 적은
북문으로 나와 박진의 후군을 엄습했기에 하는 수 없이 안강
으로 돌아갔다. 박진은 군사를 경주성 밑에 몰래 매복시켜놓
았다가 비격진천뢰를 성안으로 쏘니, 왜적들이 있는 객사 뜰
안에 떨어졌다. 그런데 왜적들은 그것이 어떻게 만들어졌는
지를 알지 못하여 다투어 모여들어 이것을 구경하고, 서로
밀고 굴려보기도 하며 살펴보았는데, 갑자기 포가 그 가운데
로부터 폭발하여 소리가 천지를 진동하고 쇳조각이 별처럼

부서져서 흩어지니, 이를 맞고 즉시 쓰러져 죽은 사람이 30
여 명이나 되었다. (…) 왜적들은 드디어 모든 무리를 이끌고
경주성을 버리고 도망하여 서생포로 가버렸다. (…) 군기시
의 화포장 이장손이 이 무기를 창안하여 만들어낸 것이다.
이 무기는 진천뢰를 가져다가 대완구에 넣어 쏘면 능히 500
~600보를 날아가 땅에 떨어져 한참 있으면 불이 그 안으로
부터 일어나 터지는 것이었는데, 왜적들은 이 무기를 가장
두려워했다."

위의 내용에 따르면 비격진천뢰는 1592년^{선조 25} 9월, 가토오
기요마사^{加藤淸正} 휘하의 군사들에게 함락당한 경주성을 탈환하
는 전투에서 큰 위력을 발휘했다. 임진왜란 당시 경주는 2만여
일본군의 공격을 받아 별다른 저항도 하지 못한 채 함락당하고
말았다. 이후 그해 8월에 경상좌병사 박진을 중심으로 영천전
투에서 승리한 의병장 권응수와 정세아가 합세해 경주성을 되
찾기 위해 총공격했으나, 언양 방면에 있던 일본군의 기습을
받아 후퇴할 수밖에 없었다. 이에 재차 결사대 1000여 명을 모
집하여 전열을 재정비한 박진은 비격진천뢰라는 신무기를 이
용해 마침내 경주성을 탈환하는 데 성공했다. 당시 일본군은
이 공격에 혼비백산하여 수백 명의 사상자를 낸 채 패주했다.
당시 사용된 화기들이 주로 목표물에 충격을 주는 무기였던 데

반해 비격진천뢰는 목표물에 날아가서 폭발하는 작열포탄이었기 때문에 그 폭발력에 일본군은 크게 당황할 수밖에 없었다.

경주성 전투는 국난을 당하여 개전 초에 분연히 일어난 의병의 힘으로 성을 탈환했다는 점에서도 의의가 있지만, 특히 비격진천뢰라는 새로운 과학 무기의 위력을 보여준 싸움이었다는 것에 더 중요한 의의가 있다. 이후 비격진천뢰는 육전·해전을 가리지 않고 수많은 전투에서 사용돼 승패를 가름하는 데 결정적인 역할을 했다. 조선군이 산성에 웅거한 일본군을 포위한 후 비격진천뢰를 적 진영으로 날려 보내 굉음과 섬광, 파편을 통해 적을 놀라게 하고 인마를 살상함으로써 결국 전투를 승리로 이끌어냈다. 1592년 10월의 진주성 전투에서도 사용되었고, 이듬해 2월에 벌어진 행주산성 전투에서도 권율 장군이 여러 화기와 함께 사용함으로써 일본군을 격퇴시켰다. 또 이순신 장군의 『난중일기』에도 비격진천뢰를 사용한 기록이 남아 있다. 유성룡 역시 "비격진천뢰의 위력이 수천 명의 군대보다 낫다"고 평가한 바 있고, 임진왜란 당시 의병활동을 벌인 김해金垓가 쓴 『향병일기』에도 "왜적을 토벌하는 방책으로 진천뢰를 능가하는 것은 없다"라고 기록돼 있다.

특히 일본 측 기록인 『정한위략』에 "적진에서 괴물체가 날아와 땅에 떨어져 우리 군사들이 빙 둘러서 구경하고 있는데, 이것이 갑자기 폭발해 그 소리가 천지를 흔들고 철편이 별가루

진주대첩 기록화, 전쟁기념관 소장

같이 흩어져 맞은 자는 즉사하고 맞지 않은 자는 넘어졌다"라고 기록돼 있어, 비격진천뢰가 일본군을 심리적으로 크게 위축시켰었음이 드러나고 있다. 또 일본의 병기 전문가 아리마 세이호有馬成甫도 『조선역수군사朝鮮役水軍史』에서 "비격진천뢰의 발화 장치는 매우 교묘한 것으로 그것은 화공술로서는 획기적인 일대 진보라고 말할 수 있을 것이다"라고 평가했고, 『병기고兵器考』라는 책에도 "임진 전쟁 때 조선은 대대적으로 대포완구를 사용하여 폭탄비격진천뢰을 아군일본군에게 퍼부었는데, 아군은 막대한 손실을 입었다. 당시 아군은 대포가 전해진 후 시일이 짧아서 조선을 따라가지 못했던 것이다"라며 왜란 당시의 비격진천뢰의 위력을 높이 평가하고 있다.

중국 진천뢰와 구별되는 점

그렇다면 과연 비격진천뢰는 우리나라만의 독창적인 무기인가, 하는 의문이 들 것이다. 그 대답은 '예'라고 할 수 있다. 물론 중국은 비격진천뢰와 유사한 작열탄 종류인 진천뢰라는 무기를 12세기부터 사용했다. 하지만 이는 철로 만들어진 용기 안에 폭발성이 강한 화약을 채워넣은 것으로, 도화선을 사용해 점화함으로써 손으로 던지는 휴대용 폭탄에 가까웠다.

원래 진천뢰는 여진족이 건국한 금金나라에서 개발되었다.

『몽고습래회사』에 나타난 여몽연합군의 철포

애초에는 도자기로 된 용기를 사용하다가 점차 금속으로 된 용기를 사용했다는 것이 여러 유적 발굴에서 입증되었다. 『금사金史』에 의하면 '진천뢰는 철로 된 두레박에 화약을 채워 불을 붙이면 폭발하는데, 그 소리가 우레와 같아 100리 밖까지 들린다'라고 기술되어 있다. 진천뢰라는 이름도 폭발하는 순간에 우레와 같은 굉음을 내는 데서 유래했다. 또 금나라의 시인 원호문元好問의 『속이견지續夷堅志』「호거수狐琚樹」에도 이와 관련된 이

야기가 나온다. 1161~1189년경 한 사냥꾼이 화약을 용기에 넣은 화관으로 여우 사냥에 사용했는데, 이때 폭발 소리로 여우를 기절시켜 잡았다는 내용이 나오며, 이것 역시 진천뢰와 유사한 무기로 추측된다.

이후 금에서 발명된 진천뢰는 남송南宋에도 전해졌는데, 진천뢰의 위력을 높이 평가해 이를 철화포鐵火砲라고 불렀다. 특히 남송 때 방어용으로 사용된 서과포西瓜砲가 그런 작열탄이었다. 서과포는 용기를 종이로 만든 후 삼베로 겉을 둘렀으며, 안에는 작약인 화약에다가 질려疾藜 쇳조각 100~200개를 넣어 사용했다. 이를 도화선에 점화한 후 적중에 던졌는데, 폭발하면 안에 들어 있던 질려가 사방으로 튀어 적을 살상하고, 땅에 떨어지게 되면 적의 행동을 방해하는 장애물이 되었다. 남송은 철화포를 대량생산하여 국방상 중요 요새에 비치하여 방어용으로 사용했다.

13세기 일본 규슈의 하카다 만에 상륙한 여몽연합군을 맞이한 가마쿠라 막부군은 연합군이 사용하고 있는, 여태껏 한 번도 본 적이 없는 병기에 고전을 면치 못했다. 이 병기들이 바로 진천뢰나 철화포라 불리는 작열탄이었다. 다케자키 스에나가崎季長의 『몽고습래회사』에는 철포라 씌여진 진천뢰가 폭발하는 순간의 모습이 담겨 있다. 그러나 우리나라의 비격진천뢰는 중국의 진천뢰와는 성격이 다른 독창적인 무기라 할 수 있다. 먼저 조선후기의 병기 서적인 『융원필비』를 통해 그 구조에 대

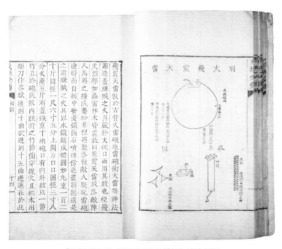

『융원필비』에 수록된 비격진천뢰 설명 부분

해서 살펴본다.

"수철水鐵로 주조해 만들며 몸체가 탄환과 같고 무게가 1200
근, 지름이 1자6치5푼이다. 위에는 네모난 입이 열려 있는
데, 지름이 3치8푼이며 화약 5근을 사용한다. 뚜껑쇠가 있는
데 무게가 10냥이다. 포탄 입구에는 안팎의 줄이 있고 한 마
디 대나무竹筒를 포탄 바닥에 세우고 안쪽으로 줄을 꺾으며
대나무 마디 옆으로 심지구멍을 뚫고 또 단나무를 톱으로 홈
을 판다木曲. 빨리 폭파시키려면 10회의 구비屈를, 더디게 폭
파시키려면 15회의 구비를 만드는데, 즉 폭파 속도는 이에
달려 있다. 중약선은 3자로서 홈을 따라 돌려가며 묶어 통에
넣고서는, 심지 두 끝을 한편으로는 죽통의 심지구멍을 뚫고
다른 한편으로는 죽통 위의 입구로 빼서 포탄 입구 속 밑바
닥까지 세운다. 죽통 바깥 면과 포구 안쪽 줄 사이에 틈이 생
기면 종이로 메워 틈이 없게 한 뒤에 뚜껑쇠로써 그 입구를
세워 막는다. 죽통 위에 있는 입의 심지는 뚜껑쇠 구멍 밖으
로 끌어내 2치가 넘지 않게 한다. 화약 5근으로 끝을 만들어
중간 구멍으로 넣어 채우고 격목을 때려 구멍을 막은 뒤 중
완구에 실어 발사하면 300보를 날아간다. 얼마 있다가 저절
로 터지면 그 소리 때문에 천지가 흔들린다. 불을 붙일 때에
는 진천뢰의 심지에 먼저 불을 붙인 뒤 완구의 심지에 붙이

임진왜란 때 사용된 중완구, 보물 858호

는데, 완구의 불이 꺼질까 염려해서이므로 그곳에 구멍을 뚫는다."

이상의 내용을 정리하면 비격진천뢰는 둥그런 모양이며, 무쇠로 만들었고, 지름은 21센티미터, 둘레 68센티미터, 중량 22.6킬로그램 정도다. 이 속에는 화약과 철조각, 그리고 오늘날 폭탄의 신관 역할을 하는 죽통竹筒이라는 것이 들어 있다. 죽통 속에는 나선형의 홈구비이 파여 있는 목곡木谷이 들어 있고, 목곡에는 도화선인 화약선을 감았다. 여기 감긴 화약선의 숫자에 따라 폭발 시간이 길고 짧고 한데, 빨리 폭발하게 하려면 열 번을 감고, 더디게 폭발하도록 하려면 열다섯 번을 감았다는 얘기다. 이는 바로 죽통 속의 목곡이 원시적 형태의 신관 역할을 대신했음을 의미한다. 특히 화약선이 목곡을 타고 돌며 타들어갈 때 화약이 폭발하지 않도록 죽통에 넣은 점은 매우 획기적이라 할 수 있다.

바로 이 점이 우리나라의 비격진천뢰가 중국의 진천뢰와 다른 것이다. 즉, 중국 문헌상에 나타나는 비격진천뢰의 구조를 살펴보면, 외형상으로 우리나라의 것과 유사해 보이지만 내부 구조에서 차이가 난다. 진천뢰의 경우 내부에 죽통도 없고, 완구에 의해서 발사하지 않으며 직접 던져 터뜨려야 한다. 조선시대에 사용된 또다른 작열탄인 질려포통과 같은 무기인 것이다. 비격진천뢰는 중국의 진천뢰, 조선의 질려포통과는 달리 신관 역할을 하는 죽통이 형성돼 있어 폭발 시간을 지연시킴으로써 완구에 의해 발사가 가능했던 것이다. '진천뢰震天雷'에 '비격飛擊'이 붙여진 이유도 바로 여기에 있다고 생각된다. 단순히 폭발하는 작열탄이 아니라 날아가 폭발하는 작열포탄인 것이다.

진주성지에서 발굴된 비격진천뢰 파편
국립진주박물관 소장

장성에서 발굴된 비격진천뢰
연세대박물관 소장

비격진천뢰는 다음과 같이 사용한다.

① 먼저 화약선을 감은 목곡을 죽통에 넣는다

② 죽통을 비격진천뢰의 몸통에 넣은 후에 두에쇠, 즉 비격진천뢰의 뚜껑을 덮고 입구를 단단히 막는다

③ 허리 부분에 뚫려 있는 구멍을 통해서 화약을 가득 넣고 나무로 구멍을 막는다

④ 죽통으로부터 빠져나온 화약심지에 불을 붙인다

⑤ 불을 붙인 비격진천뢰를 성벽 위에서 직접 손으로 던지거
나 굴리거나 대형 화포인 완구에 의해 발사한다

⑥ 발사된 비격진천뢰는 날아가 자체 죽통에 연결된 화약심
지가 타들어감으로써 결국 폭발한다

결국 우리나라의 비격진천뢰는 죽통 속에 들어 있는 목곡에
감기는 심지의 길이를 통해서 폭발 시간을 조절했던 시한폭탄
이었고, 그렇기 때문에 완구에 의해 멀리 날려 보낼 수 있는 작
열포탄이었던 것이다.

특히 국립진주박물관 보존과학실에서 화왕산성 출토 유물
에 대해 CT 촬영을 해본 결과 기존의 금속 유물과는 다른 특이
한 점을 발견했다. 비격진천뢰의 주물 단면에 작고 많은 기공
이 형성돼 있었던 것이다. 이 기공은 주물 작업 시 생기는 것인
데, 장인들이 비격진천뢰를 제조하는 과정에서 기공을 많이 형

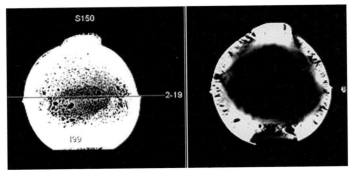

비격진천뢰 CT 촬영
단면 사진으로 흰색
부분이 금속이고, 검
은 점은 주물할 때 생
긴 기공이다.

성시킴으로써 쉽게 파열될 수 있도록 한 것이 아닌가 하는 조심스러운 추론을 해본다.

비격진천뢰는 현재 화왕산성 발굴 유물 외에도 창경궁에 보존돼왔던 비격진천뢰_{국립고궁박물관 소장, 보물 860호}와 경남 하동 고성지_{古城址}에서 발굴된 유물, 진주성지에서 발굴된 비격진천뢰 파편, 전남 장성군 석마리에서 발굴된 비격진천뢰_{연세대박물관 소장} 등 6점 정도가 전해오고 있다.

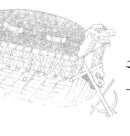

스페인에서 건너온 고성능 신식 화포
- 전란 극복을 위해 도입된 신무기, 불랑기

연암燕巖 박지원朴趾源, 1737~1805은 『열하일기
熱河日記』에서 "역사는 전쟁인데, 우리 옛 강토는 싸우지 않아서
저절로 움츠러들었다"고 했다. 박지원이 중국 사행을 다녀오면
서 보았던 만주 옛 땅을 두고 한 말인데, 여기서 전쟁이란 역사
를 기록하는 '붓'일 수도 있고, 실제의 '칼'일 수도 있다. 인류
가 시작된 이후 전쟁은 줄곧 있어왔기에 어쩌면 인류 역사 자
체가 전쟁의 역사일지도 모른다는 것을 피력한 바라고도 생각
된다.

전쟁에는 양면성이 있다. 남을 공격하기 위한 것과 자신을
방어하기 위한 것이 그것이다. 공격이든 방어든 간에 무기는
필수 도구였다. 무기의 효용성에 따라 그 승패가 가름되는 것
이 전근대 시기 전쟁의 특성이기도 했다. 임진왜란은 동아시아

삼국이 자국의 무기 체계를 총동원하여 싸운 전쟁이라 할 수 있는데, 이때 일본 조총의 위력과 함께 명나라 군이 사용한 불랑기 · 호준포 등의 화포가 주목을 받았다. 또한 삼국 간에 새로운 무기 체계의 도입 · 교류가 이뤄졌는데, 불랑기가 그중 하나다.

불랑기국 사람들이 사용하던 화기, 불랑기

불랑기佛狼機라는 명칭은 프랑크Frank의 한자식 표현이다. 중국 남부지역에 최초로 상륙한 포르투갈인들은 동남아 회교도들을 앞세우고 왔는데, 중국 관원이 저 코 크고 머리가 누런 자들을 뭣으로 부르느냐고 묻자 회교도 자신들이 유럽 사람을 통틀어 지칭하던 프랑크라고 대답했다. 그리하여 중국에서는 유럽인을 불랑기라 통칭하고, 그들이 전해준 화포도 같은 말로 지칭하게 되었다고 한다.

유럽인들이 중국에서 건너온 도자기를 '차이나'라고 불렀던 것처럼 중국인은 유럽인, 엄밀히 말하면 포르투갈의 식민지나 무역 상인들이 보유하고 있던 화포를 '불랑기'라고 불렀다. 이것의 전래에 대해서는 정덕연간正德年間1506~1521에 포르투갈에서 만든 불랑기 실물이 그 제조법과 함께 중국에 전달되었다는 설이 가장 유력하다. 1498년에 개발된 인도 항로로 동아시아와 서구사회의 접촉은 빈번해졌고, 상호간의 교류는 동아시아 사

오이타현에 도착한 포르투갈 상선의 모습, 오이타 역사자료관 소장

회의 성격을 변화시키는 발판으로 작용했다.

때는 1516년, 포르투갈은 명에 대해 통상 교역을 요구했지만, 1511년 포르투갈의 말라카malacca지금의 말레이시아 점령을 알고 있던 중국은 경계심을 나타내며 해안을 봉쇄하는 해금정책海禁政策을 썼다. 더욱이 포르투갈인들이 연해에서 약탈 행위마저 자행하자, 명은 강경책을 더욱 공고히 했다. 이런 와중에 1522년, 광동성 신회현의 서초 만에서 명군이 4척의 포르투갈 함대와 전투를 벌여 함선 1척을 나포했고, 그들의 함재포를 노획했다. 이 노획포를 연구하여 명은 새로운 화포를 제조했는데, 그중 하나가 불랑기였다.

불랑기는 원래 15세기 말부터 16세기에 유행했던 후장식後裝式 화포로 유럽 국가들에서 제조돼 함재포로서 많이 사용되었다. 자포에 화약과 탄환을 장전한 다음 자포를 모포의 약실에

1576년 포르투갈인이 오토모 소린에게 기증했던 불랑기포, 오이타 역사자료관 소장

장착해 점화함으로써 발사하는 포로, 연속적인 사격이 가능했다. 또 포이砲耳가 부착돼 있어서 포가砲架 위에 탑재돼 포의 회전 및 발사각을 조정하면서 조준사격이 이뤄졌고, 사정거리 또한 길었다. 이 포르투갈 불랑기는 당시 명나라 군이 가지고 있던 어떤 대포보다도 성능이 뛰어났기에 이것을 본떠서 불랑기를 제조하기 시작했다. 1522년에 동제 불랑기 32점을 자총과 함께 시험 제작하는 데 성공했고, 이로부터 7년 후인 가정 7년에는 소형 불랑기 4000점, 가정 22년에는 중형 불랑기를, 다음해에는 마상용horse-drawn인 소형 불랑기 1000점을 주조해냈다『대명회전大明會典』. 이후 1626년 원숭환袁崇焕이 영원寧遠 전투에서 홍이포의 막강한 위력을 보여줄 때까지 100여 년간 불랑기 형태의 대포는 매년 수천 문씩 생산되어 가장 중심적인 무기로 사용되었다.

이런 형태의 화포는 중국뿐만 아니라 일본에도 전래됐다. 한때 오토모 소린大友宗麟이 구저성臼杵城의 공방전에서 사용했던 적이 있지만, 그후 도요토미 히데요시豊臣秀吉가 조선을 침략할 때까지는 그다지 주목받지도, 활용되지도 않았다.

평양성 탈환에서 위력 발휘한 명의 신무기

우리나라에 불랑기가 들어오게 된 것은 임진왜란 중인 1593년 1월 평양성 탈환 전투 때였다. 이전에도 조선은 불랑기국에 대한 정보를 익히 알고 있던 터였다. 중종 때 명나라에 다녀온 관원이 왕에게 보고하는 과정에서 "그들의 외모는 왜인(倭人)과 비슷하고 의복의 제도와 음식 절차는 정상적인 사람들과 같지 않았습니다. 그래서 중국 사람들도 '예로부터 못 보던 사람이다' 했습니다. 황제가 출유(出遊)할 적에는 달단(韃靼)·불랑기·점성(占城)·라마(剌麻) 등 나라의 사신을 2~3명씩 뽑아 호종하게 하면서 그들의 언어를 익히기도 하고 기예(技藝)를 살펴보기도 했습니다"라고 했다.

이후 조선중기 실학의 선구자인 지봉(芝峰) 이수광(李晬光)이 세 차례에 걸쳐 중국 사행에서 얻은 견문을 토대로 1614년에 간행한 『지봉유설(芝峰類說)』에 "불랑기국은 서양의 큰 나라다. 그 나라의 화기를 불랑기라 부르니 지금 병가(兵家)에서 쓰고 있다"라고 기록한 것으로 보아 이미 널리 알려진 듯하다. 잠시 임진왜란 당시의 상황으로 들어가보자.

1592년 4월 14일, 부산에 상륙한 일본군은 20일이 채 안 되어 조선의 수도 한성을 무혈점령했다. 당시 조선군은 일본군의 조총을 이용한 보병전술에 맥없이 무너져 제 기능을 할 수 없는 상태였다. 이에 일본군으로부터 피난한 선조는 5월 중순 임진강 방어선마저 무너지자 명나라에 원병을 청했다. 명나라 원군과정은 그러나 순탄치 않았다. 명나라의 안전을 위해서라도 명군이 조선에 출병해 일본군을 무찔러야 한다는 주장도 있었지만, 일부에서는 일본이 명을 치기 위해 조선과 공모했을 가능성이 있다는 의견도 제기되었다. 이후 명나라는 조선에 사신을 파견하여 자신들의 눈으로 상황을 직접 확인한 후에야 원군을 파병할 것을 결정했다. 그때가 7월 26일이었다.

물론 명나라는 출병을 결정하기 전에 전쟁이 중국으로 확대되는 것을 방지하고자 요동 병력 일부를 파병해 대동강 선에서 일본군의 북상을 저지하고 평양을 확보하려 했다. 이에 1차로 조승훈이 이끄는 명군 3000명이 6월 중순에 압록강을 건너 조선에 들어왔다. 이들은 7월 17일 평양성을 공격했으나 고니시 유키나가小西行長의 허위·유인 전술에 말려들어 제대로 싸워보지도 못한 채 패배하고 말았다. 선봉장 사유를 비롯하여 장수 여럿이 전사했고, 조승훈도 부상을 입은 채 평양성을 탈출했다. 이후 명나라는 재차 논의를 거쳐 전략적 요충지인 평양에 대한 중요성을 재인식한 후 명군의 재출병을 결정했다. 2차 명나라 원군은 이여송이 이끄는 4만3000명으로, 12월 하순에 압록강을 건너 조선으로 들어왔다.

이들 명군은 조선군과 연합하여 1593년 1월 6일, 평양성 공격을 시작함으로써 서전을 승리로 장식했다. 이튿날 명군은 일부 병력을 평양성 서쪽으로 진출시켜 함구문에서 강을 따라 진출한 조선군과 함께 서북쪽에 대한 포위 태세를 한층 강화했다. 1월 8일 아침부터는 호준포·위원포·불랑기 등 사정거리가 길고 파괴력이 강한 화포들을 이용해 성벽과 성문에 대해

집중 공격을 펼쳤다. 그 결과 조명연합군은 일본군의 외곽 방
어선을 뚫고 들어가 평양성의 외성을 점령했으며, 계속 중성으
로 돌입해 고니시군을 만수대와 을밀대 쪽으로 압박했다. 이후
이여송이 고니시에게 평양성에서 스스로 물러가도록 종용했
고, 일본군은 퇴로를 차단하지 않는다는 보장을 받고서 이날
밤 성에서 빠져나왔다. 이로써 평양성은 일본군에게 점령당한
지 7개월 만인 1593년 1월 9일에 수복되었다.

 평양성이 탈환된 이후 이덕형李德馨이 선조에게 보고하는 과

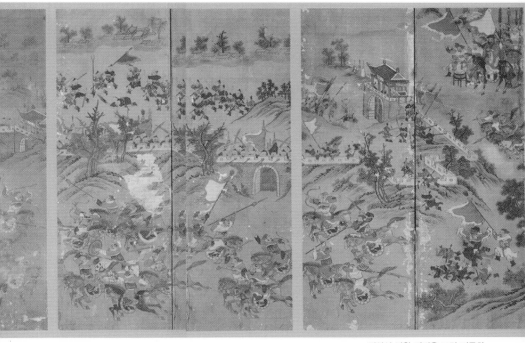

정에서 명나라는 "불랑기·호준포虎蹲砲·멸로포滅虜砲 등을 사용
했고, 성에서 5리쯤 떨어진 곳에서 여러 포를 일시에 발사하니
소리가 하늘을 진동하는 듯했는데, 이윽고 불빛이 하늘에 치솟
으며 모든 왜적이 붉고 흰 깃발을 들고 나오다가 쓰러졌습니
다"라고 하여 명군이 사용한 불랑기의 성능이 뛰어남을 언급했
다. 또 백사白沙 이항복李恒福도 성을 방어하거나 수전을 하는 데
는 대포가 유용한데, "우리나라본국의 천자총·지자총 같은 대
포는 제도가 지나치게 크고 장치하는 화약도 지나치게 많아 화

1563년에 제작된 불랑기 자포, 보물 861호, 육군박물관 소장

1680년 강화도에서 제작된 불랑기 4호, 인천시립박물관 소장

력은 대단히 맹렬하나 포탄이 곧게 나가지 않았다"고 평가하고, "오직 현자총玄字銃 및 1호로부터 5호까지로 대소의 구분이 있는 새로 제조한 불랑기포만이 가장 사용하기에 적합하다"고 평하고 있다. 「백사별집白沙別集」 권2, 계사

이처럼 불랑기는 기존 화포에 비해 규모가 작아 전투에서 효용성이 높고 성능도 우수했기에 이후 적극적으로 도입돼 거북선 등에 장착됐으며, 전란을 극복하기 위한 신무기로 활용되었다. 이와 관련하여 근래에 공개돼 화제를 모았던 2점의 그림에서 불랑기가 조선 수군의 함선에 장착·운용되었다는 점을 확인할 수 있었다. 한 점은 오오타 텐요오太田天洋라는 일본 역사화가가 그린 「조선전역해전도朝鮮戰役海戰圖」라는 그림인데, 칠천량해전에서 조선과 일본 수군이 싸우는 장면을 묘사한 것이다. 한때 '일본의 종군화가가 그린 명량해전도'로 알려지면서 사극 「불멸의 이순신」과 비교하며 화제가 되기도 했는데, 판옥선의 고정식 포가에 장착된 화포가 바로 불랑기다. 또 하나는 2004년 8월 미국 뉴욕에서 처음으로 소개된 거북선 그림인데, 이 하단

정유재란 시 칠천량해전 장면을 그린 기록화
일본 아오키 화랑 소장

불랑기 모습

에도 불랑기가 소형 전선에 장착·운용됐음을 알 수 있다.

이후 화기도감에서 많은 불랑기가 제조되었는데, 『화기도감의궤火器都監儀軌』에는 당시 제조된 불랑기에 대한 도설과 제작과정이 기술되어 있다. 이후 1871년고종 8 신미양요辛未洋擾에 참전했던 미군의 수기手記나 미군이 찍어간 사진을 보면 조선군의 화포가 불랑기였음을 알 수 있다. 또한 『만기요람』의 군정편에 나타난 각 진영의 화기 보유 현황에 불랑기도 들어 있는 것으로 보아 구한말까지 지속적으로 활용되었음을 알 수 있다.

현재까지 전해오는 불랑기는 1990년대에 전남 여천 백도 앞바다에서 인양된 불랑기 자포 1점을 비롯해 10여 점이 전해오는데, 제조 연대가 명종 18년부터 고종 11년에 이르기까지 폭넓게 분포되어 있다. 특히 여천 앞바다에서 인양된 불랑기 자포는 임진왜란 당시 조선 수군이 활용했을 가능성이 높다는 점에서 세간의 주목을 받았다.

모포와 자포로 분리되다

불랑기의 가장 큰 특징은 포가 모포母砲로 불리는 포신과, 포탄과 화약을 장전하는 자포子砲로 분리되어 있다는 점이다. 특히 포 하나에는 여러 개의 자포가 있으며, 이 자포에는 항상 화약과 탄환이 장전돼 있어서 오늘날의 탄약통에 해당하는 역할을 했다. 포 사격을 할 경우 모포 뒷부분에 있는 자포실子砲室에 탄약이 장전된 자포를 끼워서 발사하는 후장식 화포다.

모포의 기본적인 형태는 포구 쪽이 가늘고 약실 쪽이 넓은 모양으로, 조선 화기의 특징이라 할 수 있는 마디가 포구 부분과 자포실 경계 부분에 2~3개씩 둘러져 있다. 자포실은 장방형인데 자포가 삽입되어 발사과정에서 화약의 폭발 반동으로 튀어나오지 않게 하기 위한 장치로, 네모꼴 구멍이 좌우로 뚫려 있고 그곳에 빗장쇠를 끼웠다. 그리고 손잡이와 이 빗장쇠를 쇠고리 줄로 연결시켰다. 모포 1문에 자포 5문에서 9문이 한 세트로 사용되었다. 크기 순으로 1호에서 5호까지 다섯 종류이다. 1~3호는 중·대형으로 주로 성곽전에서 사용되었을 것으로 추정되고, 4호는 포신 길이가 1미터 내외이고, 구경은 40밀리미터 내외이며, 5호는 포신 길이가 80센티미터 내외이고 구경은 25밀리미터 내외로 주로 이동식 포가에 설치하여 운용했을 것으로 여겨진다.

불랑기는 고정식 포가와 이동식 포가를 모두 사용할 수 있는데, 신헌이 저술한 『훈국신조기계도설訓局新造器械圖說』에는 중국의 『해국도지海國圖志』의 마반포차를 응용한 불랑기동차가 나와 있다. 이 불랑기동차는 당시 조선의 주력 화포였던 불랑기의 운반이나 발사를 용이하게 하는 포차로서, 모포 속에 자포 1문을 끼워두고 활차滑車 좌우의 등자철鐙子鐵에 자포를 두 개씩 놓아둠

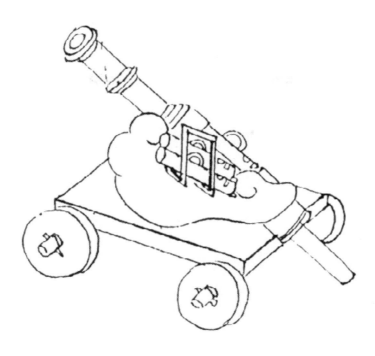

미국에서 공개된 거북선 2점에 나타난 불랑기(왼쪽 상단)
신미양요 때 조선군이 사용했던 불랑기, 전쟁기념관 소장(왼쪽 하단)
신헌이 제작한 불랑기 동차, 『훈국신조기계도설』에 수록으로써 유사시 신속하게 자포를 교체할 수 있게 했다. 또한 활차를 이용하여 포를 좌우로 쉽게 움직이게 함으로써 불랑기의 활용도를 더욱 높였다.

조선시대의 불랑기는 중국에서 예부터 사용해왔던 포와 비교하여 구경장口徑長구경과 포신의 길이를 비교한 수치이 크고 포신의 굵기가 일정했기에, 화약의 폭발가스가 효과적으로 작용하여 발사된 탄환은 강한 위력을 가질 수 있었다. 사정거리에 대해서는 자세히 알 수 없지만, 중국의 예로 볼 때 1킬로미터 내외였을 듯하다. 탄환은 성벽이나 공성 장비를 공격할 때는 한 개의 큰 탄환이 사용됐고, 대인 살상용으로는 소형 산탄을 썼다.

불랑기는 운용 조작이 매우 간단해, 먼저 모포의 포신 속을 청소한 다음 탄환이 장전된 자포를 자포실에 끼워넣으면 바로 발사 준비가 끝났다. 이는 1차 사격 후에 재장전·사격까지의 발사 간격이 매우 짧아, 다른 대포와 비교할 때 불랑기만이 지니는 최대 장점이었다. 특히 어떤 탄환을 사용하더라도 장전수가 미리 자포에 탄환을 장전해놓는 방식이기 때문에 발사 간격을 일정하게 유지할 수도 있었다. 다만

조선후기에 사용된 불랑기 4호, 전쟁기념관 소장

1874년에 제작된 불랑기 5호, 육군박물관 소장

이러한 구조에는 결점도 있었다. 즉 모포와 자포의 구경이 정확하게 일치하지 않는 경우였다. 자포가 너무 작으면 화약이 폭발할 때 화약가스가 새어나가 탄환의 위력이 떨어지고, 거꾸로 자포가 더 크면 총신이 폭발하여 주위에 있는 포수가 다치는 사고가 발생할 위험이 있었다. 또한 장착이 불완전하거나 모포와 자포 사이에 틈이 있으면 점화할 때 연소가스가 새어나가 자포가 빠져서 사고를 일으키는 경우도 있었다. 이런 점을 미연에 방지하기 위해 자포를 철로 만든 빗장쇠를 사용해 고정시켰다.

이밖에 불랑기의 장점으로 포신에 가늠자와 가늠쇠가 갖춰져 있다는 것을 들 수 있다. 이 둘은 임진왜란을 전후해서 소형화기에 나타난 것으로, 조준을 용이하게 해 목표물에 대한 명중률을 높이는 데 사용했다. 그러던 중 이러한 장치가 화포에도 나타났던 것이다. 또 일부 불랑기의 경우에 정철定鐵이라 불리는 거치대와 고정식 포가에 장착할 때 사용하는 포이가 있어 포신의 고각高角을 조절할 수 있도록 했다. 이런 점에서 불랑기는 후장식 화포로는 조선시대 유일한 것으로, 조선 전통의 화포가 총구로부터 화약을 넣은 후 도화선을 통하여 점화하는 유통식有筒式 화기인 사실과는 극히 대조를 이룬다. 즉 불랑기는 재장전 속도가 현저하게 빠른 매우 발전된 신식 화포로서, 조선 최대의 전란을 극복하는 데 일익을 담당했다.

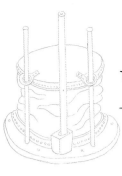

달리는 말 위에 서서 3연발을 날리다
- 연발식 권총의 원조, 삼안총

　　　　　　　동서고금에서 일어났던 전쟁의 역사를
살펴보면, 그 본질은 상대를 굴복시키는 데 있었으며, 앞으로
도 그 사실은 크게 변하지 않을 듯하다. 다만 과학기술이 진보
함에 따라 새로 등장한 무기가 주요 변화 요인이었고, 그 무기
를 어떻게 구사할 것인가에 따라 전술과 전략도 바뀌어왔다.
따라서 전쟁의 승패와 한 나라의 과학기술을 기반으로 한 무기
체계의 수준은 밀접한 관계를 지니며, 거의 절대적인 영향을
미쳐왔다. 즉 역사의 주인공이 된 국가들은 우수한 과학기술로
군사와 경제를 지탱하여 번영을 구가했던 것이다.

　화약병기의 흐름을 살펴보면 권총이 소총보다 훨씬 더 빠른
속도로 발전해왔다. 14세기의 핸드캐넌Hand Cannon을 소형화한
이래, 때로는 소총 이상의 스피드로 발전을 가속화해온 것이

권총이다. 특히 화승총은 발화 방식이 불편해 기병용으로는 적당치 못했다. 그런 까닭에 기병임에도 사격 시에는 말에서 내려서 발사하는 경우가 많았다. 이후 발화 장치가 개량되면서 기병용으로 활용이 점차 늘었는데, 특히 19세기 초에 뇌관식 격발 장치가 발명되자 활용 폭이 더욱 넓어졌다. 바로 이때에 연발총 개념을 적용한 획기적인 발명품이 등장했다. 1832년 개발된 새뮤얼 콜트의 리볼버 연발총이 그것으로, 1862년 리처드 개틀링의 기관총과 함께 더 짧은 시간에 더 많은 사람을 살상할 수 있는 무기로 명성을 떨쳤다.

초기의 권총은 구조상 회전식 권총으로 연뿌리[蓮根] 모양의 회전탄창에 탄환과 약협藥莢을 일체로 한 탄약포5~8발를 장전하여, 발사할 때마다 수동·자동으로 탄창을 회전시키면서 연속적으로 발사할 수 있었다. 이후 권총은 18세기 중엽까지는 격발 장치를 손으로 일으켜 세우고 탄창도 발사 때마다 손으로 회전시켰지만, 1835년 미국 S. 콜트가 격철擊鐵을 세우면 회전탄창이 회전되는 싱글액션 장치를 개발하면서 더욱 발전했다. 이후 1855년에는 영국에서 방아쇠를 당기면 격철이 서고 회전탄창이 돌면 다시 격철이 떨어져서 뇌관을 발화시킴으로써, 탄환을 발사하는 작동이 한 동작으로 되는 더블

콜트 45구경 리볼버 권총
전쟁기념관 소장

액션 장치가 발명되어 오늘날 회전식 권총으로 정착되기에 이르렀다.

이후 미국의 남북전쟁을 거쳐 서부 개척 시기를 맞으면서 권총에 대한 수요가 폭발적으로 늘어났고, 성능 개량도 단시간 내에 이루어졌다. 당시 콜트의 SAA~Single Action Army~는 서부를 정복한 권총이라 불리며 최고의 인기로 명성을 떨쳤다. 이 총이 발표된 것은 1873년으로, 그 뒤에도 개량을 거듭하며 100년 이상 발매되어오고 있는데, 당시 미군의 제식 권총이기도 했다. 연발식 권총이 인기를 얻은 이유는 휴대가 간편하고 손쉽게 연속 사격할 수 있다는 점 때문이다. 물론 19세기 이전에도 연발총을 개발하기 위한 고민들이 있었지만, 기술적인 한계로 쉽게 개발할 수 없었다. 우리나라의 경우도 연발총 개념을 염두에 두고 개발된 화약병기가 있는데, 삼안총 혹은 삼혈총으로 불리는 화기가 그것이다.

세 개의 눈을 가진 삼안총

삼안총은 기본적으로 불씨를 손으로 점화해서 탄환을 발사하는 지화식 화기의 일종이지만, 세 개의 총구멍 또는 총신이 하나의 손잡이[柄部]에 묶여 있는 독특한 형식을 갖추고 있다. 이러한 구조적 특징 때문에 '삼안총三眼銃' '삼혈총三穴銃'이라는 명칭이 붙여졌다. 보통 인마人馬 살상이 주목적이었지만 전투나 훈련 시에는 소리를 이용한 신호 수단으로도 사용되었다.

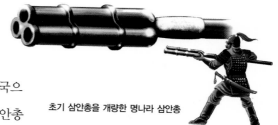

초기 삼안총을 개량한 명나라 삼안총

삼안총은 임진왜란 중에 중국으로부터 도입되었다. 중국의 삼안총에 대해서는 『대명회전大明會典』1587, 『신기보神器譜』1597 등의 문헌에 나타나는데, 대체로 16세기 전후에 개발된 것으로 북방지역에서 기마전 때 기병용 무기로 기마전에서 사용했다고 한다.

조선에서의 삼안총 제조 시기는 그 기록이 명확하지 않으나 1593년경으로 추정된다. 『선조실록』1593년 12월 2일조 비변사 장계에서 그에 대한 언급이 처음으로 나오고 있다. 당시 비변사는 전투에 가장 필요한 화기가 조총이고, 그다음이 삼혈총이라면서, 조총 제조는 제작 공정상 지극히 어려워 숙련된 장인이 아니면 완성품을 얻기가 어렵지만, 삼혈총의 경우는 어렵지 않기에 지방의 병사들에게 철물을 이용해 제조하도록 해야 한다고 건의했다. 또한 경주박물관에 소장돼 있는 청동제 삼안총 한 점의 제작 시기가 앞서 실록이 기록된 때와 동일한 시점이라는 데 주목할 필요가 있다. 이 삼안총의 총신에는 "만력 계사년 12월 제조, 무게 5근7량, 총구멍마다 화약 6전, 철환 2개, 장인 전신금萬曆癸巳十二月日造 重五斤七兩 每穴藥六錢 鐵丸二 匠全信金"이라는 명문이 새겨져 있다. 다시 말해 이 삼안총은 계사년인 1593년 12

삼안총, 보물 884호, 국립경주박물관 소장

삼안총, 전쟁기념관 소장

삼안총, 육군박물관 소장

월에 장인 전신금에 의해 만들어졌다.

이후에도 훈련도감 군사들이 부족한 조총 대신 삼안총·승자총통을 가지고 훈련하고 있다는 기사나, 조정에서 중앙의 화기 제조가 수요에 미치지 못하자 지방에서 조총·삼안총 제조를 적극적으로 권장했다는 기사가 실록에서 발견된다.

당시 한창 전쟁 중이던 조선의 입장에서 일본군을 상대하기 위해 시급한 것은 화기였다. 특히 일본군의 조총전술에 대항하려면 조총의 공급이 절대적으로 필요했는데 그 공급이 달렸고, 이에 따라 위력은 떨어지지만 제조가 용이한 삼안총을 많이 활용했던 것이다. 1594년 4월, 유성룡이 군사 훈련 필요성을 상소하면서 '포수 500여 명이 장비한 화기가 태반이 삼혈총과 승자총통뿐이다'라고 말한 것에서도 삼혈총이 조선군의 무기 가운데 많은 비중을 차지했음을 알 수 있다「서애문집」. 특히 1595년 5월 28일에는 선조가 승정원에 전교하여 "삼안총은 적을 방어하는 데 좋은 무기로, 익히지 않으면 안 된다. 입직入直하는 포수들은 다음 달부터 삼안총 쏘기를 연습하여 몇 차례 돌아가서 끝맺도록 하라"며 그 훈련을 적극 지시하고 있다. 삼안총은 이후 구한말까지 널리 제작·사용된 것으로 보이는데, 1808년에 발간된 『만기요람』에 기록된 각 군영의 무기 재고 상태를 보면 훈련도감에 153점, 어영청에 60점이 장비되어 있었다.

조선식 연발총

기본적으로 삼안총은 당시 일반 총들과는 달리 연발총 개념이 적용된 화기로서 구조적인 특징을 살펴보면 다음과 같다.

먼저 차별되는 점이 다관식多管式 화기라는 것이다. 기존의 총총통들은 모두 하나의 총신으로 구성돼 있고, 화약과 발사물화살 또는 탄환을 총구 쪽에서 장전한 다음 심지에 불을 직접 점화하여 발사하는데, 재장전 후의 발사도 동일한 과정을 반복해야 했다. 자연히 사격 속도는 느려졌고, 재장전 시 적의 공격에 노출되는 위험도 감수해야 했다. 이를 극복하기 위해 조선이 노력한 결과 세종 때에 '일발다전법' 기술이 완성됐던 것이다. 이후 발사물이 화살에서 탄환으로 대체되면서 기존의 총신 세 개를 병렬로 연결함으로써 더욱 효과를 높이고자 했다. 그 결과 만들어진 것이 바로 삼안총이다.

우리나라 삼안총의 형태는 크게 세 가지다. 하나는 동시에 주조된 하나의 총신에 총구 세 개가 뚫려 있는 형식이고, 다른 하나는 세 개의 총신을 각각 주조하여 횡으로 붙인 형식이며, 나머지 하나는 세 개의 총신을 붙이되 그 외부에 죽절을 부착하여 파열되지 않도록 한 것이다. 이런 형태들은 기본적으로 중국제와는 다른 것이었다.

원래 중국의 삼안총은 하나의 총열에 3개의 약실과 심지구멍이 있어 화약과 탄환을 3개 층으로 장전했다가 차례대로 불을 붙여 쏘는 형태였다. 중국의 십안총十眼銃도 유사한 화기인데, 하나의 총열에 10개의 약실과 심지구멍이 있다. 이런 형식의 화기는 세 층으로 장전한 후 차례대로 불을 붙여 발사하지만, 자칫 한꺼번에 폭발하는 등 기본적인 한계를 노출하고 있다. 따라서 우리나라의 삼안총은 보다 안전하고 효율성을 높일 수 있도록 처음부터 3개의 총열을 가진 다관식 삼안총으로 개량했던 것이다.

인조 때 이서가 지은 『화포식언해』에 따르면 총신마다 소약선 3치, 화약 3돈, 토격 2푼, 철환 1개라고 돼 있어, 총구 3개에 철환 1개씩을 동시에 장전하고, 연속적으로 또는 동시에 3발을 발사할 수 있다고 하여 중국과는 다른 형태로 발전되었음을 알 수 있다. 특히 좀더 간편한 제작과 효율적인 운영을 위해 세 가지 형태가 함께 개발되었음을 볼 때 선조들의 기술 개량을 위한 고민을 읽을 수 있다.

물론 중국식 삼안
총과 유사한 것으로
우리나라에 쌍자총

쌍자총통, 전쟁기념관 소장

통雙字銃筒이 있었다. 이것은 승자총통 두 개를 병렬로 붙여놓은
것과 같은 형태로, 『신기비결』에는 쌍안총雙眼銃으로 나와 있다.
『신기비결』에 따르면 좌우 2개의 총신에 화약 심지구멍이 3개
씩 있으며, 탄환 2개씩을 각각 3개 층으로 장전한 다음 앞에서
부터 차례로 불을 붙여 사격할 수 있게 했다. 쌍자총통은 중국
제 삼안총보다는 개량된 화기라 할 수 있다. 기존의 총통을 개
량하여 사격의 효율성을 높이기 위해 한 번 장전으로 6회에 걸
쳐 연속 사격을 할 수 있도록 한 연발총이었던 것이다. 이러한
형태는 유럽이 발사 장치 개량을 통해 사격
간의 재장전 시간을 줄여나간 것과는 대조적
인 발전 형태라 할 수 있다.

　삼안총이 지니는 두번째 특징은 총신이 매
우 짧고 가벼워 기병용으로 사용하기에 편리
하다는 점이다. 1605년 순변사 이시언李時彦은
선조에게 "삼안총이 말 위에서 쓰기에 아주
좋으며 적을 두렵게 하는 데 도움이 된다"고
고했다. 기병은 상대적으로 화기 사용에 있어
서 제약이 많았다. 따라서 한꺼번에 세 개의

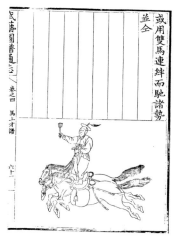
『무예도보통지』의 마상재 장면

총신에 장전한 후 세 차례에 걸쳐 연속 사격할 수 있다는 점에서 삼안총은 기병 전술 운용에서 매우 유용했던 것이다. 조선 후기 무예교범서인 『무예도보통지武藝圖譜通志』의 마상재馬上才에도 바로 삼안총이 사용되었다.

마상재는 기병들이 말 위에서 무기 사용과 몸동작을 자유자재로 구사하도록 훈련시키기 위해 고안된 무예였다. 임진왜란 이후에 그 기록이 보이는데, 한때 훈련도감의 관무재觀武才에서 봄가을로 마상재인을 선발하여 마상재군을 편성한 적도 있다. 이처럼 마상재는 무예로 시작하여 실전에도 활용되었는데, 유성룡의 『징비록』에는 마상재의 재주로 적을 무찔렀다는 기록이 있고, 효종 때에는 북벌 계획 추진 시에 마상재 기술을 연마하는 등 기병들의 무예로 자리잡았다. 또한 외국인들에게 우리나라의 국력을 과시하는 하나의 수단으로 활용되기도 했다.

일본 정부를 감탄시킨 마상립

요즘 아시아에서 불고 있는 한류 열풍의 원조는 조선시대로 거슬러 올라간다. 당시 일본에 문화적 충격을 준 한류는 조선통신사로, 200여 년간 12회에 걸쳐 정치외교뿐 아니라 문화예술 면에서 일본에 상당한 영향을 끼쳤다. 통신사는 정사·부사·종사관을 포함하여 500명에 달하는 사절단으로, 한양에서부터 부산을 거쳐 쓰시마 섬, 에도에 이르기까지 왕복 5~8개월이 소요되는 긴 여정을 떠났다. 이들 통신사 일행은 에도를 방문해 막부 장군을 직접 만나 조선 국왕의 국서를 전달하고 접대를 받았다. 또한 일본인들과 주자학·문학·의학·미술 등 각 분야에서 활발한 문화 교류를 했다. 지금도 통신사행에 참여한 관리들이 남긴 기행문을 비롯하여 당시 한일 지식인들이 주고받은 글들이 전해져온다.

한편 통신사 일행에는 마상재에 뛰어난 재인才人들이 동행했는데, 1635년인조 13 일본 정부의 요청에 따라 장효인과 김정이 사신을 따라가서 재주를 선보였다. 이후로 통신사행에는 반드시 마상재인이 동행했다. 마상재 중에서 단연 으뜸 기술로 '마상립馬上立'을 들 수 있다. 이는 한 손으로 고삐를 잡고 다른 손으로는 삼혈총을 든 채 달리는 말 위에서 두발로 서서 균형을 잡는 기예다. 즉 말 위에 서서 두 발로 중심을 잡고 삼혈총을 이용해 적을 공격한다.

조선 재인들의 마상재를 본 수많은 일본 사람들이 지위 고하를 막론하고 이 기술에 아낌없는 찬사를 보냈는데, 특히 18세기에 사신으로 간 박경행은 "전쟁터에서 총·칼·창이 들어오고 깃발이 휘날리며 북소리가 요란할 때 말에 몸을 숨긴 채 적진에 돌입하여 적의 깃발을 빼앗거나 적군의 목을 베어올 수 있는 날랜 재주를 지닌 사람이 우리나라에 400~500명은 된다"고 말해 당시 조선의 국력을 과시하기도 했다.

조선통신사 행렬도 나타난 삼혈총수의 모습, 국립중앙박물관 소장

이후 일본에서는 마상재를 구경하고 경탄한 사이토齊藤定易가 이를 모방해 '다이헤이혼류大平本流'라는 승마 기예 유파를 만들기도 했다. 현재 교토대학 문학부박물관에 소장된 '한인희마도韓人戱馬圖'에는 도쿠가와 이에야스의 요청에 따라 통신사 일행으로 파견된 마상재인 두 명이 에도성에서 장군과 막부의 고관 및 유명한 영주들 앞에서 각종 말 재주를 펼치는 광경이 그려져 있다. 이처럼 삼안총은 총열이 짧고 가늠쇠가 없어 사거리가 짧고 정확도도 떨어지는 단점이 있으나, 제작이 비교적 쉽고 말 위에서도 사용할 수 있다는 점에서 기병용으로 널리 보급됐다. 특히 백병전을 펼칠 때 화약이 떨어지면 철퇴와 같은 타살 무기로 활용 가능하기에 구한말까지도 가장 보편적으로 사용되었다. 또 이화여자대학박물관 관장이었던 채용신蔡龍臣,

마상재 중 두 마리의 말을 한꺼번에 부리는 쌍기마雙騎馬 자세다. 공연 때에는 부채를 들고 마상재를 했고, 전쟁 시에는 삼혈총과 같은 기병용 총을 사용했다. 국립중앙박물관 소장

1848~1941이 그린 「대한제국 동가도」에 행렬 최선두에 기병전립에 호의 차림을 한 기병이 삼안총을 높이 들고 행진하는 모습이나 통신사 일행의 기병이 삼안총을 들고 행진하는 모습이 그려져 있어 그 활용도를 짐작할 수 있다.

현재 삼안총은 상당히 많은 수량이 전해지는데, 대체로 구경은 10~19밀리미터이며, 전체 길이는 36.6~52.7센티미터이다. 그중 가장 대표적인 유물은 앞서 언급했던 국립경주박물관 소장의 삼안총으로 보물 884호로 지정되었다. 이 총통은 총 길이 38.2센티미터이고, 총신 길이는 26센티미터, 병부 길이는 12.2센티미터, 구경은 1.3센티미터이다. 이것은 우리나라에서 명문이 확실히 명기된 삼안총으로는 최고에 속하는 국방과학기술 문화재로 평가된다.

화약병기 발전에서 조총은 매우 획기적인 발명품으로, 이에 따라 전투 양상도 새로운 형태를 띠어갔다. 그러나 조총 역시 장전 및 발사과정이 간단치 않아 일정 시간 내에 사격할 수 있는 횟수가 활보다 오히려 더 적었다. 이런 단점을 극복하기 위해 등장한 것이 여러 개의 총신을 하나로 묶어놓아 연발 사격이 가능하도록 다관식 연발총을 제작한 것이다. 따라서 연발총의 원조는 삼안총이라 할 수 있다.

조선통신사 일행의 마상재 공연 모습을 일본인 화가가 그린 작품으로, 공연장 옆에서 일본 고관들이 열심히 지켜보고 있다. 고려미술관 소장

단조 기술이 이뤄낸 포신의 혁명
- 신제작 기술이 적용된 화포, 쌍포

　　　　　　　　18세기 대외적인 위협이 사라지고 동양 삼국은 평화관계가 지속되자 무기 개발에 대한 관심이 줄어들었다. 이에 서양의 근대적 화기기술을 수용할 기회도 적극적으로 활용하지 못했다. 이러한 상황은 사실 서양 문명에 대한 태도에서 비롯된 것이기도 했다. 서양 문명은 종교 문명과 혼용되고 있었기에, 그들 문명을 접촉한다는 것은 곧 천주교와의 교류를 의미했다. 조선은 이질적인 종교 유입을 전통문화에 대한 도전으로 간주해 서양 과학의 수용도 자연스럽게 거부했다.

　　조선은 비록 선진적인 화기 발달을 멀리한 격이 됐지만, 화기의 자체적인 개발은 지속적으로 추진해나갔다. 숙종 때 기존 조총보다 성능이 우수한 천보총千步銃을 개발해 영조 때에 제조함으로써 국방의 요충지대인 서북 지방군에게 보급했다. 또 이

인좌李麟佐의 난을 계기로 수도 방위 체제를 강화하고자 화차와 홍이포를 주조하기도 했다. 그러나 이런 발전은 일시적인 현상에 머물러 재래식 화기의 성능을 개선하는 정도로 그쳤다. 서구 유럽과 같은 화기의 근본적인 개발은 막대한 비용을 필요로 하기에 손을 댈 수 없는 실정이었다. 이러한 현상은 19세기 중엽에 이르기까지 계속된 세도정치하에서 더욱 심화되어갔다.

조선후기 무기 기술자, 최천약

19세기 중반 조선은 바늘 하나 제대로 만들지 못해 중국과 일본에서 수입하는 실정이었다. 서유구徐有榘는 무역 문제가 발생할 경우, 바늘조차 자급하지 못해 모든 백성이 옷을 입지 못하는 일이 연출될 것이라며 기술 개발이 급선무임을 역설하기도 했다. 이는 당시 조선의 기술 수준이 얼마나 낙후되었는가를 단적으로 드러내는 사례다. 사농공상士農工商이라는 엄격한 위계질서로 백성들의 직업을 줄 세우는 세상에서 창조적 기술 발전이 있기를 기대할 순 없는 노릇이었다. 박제가나 서유구는 조선에서 기술이 발달하지 못하는 이유를 자급자족에 만족하는 사회 환경, 기술을 천시하고 그 개발을 무시하는 사대부의 태도에서 찾고, 이에 따라 기술자를 우대하라고 주장하기도 했다. 공교롭게도 이들은 일용품을 편리하게 사용하기 위해 기술을 개선하자고 주장한 이용후생利用厚生

학자들이다. 다행히도 19세기가 되면서 점차 기술자를 양성하고, 선비들도 기술을 연마하고 개발하는 데 참여해야 한다는 주장이 제기되었다. 이러한 분위기는 당시에는 큰 변화였다. 그런 결과 때문인지 기술을 다룬 저작도 드물지만 조금씩 나타났고, 간혹 뛰어난 기술자도 역사에 그 존재를 드러냈다.

그중 눈에 띄는 이가 영조 때 최천약崔天若이란 인물이다. 그는 기술자로 유례없이 『조선왕조실록』이나 『일성록』, 『승정원일기』를 비롯한 각종 의궤儀軌에 산발적으로 등장한다. 원래 동래부東萊府 사람으로 평민 신분이었던 그는, 1731년에 한양에 올라와 무과에 응시했으나 낙방했다. 그러던 중 숙종 때에 통신사의 수행원이 되어 일본에 다녀왔으며, 총융청摠戎廳 교련관으로 차출되어 군문軍門에 봉직하기도 했다. 그후 사도진첨사, 화량첨사 등을 역임했는데, 손재주가 뛰어나 무기를 비롯하여 천

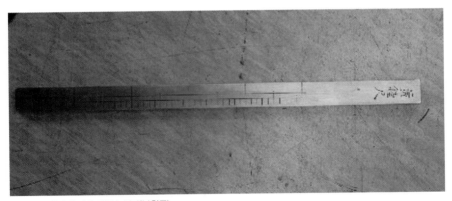

영조 때 최천약이 직접 만든 놋쇠자(복원품)

문기계, 자명종 등의 제작에 참여했고, 자와 악기를 비롯한 온갖 조각품을 만들기도 했다. 특히 영조 치세에 능력을 발휘해 절대적 신임을 얻고 솜씨 좋은 기술자로, 또한 조각에 능한 예술가로 명성을 거머쥐었다.

이러한 최천약의 특기 중에서 가장 대표적인 것은 화기火器 제작이었다. 이덕리李德履가 국방의 방책을 세우기 위해 편찬한 『상두지桑土志』에는 선자포扇子砲라는 신무기가 제안되어 있다. 이는 최천약이 만든 총차銃車를 이덕리가 개량한 무기라고 한다. 이덕리에 따르면 최천약이 대포 스무 개를 탑재한 네 층의 수레를 만들었는데, 이는 스무 명의 병사가 어깨에 대포를 짊어지는 수고를 덜도록 만들어진 총차였다. 하지만 스무 개 포에 일일이 불을 붙여야 했기에 발사 속도가 느리다고 판단한 이덕리는, 열 개의 포를 하나의 도화선에 연결해 다발식 대포로 만든 선자포를 제안했던 것이다.

이렇듯 최천약은 19세기에 무기 개발과 국가 기술 개발에 직접 참여해 큰 공헌을 했다. 이로써 그는 기술자로서는 유례가 없는 높은 관직에 오를 정도로 공로를 인정받을 수 있었다. 여기서 왜 갑자기 최천약이란 기술자를 언급하는가, 하고 궁금해하는 이들이 있을 것이다. 19세기 들어서 새로운 기술이 발전하는 가운데 조선의 화포 제조기술도 한 단계 업그레이드되는 양상을 보이는데, 그 과정에서 최천약과 같은 기술자들의 숨은 노력이 있다는 점을 명심해야 하기 때문이다.

선진 제작기술 빛을 발하다 : 쌍포, 갑인명포, 을축명포

조선후기에는 그전의 것들과는 다른 방식으로 제작된 화포가 있는데, 바로 쌍포와 갑인명포甲寅銘砲, 을축명포乙丑銘砲이다. 현재 전쟁기념관에 전시된 쌍포는 청동제이며, 두 개의 포를 한 쌍으로 묶어놓은 형태다. 길이는 134센티미터, 구경은 4.1센티미터, 무게는 65킬로그램이다. 포구砲口에서 약실을 거쳐 포미砲尾에 이르는 형태는 다른 화포와 별다른 차이가 없으며, 죽절은 포신의 상하에 하나씩 조성되어 있다. 포구 외형은 팔각형을 이루며 포신 쪽으로 비스듬하게 둥글린 형태다. 비교적 길게 제작된 포신 위에 가늠자가 달려 있고, 화승구火繩口 위에 길이 6센티미터, 너비 1.3센티미터의 반원형 덮개가 장치돼 있어 사용할 때 열림 장식을 밀어서 약선 구멍이 노출되도록 제작했다. 또 포신의 중앙에 포를 포가에 거치시키는 데 필요한 포이가 수철水鐵로 별도 제작돼 부착되어 있다. 이 포의 제작 시기는 포신에 새겨진 명문左一十三重五十五斤半 ●金●水 甲寅右 一十四重五十六斤 匠 金中進 甲寅柳木坐과 고종 때 훈련대장이었던 신헌이 저술한 『훈국신조기계도설』에 쌍포가 언급된 것으로 미루어 철종 5년인 1854년이 아닌가 싶다.

또 갑인명포는 국립고궁박물관에 소장된 청동제 화포로, 포

쌍포, 전쟁기념관 소장

雙砲合耳之圖

當于戊辰大將申櫶造

「훈국신조기계도설」에 소개된 쌍포

신과 약실은 쌍포와 별다른 외형적 차이 없이 제작되었다. 포구 외형 역시 팔각형으로 돌출시키고 포신은 동판대銅板帶를 사선 꼴로 감은 모양이다. 포이 역시 수철을 사용해서 별도로 제작하여 부착했다. 포신은 비교적 길게 제작해 가늠자 · 가늠쇠를 구비했고, 화승구 위에 덮개를 장치해 사용할 때 열림 장식을 밀어서 약선구멍이 노출되도록 했다. 이 포는 원래 창덕궁 유물고에 소장돼 있었던 것을 육군박물관에 대여해 전시하다가 반납한 유물이다. 아쉬운 점은 명문에 '갑인甲寅'이라는 간지만 있을 뿐 대연호大年號가 없어 정확한 제조 시기를 알 수 없다는 점이나, 보존 상태는 매우 좋은 편이다.

을축명포도 청동제로 포구에서 약실에 이르기까지 그 둥글림이 점차 두텁게 처리되었지만, 그다지 두드러진 편은 아니다. 죽절은 그 모양이 중앙은 원형으로 솟구치고 좌우는 얕게 하나를 조성하여 모두 4개이며, 정조준을 위해 가늠자와 가늠쇠가 구비되었다. 포미는 약실보다 두텁게 원통형의 나무자루가 조성되었는데, 그 중앙에 구멍을 뚫고 좌우 주위에 방형 철판을 대고 광두정廣頭釘으로 고정했으며, 이는 거포擧砲 시 포가에 설치하기 위한 조치로 판단된다. 이들 세 화포는 거푸집을 이용한 주조鑄造 방식이 아닌 단조鍛造 방식으로 제작돼 구한말 우리나라 화포 제작기술 발달의 한 단면을 보여주고 있다.

주조에서 단조로, 토모에서 철모로

조선시대의 재래식 화포는 대부분이 청동으로 주조됐다. 원래 구리 합금은 구리에 주석을 첨가한 청동과 아연을 첨가한 황동으로 나뉘는데, 황동은 충격에 견디는 힘이 약하므로 대부분의 총통은 상대적으로 비싼 청동으로 제작되었다. 또한 여기에 주조성을 높이기 위해 납이 주석과 거의 같은 비율로 첨가되었다. 한편 조선시대에 대부분의 구리는 일본에서 수입되었기에 그 조달에 항상 곤란을 겪었다. 이에 세종대부터 총통과 화포를 주철鑄鐵로 주조하려는 시도가 계속됐지만, 철은 구리만큼 인장 강도가 높지 못해 번번이 사격 시 포신이 파열되고 말았다. 결국 조선의 화포는 후기까지도 대부분 구리로 주조되었다.

화포의 제작과정 중 기술적인 측면에서 제기되는 문제는 긴 총신에 작은 구멍을 뚫는 것이다. 당시 주조기술이 발전되었다 곤 하나 주조 방법만으로는 해결할 수 없는 것이었다. 주조 방

을축명포, 육군박물관 소장

식으로 화포를 제작했을 경우 기포를 비롯한 조직상 결함으로 취약성이 크게 나타나는데, 이로 인해 화약이 폭발할 때 발생하는 높은 압력과 온도로 화포가 파괴될 수 있기 때문이다. 특히 주조 방법만으로는 정밀도를 요구하는 총신의 두께와 구멍의 균일성을 보장할 수 없었다. 만약 두께가 균일하지 못하면 얇은 부분이 화약 폭발의 국부적인 압력에 의해 파괴될 수 있었다. 따라서 총신이 길고 구멍이 작은 조건에서 직경과 직선에 대한 정밀도가 보장되도록 곧은 심형을 보장한다는 것은 당시 기술 수준으로는 매우 난해했다. 이에 화포는 주조와 단조, 절삭 가공기술을 종합적으로 이용하여 만들 필요가 있었다. 그렇지만 당시까지만 해도 화포는 대부분 주조 방식으로 제작되었다. 다만 예외적으로 쌍포와 갑인명포, 을축명포는 바로 소형 화기를 만들 때 사용하던 단조 방식으로 제작되었다.

조선중기 이후 소형 화기의 대표적인 모델인 조총의 경우도 제작법은 크게 주조와 단조로 나눌 수 있다. 국내에서 처음 조총을 제작했을 때는 화포류의 제작 방식과 같은 주조 형태였다. 이 방법은 철물 제작법 중 가장 손쉽고 널리 이용되는 것으로서 주조 후 연마 작업만 하면 된다. 따라서 많은 양을 값싸게 빠른 기간에 제작할 수 있는 장점이 있다. 반면 쉽게 총열이 파열되어 장기간 사용하기 어렵다는 단점이 있다. 결국 조총의 제작은 단조로 제작되었는데, 총열을 연마 절삭하는 작업 방식으로 2명이 3일에 한 개의 총열을 뚫었다고 한다. 이러한 상황은 일본의 경우도 비슷해 조총의 제조가 처음부터 용이하지는 않았다. 다른 철물과 마찬가지로 주조로 조총의 몸통을 만들다 단조로 바뀌었던 것이다.

특히 조총 제작에 있어서 가장 까다롭고 정밀성이 요구되는 단계는 총열의 제작 공정이다. 총열의 좋고 나쁨은 곧 조총 자체의 성능과 일치하기 때문이다. 총열 안의 둘레가 고르고 탄환이 발사되는 길이 곧아야 사격 시 사정거리와 명중률이 높았다. 만약 총열 안이 고르지 못하고 탄환이 나가는 길이 곧지 못하면 쉽게 파열돼 인명을 상하게 하거나 사정거리와 적중률이 떨어지게 된다. 총구가 커서 총열이 얇은 경우는 탄환은 잘 들어가 사격하기는 수월하지만 얇은 두께 때문에 얼마 안 가 총열이 쉽게 파열되었던 것이다.

화포 제작에 있어서도 포열이 중요했다. 쌍포, 갑인명포, 을축명포의 경우 바로 이런 문제점을 해결하기 위해 소형 화기에 사용되었던 단조를 적용했던 것으로 보인다. 이들 화포의 포신 제작은 먼저 얇은 판을 긴 철봉에 대고 원형으로 절곡시킨 뒤 동판 띠를 사선으로 말아가면서 두드려 총열을 만들었다. 그렇게 하여 구경이 작고 기다란 포신을 만들어냈으며 포열의 안도 고르게 유지하려고 했다. 물론 구체적인 제작 공정은 좀더 살펴봐야겠지만 분명 화포 제작에 있어서 새로운 방식을 도입했다고 할 수 있다.

한편 주조의 경우도 19세기 들어 새로운 방안이 도입된다. 조선에서는 원래 총통을 주조할 때 흙으로 만든 일회용 주형틀[土模]을 사용했으나 19세기에 철제 주형틀[鐵模]이 등장하여 수백 개의 총통을 같은 형태로 주조했다. 『훈국신조기계도설』에는 『해국도지』에 소개된 청나라의 철제 주형틀과 형태가 거의 동일한 것이 소개되어 있다. 고종 6년1869에 제작한 철모는 화포 자체의 성능을 개선하고 대량생산을 하기 위한 것으로 신무기 개발에서 새로운 전환점이 될 수 있는 것이었다.

철모는 기존에 화포를 주조할 때 사용하던 토모를 대체하기 위한 것이다. 토모로 포를 제작할 경우 흙이 품고 있던 습기로

『훈국신조군기도설』, 육군박물관 소장

인해 주조된 대포에는 기포 등이 생길 수 있었다. 혹 기포가 생기지 않더라도 포를 제작한 후 토모는 다시 거푸집으로 사용할 수 없었다. 이에 반해 무쇠로 만든 거푸집인 철모는 5쌍의 부품으로 나뉘어 있어 운반이 용이하고 재사용도 가능했으며, 주조된 포신도 훨씬 견고하게 할 수 있었다. 이처럼 철모를 이용한 화포 제작으로 질을 높이고 대량생산할 수 있게 됐다. 청나라의 경우 철모가 사용되기 전에는 니모泥模를 사용했는데, 1840년에 공진린龔振麟이 철모를 창안해냈다고 한다. 공진린은 여러 쌍의 부품과 철심鐵心으로 구성된 분리형 거푸집을 무쇠로 만들어서 이것을 이용하여 포를 제작하도록 했다.

『훈국신조기계도설』의 무기들

　　　　　『훈국신조기계도설』은 『해국도지』의 철모를 보고 모방하여 제작했는데 약간의 차이가 있다. 우선 『해국도지』에는 철모의 제작 방법, 철모에 의한 포 주조 방법 등에 대한 설명문이 함께 수록되어 있는 반면, 『훈국신조기계도설』에는 그림만으로 철모 제작 방법을 보여주고 있다. 또 철모가 토모에 비해 유리한 점으로 토모가 습기를 머금었다가 포를 주조할 때 거품을 발생시켜 포의 성능을 떨어뜨리는 폐단을 없앨 수 있다는 점과, 다섯 쌍으로 분리 제작함으로써 운반이 용이하다는 점만을 지적하고 있는 것으로 보아, 신헌이 훈련도감에

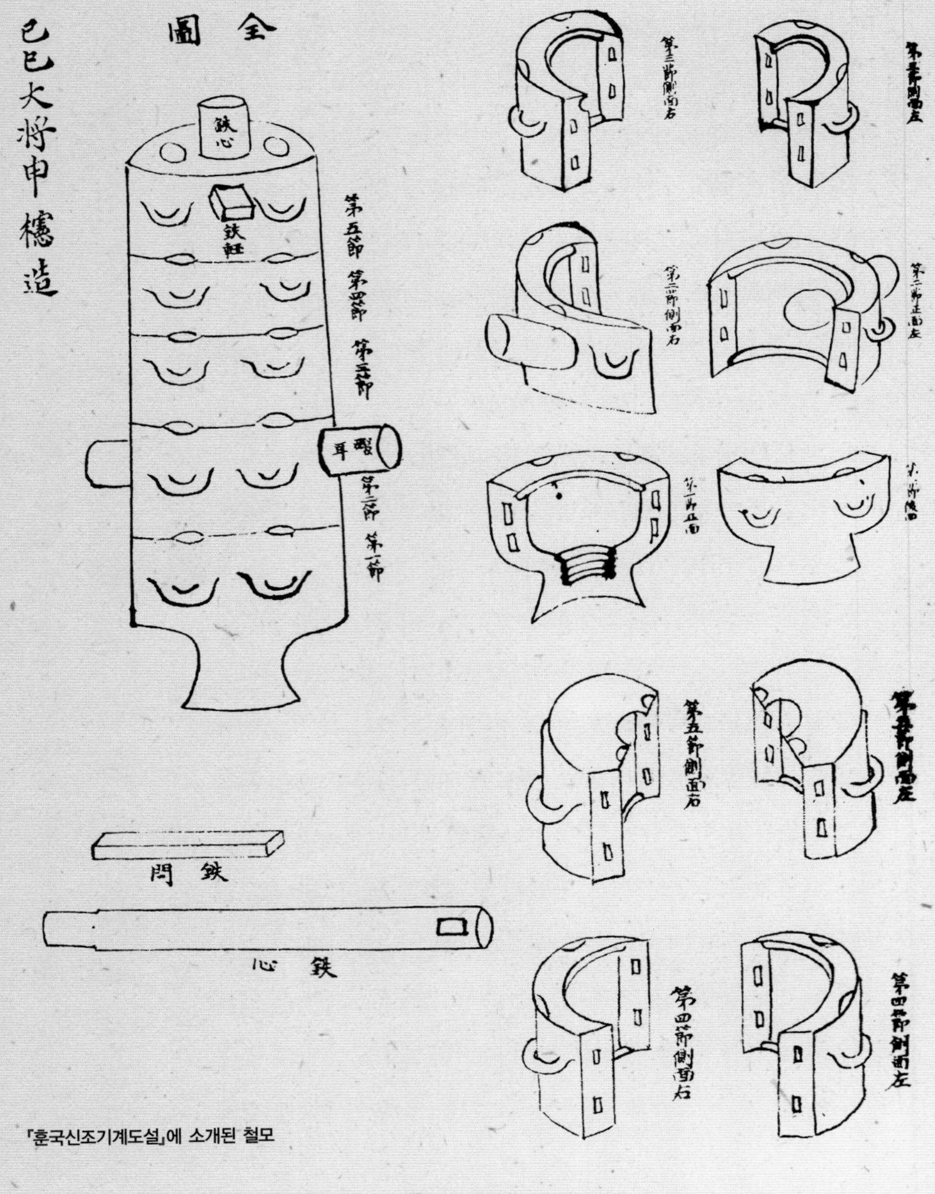

全圖

己巳大將申櫶造

第五節 第四節 第三節 第二節 第一節

鐵心

鐵矼

耳

醒

第三節側面右

第三節側面左

第二節側面右

第二節正面左

第二節底

大將隱圖

第五節側面右

第五節側面左

第四節側面右

第四節側面左

門鐵

心鐵

「훈국신조기계도설」에 소개된 철모

서 철모를 이용해 포를 주조할 때 대량 생산보다는 그것의 기능 향상에 좀더 관심을 기울였음을 알 수 있다.

아울러 『훈국신조기계도설』에는 쌍포양륜차雙砲兩輪車가 나오는데, 종전의 포가에 비해 여러모로 근대적인 특징들을 지니고 있다. 원래 쌍포양륜차는 『해국도지』의 사망포차四輪砲車를 참조해서 만든 것이지만, 원래의 사망포차와는 여러 가지 면에서 차이가 있다. 양륜차 앞쪽에는 큰 통나무 바퀴 2개가 있고, 뒤쪽 수레채 사이에는 작은 바퀴가 하나 있고, 바퀴 위에는 구름 모양의 헌목 2개를 좌우로 대고, 그 사이를 나무 시렁과 철봉으로 연결했다. 쌍포양륜차에는 구경이 작은 대신 포신이 상당히 긴 쌍포를 적재했다.

동서양을 막론하고 대포를 발사할

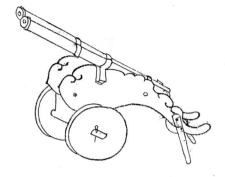

雙砲兩輪車全圖

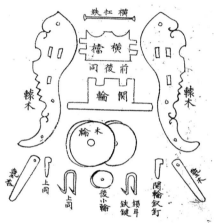

雙砲兩輪車分圖

「훈국신조기계도설」에 소개된 철모

때 가장 문제가 되는 것은 발사 시에 발생하는 반동의 처리다. 기존의 화포는 포 뒤쪽에 토담을 쌓아 충격을 흡수했으나, 서양의 근대적인 포가는 뒤쪽에 긴 꼬리를 달고 이 부분을 지면에 밀착시킴으로써 반동의 상당 부분을 지면으로 흡수시켰다. 쌍포양륜차의 포가 뒷부분에 지게의 작대기와 같이 바닥에 고정할 수 있는 지지대가 있는데, 이는 포의 반동을 처리하기 위해 개발된 장치였다. 비록 한계는 있었지만 열강의 침탈에 대비해 지속적으로 무기 개량에 노력했던 선조들의 의지가 담겨 있는 것이라 할 수 있다.

대원군의 국방 강화 의지가
만들어낸 신무기
- 고도로 실용적인 중포·소포

대원군은 서양 세력의 침략이 노골화되어가는 시점에서 집권하게 되자 강경한 쇄국정책을 견지했고, 동시에 외세와 연계될 법하다고 여긴 국내의 천주교도에 대해 박해를 가했다.^{병인박해} 이후 프랑스는 극동함대를 보내 신부 구출과 박해 중지를 요구해왔고, 이들 함대는 1866년 8월에 한강에 이르렀다가 회항한 이후 9월에 재차 7척의 군함을 이끌고 와서 강화도를 불법 점령했다. 당시 조선은 전근대적인 화승총인 화포를 보유하고 있었는데, 이미 1840년경부터 뇌홍 뇌관_{雷汞雷管}을 격침으로 때려서 발화하는 뇌관격발식 소총으로 무장한 프랑스군과의 전투에서 고전을 면할 길이 없었다. 화포 역시 1837년 이래 유탄포_{榴彈砲}로 개량한 프랑스군의 함포에 제압당할 수밖에 없었다. 그러나 양헌수_{梁憲洙} 장군이 지휘하는 조선군

초지진으로 상륙하는 미 해병대

강화도 포대를 점령한 미군

육군박물관에 소장된 소포

500명이 10월 3, 4일에 강화 정족산성에서 이들을 격퇴시킴으로써 프랑스군은 강화도를 점령한 지 40일 만에 물러갔다. 이후 조선 정부는 화력의 증대를 시급한 과제로 인식했으며, 포수의 양성에 진력했다.

한편 병인양요 직전인 1866년 6월에는 미국 상선 제너럴셔먼호가 대동강에서 불에 타 침몰하는 사건이 일어났다. 이에 미국도 조선 조정에 청국을 통해 이 사건에 대해 여러 차례 문의를 해오다가, 일본에 주둔해 있던 미국 동양함대를 파견했다. 1871년 6월에 콜로라도호를 비롯한 5척의 군함으로 편성된 미군은 강화도에 상륙하여 유린한 후 퇴각했다. 미국도 남북전쟁이 끝난 직후였기 때문에 성능이 우수한 무기로 무장한 상태였다. 병사들은 플리머스 총과 스프링필드 소총, 레밍턴 소총으로, 장교는 레밍턴 연발권총으로 무장했다. 이 두 전란을 겪으면서 대원군은 국방에 대한 인식을 새롭게 하고 군비 강화에 주력했는데, 그 결과 1874년 국내에서 주조된 화포 가운데 가장 근대적인 소포小砲 · 중포中砲 등이 탄생했다.

대원군의 무비 강화와 서구식 신무기 제조

지리적 조건에서 서양인들과의 직접적인 접촉이 적었던 조선의 지식인들은 중국이나 일본과는 판이하게 서양에 대해 알 기회가 거의 없었다. 이익 · 홍대용 · 정약

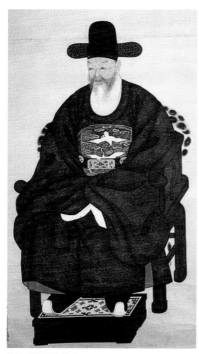

추사 김정희의 영정

용·최한기로 이어지는 실학자들의 서양 과학 수용은 이런 열악한 조건을 고려할 때 뛰어난 지적 성취임에 틀림없다. 그러나 그들의 서양 과학에 대한 이해 정도는 같은 시대 중국·일본에 비하면 상당히 낮은 수준의 것이었다. 그런 상황에서 실학자들은 분명히 서양 과학과 기술의 우월성을 인정하고 그것을 배우는 것이 바로 실사구시實事求是의 구현임을 갈파해나갔다. 즉 '동도서기東道西器'의 구호는 실질적으로 실학 속에 이미 깊이 뿌리를 내리고 있었다.

한편 열두 살의 나이로 왕위에 오른 고종의 아버지로서 정권을 잡은 흥선대원군 이하응李昰應은 추사 김정희의 집을 드나들며 여러 실학자와 교류했고, 집권한 뒤에도 과학기술사에 남을 만한 중요한 역할을 맡게 된 박규수·신관호뒤에 신헌申櫶으로 개명 등 실학자들과 교류를 지속했다. 때문에 대원군 자신도 실학의 전통에 한발 딛고 서 있었다고 할 수 있다.

그러나 대원군이 집권할 당시 동아시아의 정세는 그리 한가로운 상황이 아니었다. 이양선異樣船의 출몰은 날로 빈번해졌고,

이웃 중국과 일본이 서양선의 위협 아래 강제로 개국했다는 사실이 알려졌다. 중국이 서양 각국으로부터 받던 수모는 매년 청국을 다녀오는 연행사절 등을 통해 상세히 알려졌고, 특히 1860년 연합군의 북경 침략은 그렇지 않아도 황사영 백서사건[1801] 이래 날로 높아가던 서양에 대한 공포심을 한껏 증폭시켰다. 나아가 북경 함락 소식은 당시 조선에서는 심각한 사태로 받아들여져 많은 사람이 피난을 준비하거나 천주교를 믿는 체하는 일까지 벌어졌다. 이처럼 날로 커져가는 위기의식 속에서 조선 지식층이 서양을 보는 태도는 크게 두 가지로 나타났다. 하나는 보다 보수적인 철

흥선대원군 이하응의 영정

저한 척사위정斥邪爲政의 태도였고, 다른 하나는 실학자들의 동도서기를 변형시킨 이이제이以夷制夷였다.

서양의 우수한 과학기술마저 음사지물淫邪之物로 배척한 척사의 태도는 왜란과 호란을 통해 나라를 지킬 수 있었던 조상들의 절의節義에 대한 존경을 바탕으로 한 것이었다. 한편 이이공이以夷攻夷를 주장하던 지식인들은 나라를 지키기 위해서는 우수한 서양의 과학기술을 배워야 한다는 태도를 지켜갔다. 척사파

가 동도東道를 지키기 위해 동기東器에만 의존하기를 고집한 데 반해, 실학 전통을 이어받은 이이공이파는 동도를 지키기 위해 서기西器가 필요함을 역설했던 것이다. 시간이 지나면서 척사파의 전통은 부분적으로 서구의 것을 취하는 채서적採西的 태도로 바뀌어 결국은 동도서기론에 접근해가지만, 19세기 중반에서의 그것은 철저한 척사였고 그런 만큼 당시의 서양 과학 수용을 저해한 요소라 여겨진다.

그러나 대원군은 그리 철저한 척사파는 아니었다. 그의 천주교 탄압도 단지 탄압만을 위한 것이라기보다는 나라를 지키기 위해 동도에 위협이 되는 서도로서의 천주교를 박해할 수밖에 없었다고 봐야 할 것이다. 실제 그의 아내와 큰딸, 아들고종의 유모까지 온통 천주교 신도였으며, 대원군도 처음에는 천주교 신부의 도움으로 러시아의 남하를 막아보려는 생각까지 가졌던 것으로 알려져 있다. 한때 천주교를 '서기'로 보고 그것을 이용해 러시아의 침략을 저지해보려 한 것이다. 그런 그가 태도를 바꾸어 천주교도를 냉대하고 탄압한 이유는 천주교가 '서기'가 아닌 '서도'임을 뒤늦게 인식한 때문이다.

다른 실학자들과 마찬가지로 대원군의 이이공이적 태도 역시 당시 중국과 일본에 큰 영향을 준 『해국도지』의 영향을 받은 듯하다. 아편전쟁의 주인공인 임칙서林則徐의 친구로서 전쟁 당시 그곳에서 활약하기도 한 중국의 위원魏源이 지은 『해국도지』

는 그 집필 목적이 '서양기술을 배워 서양을 물리치려는 것'이
었다. 그러하기에 역사와 지리의 기본 지식 이외에 저자가 가
장 열성으로 소개하고 있는 것은 서양의 기술이었다. 화륜선火輪
船ㆍ망원경ㆍ대포ㆍ총 등이 그림과 함께 상세히 소개되어 있는
것은 이런 까닭에서다.

대원군이 『해국도지』를 읽었는지는 분명치 않지만, 그의 집
권 기간 동안 시도된 수뢰포水雷砲의 제작이나 화륜선의 건조 등
은 『해국도지』의 영향임이 분명하다. 천주교를 탄압하고 쇄국
을 고집하면서 대원군은 『해국도지』 등을 참고하여 서양식 무
기 개발에 눈을 돌렸다. 이런 연유로 제조된 서양 무기로는 소
포ㆍ중포를 비롯하여 수뢰포, 등나무로 만든 투구, 화륜선, 목
탄증기갑함木炭蒸氣甲艦이라는 철갑선, 학의 깃털로 만든 학우조비
선鶴羽造飛船, 13중의 면포에 솜을 넣어 만든 일종
의 방탄조끼인 면제배갑綿製背甲 등이 있다.

이처럼 대원군의 최대 관심은 동기ㆍ서기
가릴 것이 없이 군사기술을 발달시켜 나라
를 지키려는 데 있었고, 그런 가운데 수뢰
포를 만든 신관호, 서양식 기선을 만든 김
기두金箕斗, 김기두와 함께 기계 만지는 기
술이 뛰어나서 발탁되었다는 강윤姜潤 등
이 기술자 노릇을 해낸 것이다. 위정척사파

면갑, 육군박물관 소장

들이 주자학적 원칙론을 바탕으로 서양 오랑캐의 위협 앞에 굴복할 줄 몰랐던 데에 비하면 대원군의 서양기술 수용 노력은 한계성을 지니지만 큰 의미가 있었다.

국방 강화 위한 소포 · 중포

대원군이 전국에 척화비를 세우는 한편, 연안 방비의 강화와 화약 · 탄환 같은 재래식 무기의 제조와 수선을 행하면서 새로운 무기 개발에도 노력한 것은, 양요로 말미암아 서구 근대 무기의 위력을 알게 됐고, 그에 대응해 국방에 대한 인식을 새롭게 정비하며 군비 강화에 주력하기 위해서였다. 이를 단적으로 드러내는 유물이 바로 소포 · 중포다.

가덕도에 설치됐던 척화비

우리나라에서 주조된 것 가운데 가장 근대적인 화포라 할 수 있는 소포 · 중포는 청동제의 포구장전식이다. 현재 전쟁기념관과 육군박물관 등에 소장되어 있는 이들 화포는 모두 고종 11년1874 5월에 운현궁에서 대원군의 주도로 제작된 것이다. 이 포들은 1980년 김포의 덕포진 포대에서 발굴됐는데, 매우 숙련된 주조술로 포신이 제작되었고 중포와 소포의 약실 표면에 "中砲重四百九十二斤 火藥一斤九兩 同治十三年五月日雲峴宮別鑄" "小砲二百八十斤 火藥一斤 同治十三年五月日雲峴宮別鑄"라고 음각된 명문이 있어, 모두 1874년 운현궁에서 주조되었

대원군이 살았던 운현궁

음을 알 수 있다. 이 발굴물들은 몇 가지 점에서 이전 것들과는 차별된 특징을 보인다.

먼저 포신의 형태에서 기존의 대형 화포와는 다르다. 조선의 대형 화포는 포신 부위인 부리 부분, 격목 부분, 약실 부분, 일부에 형성되어 있지만 손잡이 형태의 자루가 끼워지는 자루 부분으로 구분된다. 기존 화포의 경우는 외형상 부리 부분과 격목 부분, 약통 부분의 포신 둘레 길이[外部]가 비슷하고, 포신의 파열과 냉각핀 역할을 하는 죽절 마디가 형성되어 있었다. 그러나 소포와 중포의 경우 포구에서 포미에 이르기까지 점차 그 부피를 두껍게 하여 바깥 둘레의 길이가 증가하고 있다. 이러한 형태는 17~18세기 서구에서 널리 사용되던 포신의 형태와 유사하다.

포신의 이러한 구조는 화포 발사 시 폭발력에 의한 반동을

흡수하기 위한 설계에서 나왔다. 대포가 발사되면 포탄이 날아가는 반작용으로 포신이 뒤쪽으로 힘을 받는데, 그 힘이 너무나 강력하기 때문에 이 반동을 흡수해주지 않으면 대포의 수명이 엄청나게 짧아진다. 오늘날에 개발된 대포의 후미 부분에 반동을 흡수하기 위한 일종의 스프링인 '주퇴복좌기'가 설치돼 있는 것도 같은 이유에서다. 포탄이 발사되면서 뒤로 반작용이 가해지면 주퇴복좌기가 스프링처럼 압축됐다가 원상복귀하면서 충격을 흡수한다. 물론 이전의 대형 화포에도 이런 이유로 약실 후미 부분이 매우 두껍게 형성되어 있었다. 그렇지만 이로 인해 포신의 무게가 크게 증가했고, 이는 화포 운용에 있어 큰 제한 요소로 작용했던 것이다.

또 하나는 포신의 중간 부위에 달려 있는 포이다. 누구든지 관심을 갖고 화포를 살펴본다면, 반드시 포미에서 화포의 3분의 1이 약간 넘는 길이만큼 떨어진 지점 양쪽에 돌출되어 있고, 또 대포와 한 덩어리로 일체화되어 있는 2개의 견고한 원통 모

중포, 전쟁기념관 소장

중포, 육군박물관 소장

양의 부속물을 발견하게 된다. 소포와 중포에도 역시 설치되어 있다. 포이는 기본적으로 화포의 발사 각도를 조정하는 데 중심 지지대 역할을 하지만, 이 역시 화포의 반동을 극복하려는 노력에서 고안된 것이다. 화포가 받는 반동의 충격을 거의 다 받는 곳에 위치해 반동을 포가로 전달하는 역할을 하게 된다. 결국 화포 발사에 따른 반동의 충격을 흡수하여 포가로 전달함으로써 포신의 손상을 막았던 것이다.

마지막으로 이 포들이 두 바퀴가 달린 차륜식 포가車輪式砲架 위에 장착되어 있다는 점이다. 초기 화포에 있어서 포가는 목재로 만들어진 직육면체 형태의 상자나 구조물에 장착돼 있어 발사 각도를 조정하거나 방향을 바꾸기 매우 힘든 구조였다. 우리나라 화포의 전통적 포가인 동차童車도 대부분은 함선이나 성벽에 사용 가능한 포가로서, 단순히 작은 나무상자에 소형 바퀴가 달려 있고 앞쪽의 포신 부분에 받침대를 끼워 각도를 조정하도록 돼 있어 고각과 편각을 조절하기가 쉽지 않았다. 서양의 경우도 포신 후미에 받침대를 끼워 들어올림으로써 발사 각도를 맞추었다. 즉 화포가 발달했지만 야전에서의 사용은 매우 더뎠다. 그런 이유로 유럽의 경우 17세기부터 육상에서 포병이 독립 병과로 설치·운영되었다. 그 이전까지만 해도 화포는 보병부대에 종속된 야전전술 대형의 일부에 불과했다.

중소형 대포, 대혁신을 일으키다

오늘날 대포는 전장에서 손쉽게 이동한다. 어떤 방향이든, 어떤 고도든 똑같이 수월하고 안전하게 겨눌 수 있다. 이 무기가 전쟁에서 수행하는 역할은 다른 어떤 조건보다도 훨씬 더 쉽고 빠르게 이동하는 능력에 달려 있다. 확실히 최초로 이 시스템을 대대적으로 도입한 구스타프 아돌프는 이것 하나만 갖고 거의 완전한 전쟁기술의 혁명을 이뤄냈다.

14~15세기에는 전장에 대포를 가져오는 것만 해도 충분히 힘들고 중대한 작업이었다. 대형 사석포 중 하나를 다뤄야 할 때에는 특히 더 그랬다. 운반하기 위해서는 대포와 포가를 특별 제작한 별도의 수송 수단 위에 실어야 했는데, 이 과정에 10여 마리의 말이 동원돼야만 했다. 혹 이동 중에 적이라도 만나면 큰 위험에 처했고, 설사 전장에 무사히 도착한다 해도 대포를 발사하기 위해서는 많은 과정을 거쳐야 했다. 대포를 지정된

구스타프 아돌프 초상화

위치로 옮기고 포가를 설치한
다음 대포를 쏠 수 있도록 장
착해야 한다. 이러한 과정이
완료되어 포를 쏠 수 있다 해
도 적이 위치를 이동하면 쉽
사리 포의 각도나 방향을 조
정할 수 없는 애로 사항이 있
었다. 그런 까닭에 대포는 한
지점에 정지시킨 채 공성작전
에 사용하는 경우가 많았다.

그러나 구스타프 아돌프는
경량의 청동제 대포를 야전포
로 운용했는데, 그 무게는
280킬로그램을 넘지 않았고
한 마리의 말 또는 3명의 병
사가 움직일 수 있는 크기로
제한했던 것이다. 그 결과 포
병은 이전보다 더 많은 대포
를 운용하는 것이 가능해졌
고, 보병과 함께 신속하게 기

서양 전함에 탑재된 화포의 사격 장면

동하면서 충분한 화력 지원을 할 수 있게 되었다. 특히 차륜식 포가가 등장하면서 야전에서 화포의 효용성은 크게 증대되었다. 우선 포가가 큰 바퀴를 갖추고 있었기 때문에 별도의 수송 수단이 필요 없고 그냥 말들이 직접 끌 수 있도록 했다. 이처럼 17세기경부터는 차륜식의 이동이 가능한 포가·포신 내의 초보적인 강선膛綫, 포신의 상하운동을 가능케 하는 포이, 청동제의 포신, 철·납으로 만든 포탄 등이 개발되었다. 이후 18~19세기에는 주철로 포신을 만들고 장약의 질도 향상시켜 야전에서 대포의 활용도는 더욱 커졌다. 특히 이 포가에는 화포의 발사 각도를 조정할 수 있는 조정기가 설치되어 있다. 이전에는 단순히 포미에 나무쐐기를 패드처럼 끼워 각도를 조정했기에 포의 발사 시 반동으로 인해 문제가 생길 가능성이 높았지만, 이제는 핸들에 연결된 금속제 볼트를 이용해 손쉽게 포신의 각도를 조정할 수 있게 된 것이다.

동차에 장착된 천자총통, 전쟁기념관 소장

1870년대에 제조된 대원군 중·소포는 우리나라 전통 화포류 중에서 가장 최후에 만들어진 것이다. 이후 대한제국 시대에 외국 기술을 직수입해 화포 제작을 추진했으나 뚜렷한 결과물을 얻지 못했다. 독립군과 광복

군이 활동하던 시대에는 고작 소총·기관총이 있었을 뿐 화포류를 제작하거나 보유하지 못했다. 광복 후 한국에서 최초로 대포를 제작한 것은 1970년대 후반 율곡사업 때의 일이다. 흥선대원군 시대에 마지막으로 화포를 국내에서 생산한 이후 다시우리 손으로 현대적 대포를 만들기까지 100년의 공백기가 있었던 것이다. 그 100년이야말로 빈약한 기술력과 허술한 안보 태세로 우리 민족이 온갖 수난을 당하던 시절이다. 대원군이 제작한 대·중·소포는 그 100년의 공백을 상기시켜주는 상징적 무기다.

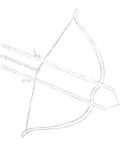

물의 압력을 이용한 시간 지연 기폭장치
-조선판 수중 기뢰, 수뢰포

1867년 가을 한강 노량진 앞에 사람들이 모여들었다. 별난 구경거리가 생긴 모양이었다. 이날 훈련대장 신헌은 자신이 만든 수뢰포水雷砲를 대원군 앞에서 실험했다. 당시 고종을 비롯해 관리와 백성들이 몰려나와 구경을 했다. 강가운데 떠 있던 조그만 배는 수뢰포를 맞고 10여 길보통 성인 키의 10여 배을 공중으로 솟구쳐 올랐다가 부서지면서 떨어졌다. 구경꾼들은 소리를 지르며 환호하고 신기해했다. 물론 "작은 배 한 척을 부술 뿐, 어찌 큰 배를 깰 수 있겠는가?"라며 비웃는 사람도 있었으나 대원군은 자못 즐거운 표정이었다.

여기서 말하는 수뢰포는 수중에 설치해 적의 함선을 공격함으로써 침몰시키는 무기다. 잠수부가 수중에 설치한 후 일정 시간이 지나야 폭발한다는 점에서 일종의 시한폭탄형이며, 현

대 무기 체계와 비교한다면 기뢰機雷와 비슷하다. 이 시기 대원
군은 여러 가지 실험을 강행했다. 매우 튼튼하면서도 가벼운
군선軍船을 만들도록 하고, 심지어 서양인들이 사용하는 화승총
의 탄환을 방어할 만한 갑옷방탄조끼도 만들도록 했다. 어떤 실험
은 성공해 제작 책임자들이 큰 상을 받기도 했고, 또다른 실험
들은 매우 초라한 성과로 그치기도 했다. 면을 겹겹으로 하면
총알이 뚫지 못하는 데 착안해 13겹 면갑綿甲을 만들기도 했다.
이는 방탄 효과는 있었으나 너무 두껍게 만든 통에 제대로 움
직일 수 없어 더운 여름에 이것을 입은 사람이 코피를 쏟기도
했다. 이양선의 출몰이 잦고 이웃 중국이 서양과의 경쟁에서
뒤처지는 엄연한 현실을 목격한 대원
군은 서양의 장점인 과학기술을 도입
해 '서양 오랑캐'를 제압하고자 했
다. 이는 선진 기술을 토대로 수많은
실험과 실패를 반복하는 매우 험난한
여로였다. 그 과정에서 서양의 과학
기술을 소개한 서적들이 수입되었다.
당시의 불안한 국제 정세 때문에 군
사 부문의 서적이 압도적이기는 했지
만, 물리·화학·의학·수학 등의 서
적들도 들어왔다.

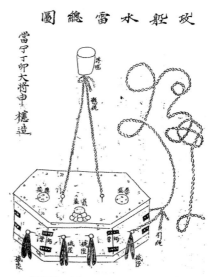

「훈국신조기계도설」에 수록된 수뢰포 총도

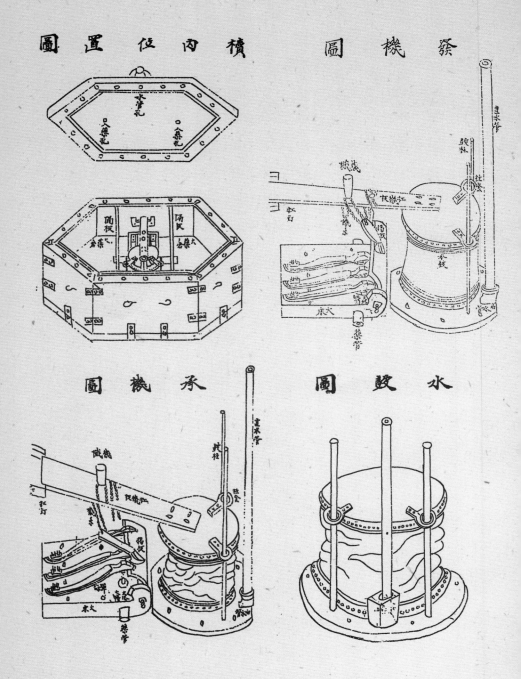

「훈국신조기계도설」에 소개된 수뢰포의 부분도(왼쪽)와 이를 그림으로 재현한 모습

대원군의 자주적 근대화 노력

당시 흥선대원군의 국방 의지는 확고했다. '양요'를 일으킨 '서양 오랑캐'에게 본때를 보여줬고, 내친 김에 방방곡곡에 '척화비'를 세웠다. 그것으로 그칠 수는 없었다. 자주국방이 필요했다. 그리하여 대원군은 1866년부터 1876년까지 신무기를 개발하기 위해 많은 노력을 기울였다. 그 결과물 중의 하나가 바로 수뢰포였다. 서양 군함을 격파할 신무기였다.

하지만 아쉽게도 수뢰포는 제작하여 실험까지 했다는 기록은 있지만, 실전에서 사용한 흔적이 남아 있지 않으며 유물도 전해지지 않는다. 그렇더라도 『조선왕조실록』 『근세조선정감近世朝鮮政鑑』을 비롯해 몇 가지 문헌을 통해 수뢰포를 이해할 수 있다. 하나는 서울대 규장각에 소장되어 있는 『화륜선도설火輪船圖說』이다. 이 책은 원래 중국의 정부광鄭復光이 『해국도지』의 내용을 보고 정리한 것인데, 대원군 집정기에 조선인 학자 중 누군가에 의해 편집 · 발간되었다. 당시 서양 과학기술의 장점을 정리한 중국 과학자들의 책을 조선인 입장에서 재차 요약해 베껴 둔 것으로, 여기에는 화륜선, 즉 증기기관을 동력으로 하는 배의 제작도에서부터 공선수뢰攻船水雷라 하여 군함을 공격할 수 있는 일종의 수뢰 장치에 대한 설계도, 나아가 지뢰地雷와 서양식 자동소총, 망원경 등의 제작 방법이 소개되어 있다.

또 하나는 『훈국신조군기도설』로 육군박물관에 소장되어 있다. 이 책은 대원군 집권 당시 훈련도감이 제작한 신무기들에 대해 자세히 설명하고 있는데, 여기에 수뢰포에 대한 내용과 설계도가 실려 있다. 당시 훈련대장으로서 수뢰포 제작을 진두지휘한 사람은 신헌이었다. 그는 1810년순조 10부터 1888년고종 25까지 무신이자 외교가로 활동한 인물이다. 일찍이 무과에 급제해 변방의 지휘관과 금위영 대장을 거쳐 1862년에 통제사가 됐다. 이후 흥선대원군이 집권하면서 형조판서로 기용돼 공조판서를 거친 후 한성부 판윤으로서 수도 서울의 행정과 치안을 주관했다. 1866년 총융사로 있을 때 프랑스군이 강화도에 상

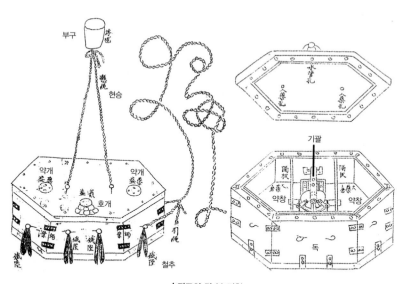

수뢰포의 각 부 명칭

수뢰포를 제작했던 신헌의 영정

륙하자 한강 입구의 염창정鹽倉頂을 방어했다. 전란이 끝난 후 좌참찬, 훈련대장을 역임하며 중앙군의 정병화, 민보의 설치, 민병제의 실시 등 군비 강화책 6개조를 건의하기도 했다. 이 당시 『해국도지』를 참고로 하여 수뢰포를 제작했고, 국왕이 친림한 가운데 시험 발사했다. 그 공로로 신헌은 가자加資되었고, 이 무렵 이름을 신관호에서 신헌으로 개명했다. 이후 판의금부사, 판삼군부사, 공조판서, 어영대장을 두루 역임했다.

한편 운양호 사건을 일으킨 일본이 외교 교섭을 요청해오자, 판중추부사로서 1876년 조선 측 대표가 되어 강화부 연무당에서 일본 측 대표 구로다 기요타카와 12개조의 조일수호조규를 체결했다. 이어서 조정에 일본의 화륜선을 조운漕運에 사용할 것과 일본의 병기를 본받아 군기를 개량할 것을 주청했다. 그리하여 무위소 도통사가 되어 칠련총七連銃·수차水車 등의 군기를 제작했다. 또 1882년에는 조선을 대표해 미국과 조미수호통상조규를 체결하기도 했다.

수중에서 사용되는 기뢰, 수뢰포

"신이 위엄을 떨치며 잘 공격할 수 있

는 것은 우레만 한 것이 없다. 기계를 만들어 형상하여 이용해서 적을 격파하고 물속에 담가 물을 의지해서 불을 일으켜 굉음을 내며 위로 발사하기 때문에, 이것이 수뢰水雷라는 이름을 갖게 된 것이다.”

이 내용은 『훈국신조기계도설』에 나오는 수뢰포를 설명하는 시작 부분으로, 이 책에는 그 구조와 작동 방법에 대해 상세히 기술하고 있다. 독槽으로 표현된 수뢰의 위쪽에는 끈懸繩을 연결하여 부구浮毬에 매어닮으로써 독이 물에서 뜨도록 했다. 나무로 만든 몸체는 육각기둥 모양이며, 외부 6개 면에 각각 납으로 만든 추를 매달아 독이 적당한 깊이에서 평형을 잡을 수 있도록 했다.

수뢰의 내부 구조는 크게 세 공간으로 나뉘어 좌우 두 칸이 화약을 채워넣은 약창藥倉이고, 중간이 시한 격발 장치를 장착한 기괄機括 부분이다. 기폭 장치의 원리를 살펴보면 위쪽의 마개가 열리고 물이 직수관直水管으로 조금씩 들어와, 직수관과 나사의 원리로 결합된 곡수관曲水管을 통해서 수고水鼓의 아래 부분으로 들어간다. 수관을 통해 물이 조금씩 들어와 둘레가 쇠가죽으로 만들어진 수

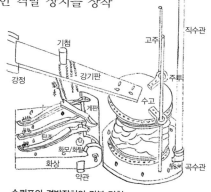

수뢰포의 격발장치의 각부 명칭

KBS 「역사스페셜」에서 재현한 수뢰포

고를 채우면 이것이 부풀어올라 강기판扛機板을 들어올리게 된다. 그러면 강기판에 연결된 줄이 그 아래 화상火床 위에 놓여 있는 계판繫板을 끌어올린다. 이 계판 위에는 스프링이 달린 3개의 탄조彈條, 즉 공이치기가 걸려 있다가 계판이 제거되면 즉시 아래로 떨어지면서 동화모銅火帽 즉 뇌관을 때린다. 뇌관에서 일어난 불은 화탑火塔과 약관藥管을 통해 좌우 약창에 있던 화약으로 옮겨 붙어 폭발하게 된다.

수뢰포가 제 기능을 발휘하기 위해서는 세 가지 핵심 기술이 필요하다. 첫째는 일정한 시간이 지난 후 폭발하도록 만든 시한 지연 장치이고, 둘째는 화약과 점화 장치로 물이 스며들지 않도록 하는 방수기술이며, 셋째는 수뢰를 폭발하게 만드는 기폭 장치다.

먼저 시한 지연 장치는 수고의 상승운동을 탄조의 순간적인 하강운동을 이용해 해결했다. 독의 뚜껑에는 수관공水管孔을 만들어 직수관이 독 바깥에 노출될 수 있게 했고, 노출 부분에는 호개護蓋를 달아서 수압이 수평으로 작용하게 만들었으며, 호개 안에는 다시 작은 구멍들이 있는 나개羅蓋를 집어넣어 직수관에 불순물이 끼는 것을 막았다. 한편 호개의 구멍은 목새木塞로 막게 해 일종의 안전핀 역할을 하도록 했다. 결국 잠수부가 물속으로 헤엄쳐서 인승引繩이라는 긴 끈에 매달린 수뢰포를 끌고 가 적선 주변의 수면에 수뢰포를 설치한 후 목새를 호개에서 빼고 나오면, 가느다란 수관을 통해 물이 들어가서 수고를 채워 일정한 시간이 지나면 수뢰포가 폭발함으로써 적선을 공격하도록 고안한 것이다.

두번째는 독 위쪽에는 3개의 구멍이 있는데, 좌우는 화약을 넣는 곳이고 가운데는 물이 들어가는 곳으로 직수관과 연결된다. 이 직수관 이외의 곳으로 독에 물이 스며드는 것을 막는 것이 관건인데, 이에 대한 대책으로 독의 표면을 생석회와 기름을 섞어서 만든 유회油灰로 막고 삼베로 싼 후 다시 옻칠함으로써 방수 처리했다. 특히 각 부분을 국엽鶀葉과 나사로 결합했으며, 결합 부위에는 일종의 패킹인 혁점革墊을 대 틈이 생기지 않게 했다. 따라서 평소에는 수뢰포를 건조한 곳에 보관했다가 유사시에 독 뚜껑에 있는 입약공을 통해 화약을 채운 후 잠수부가 물속으로 가지고 가서 설치함으로써 습기로 인해 수뢰포가 작동하지 않는 일이 없도록 했다.

마지막으로 가장 중요한 기폭 장치다. 당시 수뢰포를 제작하던 조선의 입장에서는 가장 해결이 쉽지 않은 부분이었다. 이 장치의 핵심은 동화모, 즉 뇌관이다. 『훈국신조기계도설』에

MK-6 기뢰機雷. 1969년 미국에서 제조했으며, 2차대전 때 사용했다. 현재 우리 해군에서 훈련용으로 사용하고 있다.

따르면 동화모는 서양에서 전래되었는데, 그 당시는 청나라 광동성에서 모방·제작해 그 값이 많이 싸졌다고 했다. 또 동화모는 반드시 건조하고 깨끗한 곳에 보관해야 하며, 5~6년이 지나면 화약 성분이 너무 묵어서 충격을 줘도 불이 붙지 않으므로 관리를 잘해야 한다고 했다. 이런 정황으로 미루어 동화모는 당시 조선의 기술로도 해결할 수 없어 청나라에서 수입했던 것임을 알 수 있다. 또한 그 특성상 수뢰포는 5년마다 독을 분해해서 동화모를 교체한 후 독을 다시 결합하여 보관했을 것으로 추정된다. 광무연간에 작성된 「무기재고표」를 보면 수뢰포 18좌가 경기도에 비축되어 있음을 알 수 있는데, 이는 수뢰포를 제작한 전략적 의도가 한강을 거슬러 올라오는 침략선에 대비한 것임을 보여준다.

육상용 지뢰

한편 조선에는 이미 전부터 육상용 지뢰가 있었다. 2004년 9월 22일 북한의 조선중앙통신은 세계 최초의 지뢰는 조선시대에 만들어진 '파진포' 라는 보도를 내보냈다. 즉 "조선은 지뢰의 발명과 이용에서 가장 오랜 역사를 갖고 있고 조선 사람들은 1612년에 현대 지뢰와 작용 원리가 유사한 '파진포' 라는 지뢰를 만들어 사용했다"며 그 형태나 실험과 관련된 실록 기사를 소개하고 있다. 실제로 『광해군일기』

에 파진포에 관한 기록이 있으며, 호서지방의 조천종曹天宗이 만들었다.

이 파진포는 주철을 100여 근 사용해서 만드는 대형 지뢰로 몸체와 폭발 장치, 화약 등으로 구성되어 있다. 적이 그 위를 지나다가 밟으면 안에 들어 있는 차돌부싯돌과, 아륜철牙輪鐵이라 불리는 톱니바퀴 모양의 금속제 바퀴가 마찰을 일으켜 화약에 불이 붙고 몸체가 폭발하여 적을 살상할 수 있다. 당시에 병조에서 이 무기를 시험해본 결과 연기와 화염이 공중에 가득했으며, 불덩이가 땅 위에 닿으면서 산을 절반쯤 불태웠고, 비록 수천 명의 군사일지라도 한 발의 파진포로 모두 살상될 정도로 위력이 대단했다고 한다. 특히 크기가 가마솥 정도로 무겁지도 크지도 않아 말 한 마리로도 운반 가능해 적의 침입로에 묻어 놓고 사용하면 간편하고 이로웠다. 파진포는 한꺼번에 다수의 병사를 상대할 수 있는 무기로 그 자체로서도 대단한 발명품이었지만, 유럽에서 개발된 차륜식車輪式 소총의 기본 원리가 이 땅에서도 자체적으로 개발되었음을 알려주는 중요한 사례다.

하지만 유감스럽게도 이후 어느 기록에서도 파진포에 대한 내용은 보이지 않고, 남아 있는 유물도 없어 아쉽다. 대신 도화선을 이용한 지뢰, 즉 지뢰포地雷砲가 1625년인조 3의 기록에 나타난다. 이 지뢰포는 심종직沈宗直이 개발했는데, 여러 개의 진천뢰를 땅속에 묻고 이를 화약선으로 연결한 것이다. 진천뢰의 도

筒 木

外圓徑一尺五分
口圓徑六寸三分

自底至筒口一尺一寸七分

線穴

「융원필비」에 소개된 목통

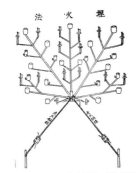

埋 火 法

「융원필비」에 소개된 목통 매설 방법

화선을 아군이 주둔한 곳까지 길게 늘어뜨려 땅에 묻어놓은 후 적이 다가오면 화약선에 불을 붙여 진천뢰를 폭발시키는 원리다. 당시 비변사에서 지뢰포의 성능을 시험해본 결과 실전에서 사용 가능할 정도로 우수했다고 한다.

지뢰포는 최초로 개발될 당시에는 제작 비용이 많이 들어 대량생산이 어려웠지만, 워낙 성능이 우수하고 효과적이어서 1627년부터 점차 다량으로 제조해 사용했다. 특히 평안도병사 신경원申景瑗이 그 제작에 심혈을 기울였는데, 그의 노력으로 평안도 지역에만 100좌의 지뢰포가 제작·설치되었다고 한다. 한편 『융원필비』에는 육상용 지뢰인 목통과 그 목통을 묻는 매화법이 소개되어 있다. 목통木筒은 조선초기의 산화포통, 질려포통과 그 구조 및 제작 방법이 같지만, 지뢰용 폭발물로 사용된다는 점에서 다르다. 『융원필비』에는 일종의 지뢰 매설 방법인 매화법 다음에 목통을 설명하고 있는 것으로 보아 매설용 지뢰로서 목통을 소개하고 있는 듯하다.

목통의 직경은 1척5분이고 입구의 직경은 6촌5분이다. 그 안에는 소약巢藥 5냥과 능철菱鐵 50개, 지화地火와 소발화小發火를 묶은 것 81개를 넣고 마른 쑥잎으로 빈 곳을 채운다. 속을 다 채운 후에는 뚜껑을 덮고 종이로 4~5번을 싸며 약선 구멍 두 개를 뚫는다. 이 목통과 함께 불랑기의 자포 및 불을 일으켜 적을 놀라게 하는 기화起火를 군데군데 섞어서 우물 정井자나 부챗살 모양으로 촘촘히 매설한 후, 그 사이에 속이 빈 대나무 통을 묻고 그 안에 도화선을 넣는다. 도화선을 모두 모아서 하나의 나무 지주에 묶고, 그 아래에 나무판을 깔고 화약을 뿌려놓는다. 매설이 끝나면 도화선이 있는 나무 지주와 아군의 매복 지점 사이에 구리선을 팽팽하게 묶고, 구리선 위에 주화 2개를 각각 반대 방향으로 묶어 매달아놓는다. 적이 지나갈 때 주화에 불을 붙이면, 이 주화가 구리선을 타고 날아가서 나무 지주 주변 화약에 불을 붙이고, 이 불이 도화선으로 옮겨 붙어 지뢰가 폭발한다. 도화선에 점화를 마친 주화는 반대편에 있는 주화에 불이 붙으면서 자동으로 제자리에 돌아온다.

　이 목통과 매화법은 상당히 효과적인 방어 무기였지만 평화가 지속되면서 큰 관심을 끌지 못했다. 그후 실록에 "정조가 화성의 동장대東將臺에 나아가 무예를 시험하고 군사를 사열한 후 매화포를 구경했다. 매화의 폭발하는 소리는 매우 굉렬하여 마치 천둥소리 같았고 연기와 화염이 창공에 그득했다"는 등의 기사가 있는 것으로 보아 널리 활용되었던 듯하다. 또 『화포식언해』와 『고사신서故事新書』에도 쇄마탄碎磨彈이란 지뢰가 소개되어 있다. 무쇠 주물로 제작하며, 몸통은 둥글고 목이 달려 있

어, 안에 화약 13냥을 넣고 입구를 격목으로 막아놓았다가 격
목 위에 구멍을 뚫어 도화선을 연결해 요해처에 묻어둔 후 폭
발시키는 무기였다.

열강의 침탈에 맞설 군사기술 습득

앞서 언급했지만 조선의 군사무기를 제
작하는 과학기술 수준은 세계적이었다. 『국조오례의서례』「병
기도설」에 사용된 단위인 1리가 0.3밀리미터라는 사실은 기술
의 정밀도를 보여주는 데 손색이 없다. 시기에 따라 국가 정책
이 변하고 위정자들의 관심이 떨어져 한때 무기 개발이 정체되
기도 했지만, 위기 때마다 군사 무기에 대한 인식을 새롭게 하
여 신무기를 만들어냈던 것이다. 이러한 전통은 구한말 열강의
침탈이 가속화되고 있는 상황에서 수뢰포를 개발하는 성과로
이어졌다.

당시 조선에게 가장 시급하고도 중요한 것은 군사기술이었
다. 이러한 첨단 기술은 대원군에 의해 모두 실험 · 제작됐다.
또한 서양식 무기를 제조하던 일본과 청나라에 사람들을 보내
배우도록 했다. 신사유람단과 영선사領選使로 명명된 이들 유학
생은 그곳에 파견돼 무기 제조공장을 둘러보고 기술을 익히려
했다. 그러나 급조된 유학생, 정부의 지원 부족, 유학생들의 열
의 부족, 일본과 청나라의 비협조 등 여러 불리한 여건으로 소

기의 성과를 거두기는 쉽지 않
았다.

그럼에도 불구하고 일부 유학
생들은 나름대로 훌륭하게 기술
을 익혔다. 청나라 톈진에서 유
학한 기술자들은 대부분 화약
제조, 전기기술, 무기기술을 습

구한말 신식 무기 공장이었던 번사창

득했는데, 조한근은 수전포水電砲, 고영익 · 김광련은 동화모, 김
흥룡 · 김덕홍 · 김남수 등도 화기 · 화약 제조기술 등을 배워
돌아왔다. 현재 서울 종로구 삼청동 한국금융연수원 부지에는
기와 건축물이 하나 서 있는데, 이 건물이 우리나라 최초의 신
식 무기 제조공장이었던 번사창飜沙廠이다. 바로 중국 톈진에서
유학을 마치고 돌아온 이들이 무기를 제조하고자 했던 곳이다.
실패도 거듭했지만 끊임없는 도전과 실험정신이 중요했다. 역
사를 돌이켜보면 수많은 변화의 흔적을 만든 것은 다름아닌 인
간이고, 실패를 두려워하지 않는 실험정신으로 인간은 역사의
주인공이 될 수 있었다.

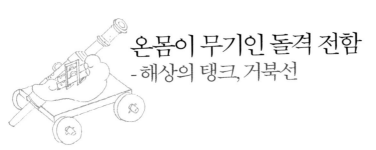

온몸이 무기인 돌격 전함
- 해상의 탱크, 거북선

       한국인에게 거북선[龜船]이란 과연 무엇인지, 누가 만들었는지, 그리고 어떻게 생겼는지에 대해 묻는다면 아마 모르는 이가 없을 것이다. 16세기 동아시아 최대의 전쟁이었던 임진왜란 때 누란의 위기에 처한 조선을 구한 민족의 성웅聖雄 이순신이 발명한 배, 한민족의 지혜의 정수가 담긴 세계 최초의 철갑선, 입으로는 연막을 뿜고 등에는 철갑과 송곳을 씌웠으며, 옆구리에서는 대포를 마구 쏘아대는 천하무적의 군함 등등, 우리가 알고 있는 거북선은 여기에서 크게 벗어나지 않을 것이다.

    실제로 이러한 이미지의 거북선은 예전에는 지폐와 동전, 그림 등에 그 모습을 자주 드러냈고, 관광지 기념품, 박물관의 축소 모형, 해군사관학교 등에 설치된 실물 크기 복원품 등 오늘날까지도 확대 재생산되고 있다. 하지만 정작 우리 학계에서 임진왜란 당시에 사용된 거북선의 원형에 관하여 아직까지 합의된 결론을 도출하지 못했다. 이미 일제 강점기 때부터 수십 명의 학자와 연구자들이 사료를 해석하여 나름대로 거북선의 설계도를 제시해오고 있지만, 의문들을 모두 완벽하게 설명해낸 적은 이제껏 한 번도 없었다. 몇 년 전 KBS TV에서 방송된 「역

이순신의 일생을 그린 「십경도」에 나타난 거북선 건조 장면
현충사 소장

사스페셜」에서 이 주제를 다루었지만, 그것 역시 특정 연구자의 주장을 바탕으로 나름의 절충안을 제시한 것에 불과했다.

최근 들어 경상남도가 역점을 기울여 추진하는 도정 20대 과제 중 하나인 '이순신 프로젝트'의 일환으로 거북선 찾기 사업을 추진하고 있고, 몇몇 지자체에서도 이순신과 관련된 사업을 추진하는 등 거북선에 대한 관심은 여전히 높아만 가고 있다.

우리 역사 속의 거북선

거북선이 우리 역사 속에 등장한 것은 조선초기다. 1413년태종 13에 "국왕이 임진도臨津渡를 지나다가 거북선과 왜선이 서로 싸우는 상황을 구경했다"「태종실록」, 권25, 태종 13년 2월 계사는 구절이다. 또 1415년태종 15에는 좌대언左代言 탁신卓愼이 올린 상소 중 병비兵備에 대한 내용에 "거북선은 많은 적과 충돌해도 적이 능히 해하지 못하니 가히 결승의 좋은 계책이라고 하겠습니다. 다시 견고하고 교묘하게 만들게 하여 전승戰勝의 도구를 갖추게 하소서"「태종실록」, 권30, 태종 15년 7월 을미라고 한 것으로 보아 이미 조선초기에 거북선에 대한 구상이 있었던 듯하나, 그 형태와 규모에 대해서는 자세히 적혀 있지 않다. 그후 180여 년간 거북선에 관한 기록이 보이지 않다가 이순신이 쓴 임진왜란 당시의 『난중일기』 2월 8일 기사에 "거북선에 사용할 돛베 29필을 받다"라는 기록이 있고, 이후 3월 27일에는 거북선에서 대포 쏘는 것을 시험했으며, 4월 12일에는 식후에 배를 타고 거북선의 지·현자포를 쏘아봤다는 기록이 있다. 또 이순신이 해전에서 승리한 후 올린 장계 등에도 거북선에 대한 언급이 있다.

이순신의 『난중일기』와 『임진장초』, 현충사 소장

"신이 일찍이 왜적의 난리가 있을 것을 걱정하고 특별히 거북선을 만들었는데, 앞에는 용의 머리를 붙여 아가리로 대포를 쏘고 등에는 쇠못을 꽂았으며, 안에서는 밖을 내다볼 수 있어도 밖에서는 안을 들여다볼 수 없고, 비록 적선 수백 척 속에서도 뚫고 들어가 대포를 쏘게 되었는데 이번 길에 돌격장이 그것을 타고 나왔습니다. (…) 먼저 거북배로 하여금 적의 층루선 아래로 곧바로 다다르게 하여 용의 아가리에서 현자대포알과 황자대포알을 치켜놓았습니다. 또 천자대포와 지자대포에서 대장군전을 놓아 적선을 깨부수었습니다."

1592년 6월 14일 당포해전 장계

"이번 전투에 돌격장이 거북선을 타고 나왔습니다. 거북배로 하여금 적 선단으로 돌진하게 하여 먼저 천자대포, 그리고 지자대포, 현자대포, 황자대포 등 여러 가지 대포를 놓았습니다."

1592년 6월 14일 사천해전 장계

"거북배로 하여금 먼저 돌입하게 하여 천자대포, 지자대포, 현자대포를 놓아 큰 적선을 꿰어 뚫고 돌격장이 탄 거북배가 또 적의 층각선 아래로 다다라 대포를 치켜놓아 그 배의 대장이 앉아 있는 층각을 깨부수었습니다."

1592년 6월 14일 당항포해전 장계

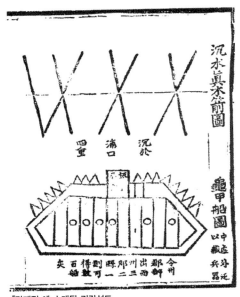

「간재집」에 소개된 귀갑선도

한편 다른 문헌 기록에 보면 당시 실현되진 못했으나 거북선의 유형에 속하는 배가 따로 구상된 예가 있다. 이미 이순신이 용맹을 떨치던 1592년에 세자를 호종했던 이덕홍이 왕세자에게 올린 상소문에서 귀갑선의 전법과 이로움을 아뢰고 있다. 그는 귀갑선의 체제를 "등에 창검을 붙이고 머리에는 쇠뇌를 매복시키고 중간 부분에 판옥을 지어 사수를 그 속에 두고……"라고 했고, 또 "듣건대 호남의 장수들이 이것을 써서 적선을 크게 무찌르고 있다"고 언급한 뒤 이듬해 왕에게 올린 상소문에서 귀갑선의 구상도를 첨부하여 그 제작을 건의하고 있다. 『간재집艮齋集』 권2

우리가 흔히 말하는 거북선은 충무공 이순신이 건조한 전선을 의미한다. 그러나 지금까지 발굴된 문헌에 등장하는 거북선은 일반적인 외부 형태와 전투력에 관해서만 기록되고 있을 뿐, 실제 건조에 필요한 세부적인 치수는 나와 있지 않다. 따라서 태종 때의 거북선과 이순신이 말한 거북선의 관계도 확실히 알 수 없고, 단지 임진왜란 때 거북선이 이순신의 고안에 의해서 군관 나대용[羅大用] 등이 실제로 건조한 것으로 알려져 있는 정도다.

정조 때 발간된 『이충무공전서』
서울대 규장각 소장

거북선이 임진왜란 때 돌격 전선으로서 기능을 발휘함에 따라 전란 후에는 그 모양이 조금씩 변하여 용머리[龍頭]는 거북머리[龜頭]로 되고, 치수도 일반적으로 장대[長大]해졌다. 임진왜란 후 200여 년이 지난 1795년[정조 19]에 정조의 명에 따라 이순신과 거북선에 관한 자료를 총망라해 정리한 『이충무공전서[李忠武公全書]』에 '전라좌수영 거북선' 및 '통제영 거북선'의 그림과 함께 건조에 필요한 부분적인 치수가 어느 정도 기록되어 있다. 이는 거북선의 연구에 있어서 가장 상세한 자료라 할 수 있다.

이밖에 거북선의 외형을 가늠해볼 만한 몇몇 그림 자료가 남아 있다. 먼저 이순신 종갓집에서 소장하고 있는 거북선 그림 2장이다. 이것은 『이충무공전서』의 거북선과는 또다른 모양을

『이충무공전서』의 거북선 설명 부분

하고 있다. 판옥선처럼 장대將臺가 존재하고 용머리가 없는 것
도 있어, 일부 연구자들은 이 그림을 근거로 거북선의 머리가
안팎으로 움직일 수 있다고 주장하기도 했다. 또한 현재 10여
종이 남아 있는 조선후기 수군조련도에 묘사된 거북선이 있다.
흔히 예전에 이순신의 학익진鶴翼陣 병풍으로 알려진 그림인데,
사실은 첨자진尖字陣의 진형을 짜고 조선 삼도 수군이 훈련하는
장면을 그린 것이다. 여기에는 상당수의 장대가 있는 거북선이
그려져 있다. 이로써 적어도 19세기 이후에 이러한 거북선이
일반화되었음을 알 수 있다. 또한 1990년대 중반에 한 일간지
에 *A Pictorial Treasury of the marine museums of the
World*미국 크라운 출판사, 1967라는 책에 소개된 뉴욕선원박물관 소장
의 거북선 사진이 공개되어 화제가 된 바 있다. 이 사진은 당시
큰 반향을 불러 일으켰으나, 일부에서 다시 만들어진 모형일
가능성이 제기되기도 했다.

　한편 근대에 공개된 2점의 그림이 거북선의 외형을 밝힐 만
한 상세한 자료로 주목받았다. 2004년에 조선시대 거북선의
실물을 묘사한 것으로 추정되는 고서화가 미국에 있는 한국인
기업가에 의해 공개됐는데, 소장자는 미국 뉴욕 시 롱아일랜드
의 서진무역 윤원영 사장이다. 이 그림은 가로 176센티미터,
세로 240센티미터의 비단 천에 세부적인 모양은 다르지만 용
의 머리와 거북의 몸체 형태를 지닌 전선 4척의 모습을 담고 있

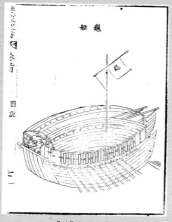

「이충무공전서」의 통제영거북선(왼쪽)과 전라좌수영 거북선 그림

이순신 종가에 전해오는 거북선 그림

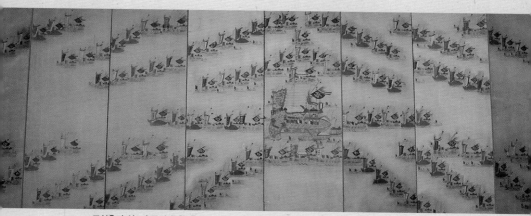

조선후기 삼도수군의 통합 훈련 장면을 그린 「조선수군조련도」 병풍, 전쟁기념관 소장

거북선 사진, 뉴욕선원박물관 소장

미국에서 공개된 거북선 그림, 윤원영 소장

다. 또 거북선 위의 장대에서 회의 중인 장수들과 판옥선 및 소형 선박에서 무기를 점검하는 병사들과 물건을 나르는 민간인들도 세부적으로 묘사하고 있다. 윤 사장은 평양 숭실학교 교장을 역임한 미국인 선교사 데이비드 마우리의 손자며느리로부터 2003년 1월 이 그림을 구입했는데, 구입 당시 "1867년 일본 니가타 현 인근의 성벽을 허물 때 발견된 그림"이라는 설명을 들었다고 했다. 그는 조지아 대학에서 탄소동위원소 측정 기법을 동원해 연대를 측정한 결과, 이 그림이 300~350년 전에 제작된 것으로 추정됐다고 밝혔다. 윤 사장의 설명대로라면 이는 임진왜란[1592~1598] 이후인 17세기 중반에서 18세기 초 사이 거북선을 비롯한 당시 군선과 수군 장병의 모습을 실제로 보고 그린 그림이라고 할 수 있다.

특히 이 그림에 묘사된 거북선은

전반적으로 보면 맨 앞과 가운데의 것은 통제영 거북선을 닮았고, 뒤의 두 개는 전라좌수영 거북선을 닮았다. 그렇지만 비슷할 뿐 똑같지는 않다. 또한 기존에 생각한 것만큼 2층 구조를 갖출 수 없을 정도로 낮게 덮여 있지 않고, 충분히 포를 장착하고 활을 쏠 수 있는 전투 공간을 마련할 만큼 높게 덮여 있다. 게다가 판옥선과 같이 최상층에 장대가 형성되어 있으며, 맨 앞의 거북선에는 열어젖힌 문 안으로 대포를 장착하고 무언가 작업을 벌이는 전투원들의 모습이 보이는데, 그 위치가 노를 젓는 공간 위에 위치한 3층임을 분명하게 보여주고 있다. 이는 거북선의 상부구조가 노를 젓는 공간과 전투 공간이 상하로 분리된 2층 구조였음을 보여주는 것이라 여겨진다. 이런 점에서 그동안 학계 일각에서는 노와 화포가 한 층에 배치될 경우 전투력이 떨어진다는 점을 들어 거북선이 3층 구조였을 것이라는 주장이 제기됐는데, 이 그림으로 3층설 주장이 탄력을 얻기도 했다. 그러나 통제영 거북선과 유사한 형태의 거북선은 역시 2층 구조로 보이기 때문에 단정짓기는 어렵다.

어쨌든 윤 사장이 공개한 그림이 실제로 16세기의 거북선을 사실적으로 묘사한 그림인지에 관해서는 전문가의 세밀한 검증이 필요할 것이다. 먼저 탄소 동위원소를 이용한 연도 측정 결과는 그렇다 쳐도, 그림 왼쪽 하단에 적혀 있는 명문이 한치윤韓致奫, 1765~1814이 말년에 쓴 『해동역사海東繹史』의 거북선 설명

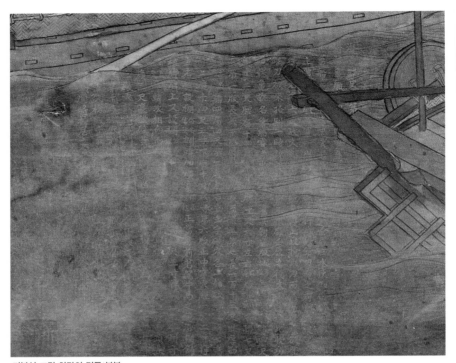

거북선 그림 하단의 명문 부분

을 그대로 인용하고 있기 때문이다. 따라서 명문의 내용이 그림과 동시에 씌어졌다고 한다면 이 그림은 적어도 『해동역사』가 간행된 이후19세기에 그려졌다고 할 수 있다. 또한 그림에는 최초 사용했던 석채광물성 물감이 용머리 · 방패 · 깃발 등에 일부분 남아 있지만 일부분은 덧칠한 흔적이 발견되며, 화풍 · 색채 등이 일본 화풍과 일부 비슷한 점 등에서 이 그림에 대한 좀더 철저한 검증이 필요하다.

또다른 하나는 1940년 전후에 그려진 그림으로 '조선전역해전도朝鮮戰役海戰圖'란 이름이 붙어 있다. 이 그림을 그린 이는 오오타 텐요오太田天洋, 1884~1946라는 일본의 화가로, 역사적인 소재를 배경으로 그림을 그려 수많은 박물관에 소장되는 등 일본에서는 유명하다. 이 그림도 실제 일본에서 발행된 일본해군 역사서의 표지를 장식하고 있다는 점에서 일본 해군의 무용을 나타내기 위한 일종의 '선전화'로 제작되었을 가능성이 높다. 다소 왜곡은 있을 수 있지만 이 그림은 전투 상황에 대한 묘사가 매우 정밀하다는 점에서 눈여겨볼 만하다. 이는 작가 자신이 역사에 대한 식견도 갖췄고, 국내에는 알려지지 않은 일본 측의 조선 수군과 선박에 대한 연구 자료를 토대로 그렸기 때문에 그런 듯싶다. 특히 주목해야 할 점은 그림 왼쪽에 등장하는 통제영 거북선과 유사한 형태의 거북선이다. 좀더 면밀하게 판단해야겠지만, 이를 토대로 이순신이 건조했던 거북선의 모습을 다소나마 추정해볼 수도 있기 때문이다.

혁신으로 이뤄낸 돌격전함

거북선은 기존 조선 군함인 판옥선에다 철판으로 마감된 덮개를 씌우고 용머리를 붙인 형태로, 그 탄생의 성격을 규정하자면 발명이라기보다는 혁신을 통해 이루어진 새로운 전함이다. 당시 전라좌수사였던 이순신은 태종 때부터 있던 거북선을 개량하여 본영本營과 방답진防踏鎭, 순천부順天府의 선소船所에서 3척을 제작했다. 이후 한산도로 진영을 옮긴 후 2척을 더 건조해 조선 수군은 총 5척의 거북선을 보유하고 있었다.

거북선이 대체로 판옥선에 지붕을 씌운 배라는 점, 다른 많은 한국 전통 배와 마찬가지로 한국식 노를 사용한다는 점에는 학자들 사이에 이견이 없으나, 그 구체적인 구조에 대해서는 아직까지도 의견이 분분한 실정이다. 이 논란이 해결되기 위해서는 판옥선의 구조와 성능이 지닌 장점과 단점을 파악하는 것이 매우 중요하다. 이와 관련해 이분李芬의 『행록行錄』에는 "크기는 판옥선과 같고, 위에는 판자로 덮었다. 판상에는 좁은 십자로十字路를 만들어 사람이 다닐 수 있도록 하고, 그 외에는 모두 도추刀錐를 꽂아서 사방에 발을 붙일 수 없도록 했다. 앞에는 용머리를 만들어 그 아가리가 총구멍銃穴이 되게 하고, 뒤에는 거북의 꼬리龜尾를 만들어 붙이고 그 꼬리 아래 총구멍을 내었다. 좌우에 각각 6문의 총구멍을 내었는데, 그 전체적 모습이 대략 거북과 같으므로 그 이름을 거북선이라 했다"라고 묘사하고 있다. 한편 『이충무공전서』에는 이순신이 건조한 거북선에서 비롯된 통제영 거북선의 구조가 다음과 같이 기록되어 있다.

① 저판底版은 10매를 이어 붙였는데, 길이가 1964센티미터,

머리 쪽 너비 364센티미터, 허리 쪽 너비 440센티미터,
꼬리 쪽 너비 321센티미터다.

② 좌우 현판舷版은 각각 7매씩 이어 붙였는데, 높이는 227센
티미터, 맨 아래 제1판의 길이는 2060센티미터이며, 차
례대로 길이를 더하여 맨 위쪽의 제7판에 이르러서는 길
이가 3424센티미터이고, 두께는 다같이 12센티미터다.

③ 노판艣版은 4매를 이어 붙였는데 높이가 4자이고, 제2판
좌우에 현자포玄字砲 구멍을 하나씩 뚫었다.

④ 축판舳版은 7매를 이어 붙였는데 높이가 227센티미터이
고, 위 너비는 440센티미터, 아래 너비는 321센티미터인
데, 제6판 한가운데에 지름이 31센티미터가량 되는 구멍
을 뚫어 타舵를 꽂게 했다.

⑤ 좌우 뱃전에는 난欄(信防)을 만들고, 난 머리에 횡량橫梁(駕龍)
을 건너질러 뱃머리 앞에 닿게 하여, 소나 말의 가슴에
멍에를 씌운 것과 같았다. 난간을 따라 판자를 깔고 그
둘레에 패牌를 둘러 꽂았으며, 패 위에 또 난欄(偃防)을 만들
었는데, 뱃전 난간 위에서부터 패란牌欄까지 높이는 130
센티미터다.

⑥ 패란 좌우에 각각 귀배판龜背版(蓋版)이라 하는 11매의 판자를
비늘처럼 서로 마주 덮고, 그 등에 45.5센티미터 되는 틈
을 내어 돛대를 세웠다 뉘었다 하기에 편리하도록 했다.

⑦ 뱃머리에는 거북머리를 만들어 붙였는데, 길이는 130센티미터, 너비는 91센티미터이며, 그 속에서 황黃 염초를 태워 벌어진 입으로 연기를 안개같이 토함으로써 적을 혼미하게 했다.

⑧ 좌우의 노櫓는 10개씩이고, 좌우의 패에는 22개씩의 포 구멍을 뚫었으며, 12개의 문을 만들었다.

⑨ 거북머리 위에도 2개의 포 구멍을 뚫었고, 그 아래에 2개의 문을 만들고 문 곁에도 포 구멍을 1개씩 두었다.

⑩ 좌우 복판複版에도 각각 12개의 포 구멍을 뚫었으며, '귀龜'자 기를 꽂았다.

⑪ 좌우 포판鋪版 아랫방이 각각 12칸인데, 2칸은 철물을 간직하고, 3칸은 화포 · 궁시弓矢 · 창검槍劍을 간직하며, 19칸은 군사들의 휴식소로 했다.

⑫ 왼쪽 포판 위의 방 한 칸은 선장이 거처하고, 오른쪽 포판 위의 방 한 칸은 장령將領들이 거처했다.

⑬ 군사들이 쉴 때는 포판 아래 있고, 전투 시에는 위로 올라와서 포를 여러 구멍에 걸고 쉴새없이 쏘았다.

⑭ 전라좌수영 거북선에 대한 구조는 치수 · 길이 · 너비는 통제영 거북선과 같으나, 다만 거북머리 아래에 또 귀신 머리[鬼頭]를 새겼으며, 복판 위에 거북 무늬를 그렸고, 좌우에 각각 2개의 문이 있으며, 거북 머리 아래에 2개의 포

구멍이 있고, 현판 좌우에 포 구멍이 1개씩 있고, 현란 좌
우에 각각 10개씩, 북판 좌우에 각각 6개씩의 포 구멍이
있으며, 좌우의 노는 각각 8개씩이다.

이를 종합해볼 때 이순신이 건조한 거북선의 외형은 전면에
용두가 있고, 좌우측에 각각 6문의 포가 설치되어 있으며, 상
판 덮개에는 +자형의 길이 나 있다. 내부 구조는 2층[3층]으로
되어 있는데, 배 밑과 갑판 위 부분으로 나뉘어, 1층에 창고 ·

한산도해전에서 거북선의 활약 장면을 그린 기록화, 전쟁기념관 소장

선실 등이 있고 갑판 위 2층에는 선장실을 비롯하여 노군과 전투원이 활동하는 공간이 있다. 덮개를 씌운 이유는 적선과의 접근전에서 승무원 전원을 개판으로 뒤덮어서 보호하고, 또 쇠꼬챙이를 박아놓음으로써 거북선에 오르는 적병을 차단하기 위함이다. 지금까지 복원된 거북선은 모두 『이충무공전서』에 기록된 전라좌수영 거북선을 바탕으로 해서 제작되었다.

거북선의 전함으로서의 우수성을 든다면 내부 전투원을 보호할 수 있다는 점과 화포 및 방호력의 강력함을 꼽을 수 있다. 거북선은 전투 개시 직후 적 함선 대열에 뛰어들어 돌격전을 벌임과 동시에 대포를 쏘아서 적의 전열을 무너뜨리는데, 이를 위해 두터운 재질로 제작되었으며, 적의 침입으로부터 승무원을 보호하고자 개판을 씌우고 송곳을 꽂아놓았다. 또 전후좌우에 14개의 화포가 장착되어 있어 적선에 의해 포위된 상황에서도 공격이 가능했다. 특히 『난중일기』를 보면 거북머리의 입에 포를 설치했다는 기록이 있어 전면 화포 공격까지도 가능했던 것이다. 또한 개판에 철판이 씌워져 있어 방호력이 우수했기 때문에 적선이 접근전을 펼쳐도 쉽게 침입할 수 없어 거북선이 맹렬히 돌진하여 닥치는 대로 포를 쏘고, 용두를 이용함으로써 당파전술을 펼칠 수 있었다. 즉 해상에서의 탱크라고 해도 과언이 아닐 것이다.

지금까지 거북선에 관한 연구는 유물 발굴과 정확한 모양 및 기능의 규명과 복원이라는 두 가지 방향으로 진행됐다. 전자는 거북선이 침몰했다면 나무는 썩어 없어지고 철물은 부식돼 조류에 휩쓸려 사라졌을 것이라는 판단에서 아직까지는 비관적이다. 따라서 거북선에 관한 논의는 문헌 해석과 유추를 통해서 이루어졌는데, 1934년에 언더우드가 최초로 거북선을 연구한 이래, 지금까지 최석남, 김재근, 남천우, 장학근, 이원식 등 많은 연구가 진행되었다. 그 쟁점은

· 거북선이 목선木船인가 철선鐵船인가
· 내부 구조는 2층인가 3층인가
· 상륙용인가 돌격용인가
· 용머리는 충돌용인가 화염 분사용인가
· 용머리가 붙박이인가 아닌가
· 노의 위치와 노 젓는 방법
· 전체 형태는 어떠했을까

등을 둘러싼 것들이다.

아직까지 논란 중이지만 거북선이 임진왜란 때 조선 수군이 판옥선과 더불어 운용해온 돌격전함이었고, 사천해전에서부터 투입되어 한산대첩, 부산해전 등 왜선을 격파하는 데 결정적인 역할을 했다는 점은 분명한 사실이다. 숙종대까지 5척이었던

거북선은 1746년^{영조 22}에는 14척으로 늘어나고, 1782년^{정조 6}에는 무려 40척에 달했다. 그 이후에는 척 수가 점차 줄어들어 1809년^{순조 9}에는 30척, 1817년에는 18척의 거북선을 보유했다. 한편 고종 때까지 존재했다는 주장도 있어 앞으로 관련 자료의 새로운 발굴을 기대해본다.

신비의 전함을 둘러싼 쟁점을 해부한다
-용머리, 철갑선 내부 구조

거북선이 신비의 군함으로 학계의 주목을 받으며 등장하는 것은 20세기로, 애석하게도 우리나라 사람이 아닌 외국인들이 먼저 주목했다. 1933년 당시 연희전문학교 교수였던 언더우드Horace Underwood는 「한국의 배Korean Boats and Ships」라는 논문으로 '조선의 전통 배'에 대한 전반적인 고찰을 하면서 제6장에서 거북선을 다루고 있다. 물론 이전에도 주목한 이가 있었는데, 바로 조선총독부 관리였던 이마무라 도모다. 그는 1930년에 저술한 자신의 책에서 거북선을 '조선 조선사造船史 중의 압권'이라고 극찬을 했지만 단지 거북선을 소개하는 정도에 그쳤다. 따라서 거북선에 대한 최초의 학문적 연구는 언더우드에 의해 이루어졌다고 할 수 있다.

최초의 거북선 연구자, 언더우드

언더우드의 영문 논문은 영국 『왕립아시아학회지Transactions of the Royal Asiatic Society』 한국판에 실려 서구사회에 거북선을 널리 알리는 계기가 되었다. 현대에 거북선에 관한 최초의 본격적인 서술이었던 그의 논문은, 이후 연구의 기초와 방향을 제시했고 '거북선 신화'를 형성하는 데도 한몫했다. 일제 강점기에 활동한 그는 당시까지만 해도 널리 쓰였던 전통 한선에 대한 귀중한 사진을 많이 남겼을 뿐만 아니라, 사료 해석을 통해 거북선의 근대적인 설계도를 최초로 제시했다. 언더우드는 논문에서 거북선의 구조와 성능을 다음과 같이 파악했다.

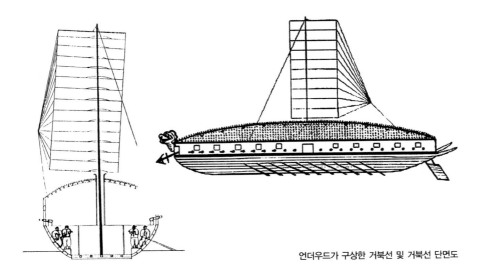

언더우드가 구상한 거북선 및 거북선 단면도

① 거북선은 당시 조선의 군선 중에서 가장 크고 튼튼하며 왜선보다 속도가 빠르다

② 철갑선이 아니라는 증거가 없다

③ 거북선은 적선을 들이받아 격침시켰다

④ 용의 아가리에서 연기를 뿜어 적이 거북선이 어디에 있는지 모를 정도로 연막술을 썼다

⑤ 배의 내부 구조를 갑판 밑의 하부와 갑판 위의 상부로 구분하고 하부에서 40여 명의 노군들이 서양식 노oar를 젓고, 상부는 병사들이 전투하는 공간이다

언더우드는 기본적으로 『이충무공전서』에 수록된 거북선이 임진왜란 당시의 거북선과 거의 동일하다는 전제를 깔고 구체화시킨 것이기 때문에 다소 비현실적인 면이 있었고, 지금 우리가 생각하는 거북선과 비교하면 많은 차이가 있다. 이런 점들은 이후 거북선의 이미지를 신비화하는 데 일조하긴 했으나 연구의 기반을 마련했고, 다른 많은 연구자들에 의해 수정·발전되기에 이르렀다.

해방 후에는 1950년대 말부터 최영희, 김재근, 조성도 등에 의해 거북선의 형태와 특징에 관한 연구가 이뤄졌다. 이들은 언더우드의 논문 내용을 토대로 몇 가지 의문들을 풀어나갔다. 우선 임진왜란 당시의 거북선과 『이충무공전서』에 실린 18세

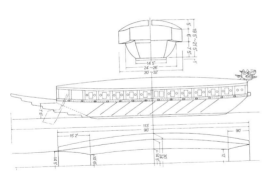

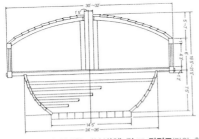

김재근 교수가 설계한 거북선(위) 및 그 단면도(단위: 척)

기 말 정조대의 거북선이 보이는 차이점을 밝혀내고, 그 역사적 변화의 추이에도 주목했다. 또한 '세계 최초의 철갑선'이라는 신화를 비판적으로 검토하고, 거북선은 단지 두꺼운 판자로 상체를 덮고 그 위에 쇠로 만든 송곳 등을 꽂은 전함이었음을 명확히 했다. 특히 조성도는 거북선의 외부 형태와 화력, 속도 등을 중심으로 거북선에 대한 이해를 높였는데, 그 위력이 화포를 장착한 데서 나온다는 사실에 주목했다. 또 속력이 최대 6노트 정도를 낼 수 있어 일본 수군의 전선보다 빨랐다고 했다.

이후 강만길 · 김용국 등에 의해 거북선의 구조와 외형, 성능 등이 당시 조선의 군선들과 매우 유사하다는 점이 밝혀졌다. 거북선이 임진왜란 직전에 갑자기 독창적으로 개발된 것이 아니라, 이에 못지않게 우수한 성능을 지녔던 조선전기의 전선을 부각시키면서 이를 개선해 성능을 높인 군선이라는 것이다. 이러한 연구 성과는 1969년 현충사에 전시할 거북선 모형 제작으로 정리되었다. 현재 아산 현충사 유물관에 소장돼 있는 것은 6분의 1 크기로 복원된 모형을 동아일보사가 후원하여 제작했는데, 언더우드가 언급했던 서양식 노(櫓)로 설정되어 있다. 1970년대에 들어서면서 연구는 더욱 활발해졌는데, 당시 박정희 대통령이 이순신을 성웅화했기 때문이었다. 학생들의 수학여행 코스로 현충사가 빠지지 않을 정도로 이순신과 거북선은 민족의 영웅으로, 신비의 군함으로 인식되었다. 1976년 6월에는 과학사학회 주도로 당시 논란이 일고 있던 거북선의 구조를 쟁점으로 삼은 학술토론회가 열려 세인의 주목을 받기도 했다.

이전과의 연구에 있어서 크게 달라진 점은 노의 형태와 노를 젓는 위치에 대한 이해였다. 이전까지 노에 대한 이해는 언더우드의 생각과 다르지 않았다. 즉 카누 경기에서 흔히 볼 수 있는 앞뒤로 젓는 서양식 노를 갑판 아래 하부에서 젓는다는 것이었다. 그런데 70년대 들어서 노가 서양식인가 한국식인가, 또 노의 위치가 언더우드의 설계와 같이 갑판의 아래인가 아니면 상부인가를 둘러싸고 논쟁이 있었다.

이와 관련하여 김재근은 거북선 내부 구조에 대해 구체적인 분석 결과를 내놓았다. 그는 거북선이 임진왜란 당시의 주력 군함인 판옥선에 지붕 역할을 하는 개판을 씌운 것이라는 점을 밝히고, 그 내부 구조를 크게 갑판 아래의 하체와 갑판 위의 상장으로 이루어진 2층 구조로 이해했다. 임진왜란 당시 근거리 보병전투에 약했던 조선 수군이 적들이 배 위로 올라오는 것을 막기 위해 선체 높이를 올린 것이 판옥선이고, 아예 지붕을 씌워 적의 접근을 원천 봉쇄한 것이 바로 거북선이라고 판단했던 것이다. 또한 노의 형태는 한국식이고, 노 젓는 위치는 갑판 위인 상장 아래라고 판단했는데, 이는 갑판 위에 있는 1개 층으로 이루어진 상장에서는 노를 젓기 불편하기 때문에 그 위치를 갑판 아래라고 결론지었던 것이다.

그러나 김재근은 1976년 발간한 『조선왕조 군선 연구』에서 이 견해를 수정해서 한국식 노를 갑판 위인 상장에서 젓는다고 주장했다. 이는 상장의 폭이 하체보다 더 넓다면 노를 저으면서 전투를 하기에 절대적으로 좁은 공간은 아니라는 판단이었던 듯하다. 이처럼 김재근이 견해를 바꾸게 된 데에는 남천우의 연구 성과가 적지 않게 영향을 준 듯하다. 남천우는 1976년 거북선에서 한국식 노가 사용되었다는 점과 거북선의 내부 구조가 3층 구조로 상장의 1층에서 격군의 노젓기가 이뤄지고 상장의 2층에서 병사들이 전투를 한다고 주장했다. 특히 남천우의 주장은 이후 오늘날까지 계속되고 있는

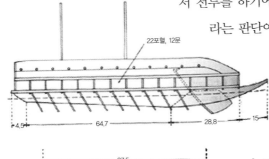

남천우 교수가 설계한 거북선(위) 및 단면도(단위: 척)

거북선 내부 구조 논쟁의 불씨를 지폈고, 지금까지도 학계의
의견이 팽팽히 대립하고 있다.

용머리의 용도는 무엇인가?

거북선에 대하여 일반인들이 제대로 알
고 있지 못한 대표적인 사례로 용머리의 용도를 들 수 있다. 일
반적으로 용머리는 그 안에서 유황과 염초를 태워 연기를 내뿜
음으로써 적을 혼미하게 하기 위한 것으로 이해되고 있다. 『이

조선후기에 삼도수군의 통합 훈련 장면을 그린 「조선수군조련도」 병풍의 거북선 모습, 전쟁기념관 소장

충무공전서』의 통제영 거북선에 대한 설명문에도 그렇게 기록돼 있고,「수군 훈련도」등에 묘사된 거북선 역시 입에서 연기를 내뿜는 모습으로 그려져 있기 때문이다. 이런 이유로 현대해전에서의 연막전술의 시초였다고 주장하는 이들도 있다.

하지만 이순신의 「장계」와 그가 쓴 「행록」에는 "거북선으로 곧장 층루선層樓船 밑으로 치고 들어가 용 아가리로 현자철환을 치쏘고……" 등과 같이 용머리 입에서 대포를 쏘았다는 기록이 분명히 남아 있다. 또 근대 이후 화학물질의 도움 없이 단지 유황과 염초만을 태워서 연기를 낼 경우 '적을 혼미하게 할 수 있을 정도로' 적 함대 혹은 아군 함대를 연막으로 완전히 뒤덮을 수 있다는 것은 다소 현실성이 부족하다고 본다. 물론 조선중기의 화포 중에 적진으로 날아가 독가스를 발생시키는 비몽포飛礞砲라는 것도 있기 때문에 가능성이 없진 않지만, 임진왜란 당시 유황과 염초가 많이 부족한 상황이었기에 상시 운용은 불가능했을 것으로 여겨진다.

거북선의 용머리로 포를 쏘았다면 지금 여러 박물관에 복원된 모형보다 용머리가 더 커야 하고 위치와 형태도 조정되어야 할 것이다. 미국에서 공개된 그림에는 두 가지 형태의 용머리가 등장하는데, 여기서 실마리를 풀 수 있다. 먼저 앞으로 곧장 돌출된 용머리는 일본 아오키 화랑에 소장된 「조선전역해전도」에 나오는 거북선과 같은 형태로 『이충무공전서』의 통제형

귀선과도 유사하다. 이런 형태의 용머리는 화포의 사용이 가능한 구조라 할 수 있다. 결국 『이충무공전서』에 '지금의 통제영 귀선은 대개 충무공의 구제舊制에서 나온 것'이라는 설명과 종합해보면, 임진왜란 당시의 거북선은 앞으로 돌출된 용머리 형태를 가지고 화포 공격이 가능했다는 유추가 나올 수 있다. 이와 관련해서 몇 년 전에는 이순신 종가에서 소장하고 있는 '머리 없는 거북선' 그림을 근거로, 용머리가 배 안팎으로 들락날락할 수 있는 구조로 되어 있었다는 주장도 제기되었는데 근거는 충분치 않았다.

한편 용두는 『이충무공전서』에 있는 전라좌수영 거북선 그림의 이물 위에 불룩하게 튀어나온 귀신 머리 모양의 조각과 함께 서양의 갤리선에 달려 있던 충각과 같은 역할을 한다는 주장도 있다. 거북선이 돌격용 전함으로서 당파撞破 전술을 많이 구사했다는 점에서는 충분히 예상 가능한 것이다. 아직 단정적으로 말하기는 힘들지만 여러 자료를 근거로 앞으로 좀더 검토해볼 사항이다.

거북선은 세계 최초의 철갑선인가?

우리나라 사람이라면 한번쯤은 거북선이 세계 최초의 철갑선이라는 말을 듣거나 책에서 읽어봤을 것이다. 하지만 무턱대고 자랑스러워하기 전에 먼저 '철갑선鐵甲

오다 노부나가의 초상화

船'이란 과연 무엇을 의미하는가에 대해 찬찬히 생각해볼 필요가 있다. 만약 철갑선을 '방어 등의 목적으로 선체의 전체 혹은 일부에 철판을 붙인 배'라고 한다면, 아쉽게도 거북선은 세계 최초의 철갑선이라고 말할 수 없다. 자세한 구조는 알 수 없지만 일본의 오다 노부나가織田信長가 1578년에 철갑을 입힌 대형 군함 7척을 건조할 것을 명했다는 기록도 있기 때문이다. 사실 단순히 포탄 등을 막아내기 위해 선체에 철판을 붙인다는 개념은 그다지 놀랍거나 획기적인 아이디어라고 할 수 없다.

하지만 우리가 거북선을 '철갑선'이라고 부를 때의 그 의미는 단지 그 정도가 아닌 듯하다. 즉 우리는 마치 거북선이 철골과 철판으로 이루어진 오늘날의 금속제 선박의 원조인 것처럼 받아들이고 있다. 하지만 서양에서 진정한 의미의 철갑선Ironclad이 등장한 것은, 산업혁명으로 강철 생산량이 기하급수적으로 늘어나고, 증기기관과 외륜外輪·스크류 등이 배에 장착되며, 함포의 위력이 비약적으로 증가해 이를 견딜 수 있는 구조의 배가 필요하게 된 19세기 이후의 일이었다. 따라서 이러한 일련의 배경 없이 단지 선체의 일부를 철판으로 덮었다 해서 거북선이 진정한 의미의 '철갑선'의 원조였다고 주장할 수는 없을 것이다. 심지어 최근 들어서는 과연 거북선의 등판이 철갑으로 되어 있었는가 하는 점에 대해서도 의문이 제기되고 있다.

사실 임진왜란 당시의 조선 측의 사료인 『난중일기』 『이순신행록』 『충무공 전서』 등에는 거북선의 등판에 칼이나 송곳 등을 꽂았다고만 돼 있지 철갑을 입혔다는 기록은 전혀 없다. 오히려 철갑을 입힌 조선의 전함에 대한 기록은 일본 측 사료에서 찾아볼 수 있는데, 『고려선전기高麗船戰記』나 『지마군기志摩軍記』 『정한위략征韓偉略』을 보면 '세 척의 장님 배[盲船]가 철로 보호돼 있다'거나 '조선 수군에는 완전히 철로 감싼 배가 있다'고 기록하여 거북선이 철갑선일 가능성을 보여주고 있다.

한편 17세기 초반의 청백철화귀선문 항아리에 그려진 거북선 그림에는 거북 등판 위에 철갑이 씌워져 있고, 그 위에 다시 송곳이 꽂혀 있는 모습을 볼 수 있다.

또 1748년에 경상좌수사 이언섭李彦燮의 장계를 보면, 거북선에 '인갑으로 덮개를 하고

거북선이 그려진 백자항아리
해군사관학교박물관 소장

[鱗甲爲蓋] (…) 거북선은 누각을 만들지 않고 판으로 덮개를 하고 그 위에 거듭 인갑을 했고[龜船則不以爲樓以板爲蓋仍作鱗甲]'라고 되어 있다. 위의 내용을 종합해보면 거북선은 순수한 의미에서의 근대적인 금속제 선박의 원조라기보다는 선박의 특정 부분을 철갑으로 보호한 선박으로 봐야 하고, 그런 관점에서 볼 때 일제 강점 시기 신채호가 표현했던 것처럼 거북선은 '철갑선'이라기보다는 '장갑선'이라고 말하는 게 옳을 것이다.

미국 선교사이자 사학자였던 호머 베절릴 헐버트Homer Bezaleel Hulbert가 1906년 집필한 『한국 견문기』에서 '이순신 제독이 철갑선을 개발했다'고 소개하고 있는데, 그가 서구인 중에서 거북선을 철갑선이라고 주장한 최초의 인물로 여겨진다. 언더우드도 어쩌면 이 글의 영향을 받았을 가능성이 높다. 이후 '거북선은 세계 최초의 철갑선'이라는 고정관념은 맹목적이고 비과학적으로 해방 직후까지도 이어졌고, 이는 거북선이 세계 최초의 '철갑선'이었을 뿐만 아니라 엉뚱하게도 '잠수함'이었다는 생각으로까지 확대돼 일반인에게 알려졌다. 이에 따라 이 시기에 출판된 임진왜란 관련 서적은 거북선이 마치 잠수함과 같은 방식으로 해전에서 활약하는 모습을 서술하기도 했다.

이처럼 역사적 사실과 합리성에 기반을 두지 않은 생각은 종종 어리석고 맹목적인 믿음으로 흘러가버리기 쉽다. 이 문제에 대해 일반인들은 명쾌한 해답을 원하겠지만 연구자들의 결론은 "현재로서는 불확실하지만 가능성은 있다"하는 정도다. 일부 연구자는 거북 등판에 철갑을 입히면 지나치게 무거워지고 전복되기 쉬워진다는 점을 들어 거북선에는 철갑이 존재하지 않았다고 주장하기도 했다. 하지만 적 함대의 한복판으로 깊숙이 파고들어가야만 하는 거북선의 특성상, 적의 공격으로부터 등판을 보호하면서 동시에 송곳 등을 단단히 고정시키기 위해서는 마치 물고기 비늘처럼 얇은 철판들을 이어 붙여 등판을 덮어야만 하고, 상부 구조가 모두 철로 된 것이 아니고 일부에만 덧붙인 것이라면 부력이나 복원력에 문제가 없기 때문에 가능성이 있다. 이와 관련하여 박혜일은 '거북선의 철판은 조선 시대 성문 구조처럼 나무 위에 철판을 덧붙인 것일 것'이라고 주장한 적이 있다.

특히 이러한 주장을 물리학적으로 뒷받침하는 연구를 진행한 자가 있는데, 사쿠라이 타케오 일본 교토대 항공학과 교수다. 그는 1999년에 발표한 「거북선의 복원력에 관한 조선공학적 소고」라는 논문을 통해 "거북선 상부에 철갑을 설치할 경우 무게중심은 상승하지만 거북선의 흘수가 상대적으로 높아져 복원력이 손실되지 않는다"고 주장했다. 그는 김재근·조성도 등이 제시한 거북선 복원 모형을 토대로 복원력을 계산하여, "철판 두께가 두꺼워진다고 해도 복원력에 전혀 문제가 없었다"며 "흘수가 증가돼 무게중심이 올라간 약점을 상쇄한 것"이라고 설명했다.

　이처럼 최근의 연구 결과는 거북선이 철갑선일 경우에도 복
원력·부력에는 문제가 없음을 보여준다. 앞으로 우리나라 역
사 기록에서 분명한 근거만 발견된다면 거북선이 다시 철갑선
으로 인정받을 수도 있지 않을까 싶다.

2층설과 3층설을 둘러싼 논쟁

　　　　　　　　이 문제는 임진왜란 당시 이순신이 운용
했던 거북선의 원형에 관한 연구와 논쟁 중에서도 가장 핵심이
된다. 또한 그만큼 연구자들 간에 의견이 첨예하게 대립되면서
단기간 내에 모범답안이나 합의된 결론이 도출되기 힘들어 보
인다. 말하자면 이 문제는 과연 거북선의 선체 내부가 몇 개의
층으로 구분되어 있었고, 각 층에 선실, 노와 노꾼격군, 전투원
등이 어떻게 배치되어 있었는가에 관한 것이라 할 수 있다. 편
의상 선체 내부를 몇 개의 층으로 나누었는가를 기준으로 여러
연구자들의 주장을 정리해보았다.

① 2층 구조설
언더우드가 처음 제기하고 그 뒤 김재근·이원식 등이 주장
하는 구조다. 언더우드의 경우 한국식 노에 대한 지식이 부
족했기에, 1층에서 노를 젓는 격군들이 서양식 노를 젓고 2

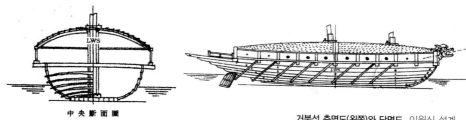

中央斷面圖

거북선 측면도(왼쪽)와 단면도, 이원식 설계

층에서 전투원들이 전투에 임했다는 주장을 제기했다. 김재근·이원식 역시 처음에는 이러한 주장에 동의했지만, 훗날 판옥선과 거북선에 사용된 노가 한국식 노였다는 사실이 드러나면서 1층에 선실, 2층에 격군과 전투원을 함께 배치한 새로운 2층 구조설을 내세웠다. 이 경우 거북선 방패에 뚫려 있는 포 구멍의 위치를 설명할 수 있지만, 격군과 전투원을 2층에 함께 배치한 것은 사실상 판옥선 이전 시대로의 퇴보라는 비난을 받게 된다. 또한 이처럼 불편한 구조였기에 임진 왜란 당시 거북선은 3~5척 정도밖에 제작되지 않았다고 김재근은 주장했다.

②3층 구조설

이 논리의 핵심은 거북선은 판옥선을 기본으로 하여 개발된 배이기에 판옥선보다 퇴보한 내부 구조를 가졌을 리 없다고 전제하고, 상부 구조가 2개 층으로 구성돼 밑층에서 격군이 노를 젓고 상층에서 전투원이 활동한다는 것이다. 남천우가

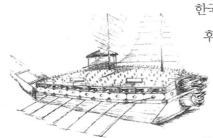
거북선, 최두환 설계

한국식 노의 사용과 함께 처음 주장했고, 이후 최두환 · 장학근 등에 의해서도 제기되었다. 세부적인 부분에서 남천우는 2층에 선실과 격군, 3층에 전투원이 배치되었다고 주장했고, 최두환 · 장학근은 1층에 선실, 2층에 격군, 3층에 전투원이 배치되었다고 주장했다. 이러한 3층 구조설은 한국식 노의 사용을 입증하고, 판옥선과 거북선의 연속성을 찾으려고 했다는 점과 전투원과 격군의 활동 공간이 구분되어 거북선의 위력을 극대화할 수 있는 구조라는 점에서 가능성이 높다. 이 논리는 미국에서 공개된 거북선 그림의 공개로 더욱 탄력을 받았다. 그러나 『이충무공전서』에 나와 있는 거북선의 제원을 바탕으로 추정된 높이와 무게중심 등이 3층설을 뒷받침하기에는 다소 무리가 따르고, 지금까지 모든 거북선 그림에서 공통적으로 보이는 2층 방패의 포 구멍에 대하여 만족스러운 답변을 제시하지 못하는 한계 또한 보이고 있다.

③ 반 3층 구조설
2층설과 3층설을 절충한 주장으로, 2층과 3층을 구분하는 제2갑판이란 선체 위를 완전히 덮었던 게 아니라 전투원들

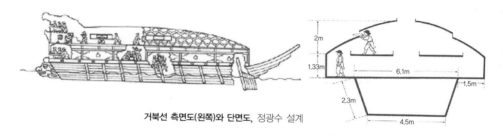

거북선 측면도(왼쪽)와 단면도, 정광수 설계

이 딛고 설 정도의 발판이라는 것이다. 이는 정광수 · 신재호 등이 주장한 바로, 정광수의 경우 1층에서 격군들이 서양식 노를 젓고, 2층과 반 3층에서 전투원들이 전투에 임했다고 주장했지만, 한국식 노의 사용을 무시하고 선실 위치를 전혀 고려하지 않았다는 점에서 설득력이 낮다. 한편 신재호는 1 층에 선실, 2층에 격군과 전투원, 반 3층에 전투원이 배치되었다고 주장함과 동시에 시대와 지역에 따라 거북선의 내부 구조에는 차이가 있을 수 있다고 보았다.

현재까지 이어지고 있는 거북선에 관한 논란은 향후 좀더 새로운 자료를 바탕으로 학제 간 연구가 활성화된다면 어느 정도 정리될 수 있을 것이다. 여기서 필자의 의견을 간단히 제시하는 것으로 이 장을 마무리하겠다.

임진왜란 때에 조선 수군의 연승에 중요한 요인으로 작용했던 거북선은 이런 효용성 때문에 조선후기에는 점차 그 수가 증가했다. 이와 함께 크기도 대형화되었는데, 그 과정에서 구

「조선전역해전도」에
나타난 거북선의 용머리

조 역시 변형되었던 것으로 보인다. 이는 여러 문헌자료와 『이
충무공전서』에 나오는 두 종류의 거북선과 제원, 또 미국에서
공개된 19세기의 거북선 그림, 이순신의 종가에 있는 '장대 달
린 거북선' 그림, 또 조선후기 「수군훈련도」 등에 묘사된 거북
선 등에 잘 드러나고 있다. 특히 미국의 거북선 그림에는 2층과
3층 구조의 거북선이 모두 나타나 있고, 용머리 형태도 다르
다. 다만 장대는 모두 형성되어 있음을 알 수 있다. 거북선 상
부의 장대 구조는 1748년 이언섭 장계나 『이충무공전서』에는
없고 미국에서 공개된 것에만 나타나는 것으로 보아 19세기 이
후에 형성된 것으로 여겨진다. 결국 거북선은 임진왜란 이후에
여러 형태로 개량되었고, 그 수도 증가했음을 의미한다.

그러면 임진왜란 당시 거북선의 원형은 어떤 모습인가? 필자는 몇 가지 이유에서 그 당시의 거북선은 조선후기의 것보다 규모가 작고 내부 구조는 3층이었을 것으로 추정한다.

첫째, 거북선은 판옥선을 개량한 전함으로, 전투력이 극대화되기 위해서는 격군·사수·포수가 전투 시 서로 방해받지 않고 각자 임무를 수행할 충분한 공간이 필요하다. 따라서 비전투원인 격군과 전투원들의 공간이 구분된 형태의 3층 구조여야 한다. 둘째, 거북선과 판옥선은 기본적인 구조가 동일하다. 단지 판옥선의 옥상은 개방된 반면 거북선의 옥상은 개판으로 덮여 있다는 점이 다르다. 셋째, 『충무공전서』을 보면 거북선의 좌우 방패에 달린 포구와 별도로 개판^{등판}에 포구가 있다[蓋版砲口]는 기록이 있는데, 이는 2층과는 별도의 층이 존재하며 그곳에서 포를 쏘았음을 의미한다. 넷째, 이순신의 당포해전 장계에 "용의 입으로 현자 철환을 치쏘게 하고"라며 거북선의 용구방포^{龍口放砲}에 대한 기록이 있는데, 용구에서 포를 발사했다면 그곳은 상갑판^{3층}임이 분명하기 때문이다.

거북선은 빠른 속도로 적진에 돌진하여 강력한 화포로 적선을 공격, 적선단의 대형을 분산·와해시키면서도 승조원의 안전을 도모할 수 있었던 최정예 군선이었다. 따라서 거북선이 전투능력을 최대로 발휘하기 위해서는 내부 구조가 3개 층으로 구성되어야 한다. 앞으로 새로운 자료가 나타나 보완됨으로써 임진왜란 당시의 거북선 원형이 완성되기를 기대해본다.

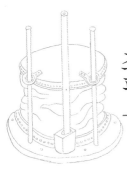

조선은 왜 바닥이 평평한 배를 만들었나
-조선의 주력 전함, 판옥선

판옥선板屋船은 조선시대 처음 개발된 우리나라 최초의 본격 전투용 함선이다. 개발 당시 구조적인 특징에 의해 붙여졌던 명칭은 이후 기능적인 명칭인 전선으로 바뀌어 잊히기 시작했다.

우리는 흔히 조선시대 군선이라고 하면 거북선에 대해 말한다. 그런데 사실 조선의 주력 전함은 거북선이 아닌 판옥선이었다. 물론 거북선은 판옥선을 개조한 전투함이지만, 그래도 많은 사람이 조선시대 '군선=거북선'의 도식을 그려내는 것은 잘못이다. 원래 조선초기의 군선은 맹선猛船이었는데, 판옥선은 삼포왜란 후 재래식 군선인 맹선으로는 화기로 무장한 왜구에 효과적으로 대처하지 못한다는 사실을 알고 새롭게 만든 전선이었다. 판옥선은 거북선이 그랬던 것처럼 임진왜란 직전인 명종 10년에 처음 나타난다.

고려의 독자적인 조선술

        고려시대에 수군의 활동은 상당한 비중을 차지했었다. 우선 건국 당시부터 태조 왕건과 후백제의 견훤은 수십에서 수백 척의 군함을 동원하여 서해의 제해권을 둘러싸고 경쟁했으며, 중기에는 원元의 일본 원정을 지원하기 위해 수백 척의 군함을 건조해야만 했다. 해전의 경험이 없던 원나라는 일본 정벌에 필요한 병선을 제조할 것을 강요해왔는데, 이는 고려가 해군력을 강화하는 계기가 되었다.

  여원麗元연합군은 1274년원종 14과 1281년충렬왕 7 두 차례에 걸쳐 출정했다. 1차 원정은 1274년 5월, 충렬왕이 즉위하던 해에 김방경과 다구茶丘가 이끄는 몽고군 2만5000명, 고려군 8000명이 전함 900척에 나누어 타고 합포를 출발해 대마도를 정벌하고 이키도를 정벌했다. 이후 일본 하카다에 상륙한 여원연합군은 본토 군을 격멸하는 데 성공했으나 때마침 불어온 태풍[神風]으로 배가 침몰하고 보급이 끊겨 더이상 전쟁을 수행하지 못하고 퇴각했다. 이때 돌아오지 못한 자는 1만3500명이었다. 2차 원정은 1281년 5월에 시작됐는데, 김방경을 비롯한 박구朴球 · 김주정金周鼎 등과 몽고의 흔도 · 다구 등이 왕이 열병하는 가운데 합포를 출발하여 일본 원정 길을 떠났다. 이들은 6월까지 일

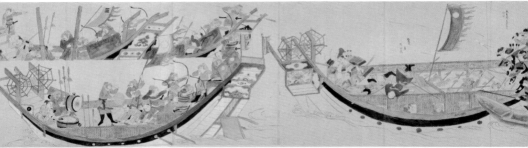

고려전함에서 싸우는 여원연합군, 「몽고습래회사」에 수록

본 본토를 강습했으나 공교롭게 또다시 태풍을 만나 정복에 실패하고 말았다. 결국 여원연합군의 두 차례에 걸친 일본 정벌은 태풍 때문에 좌절되었던 것이다. 여기서 연유한 것이 바로 제2차 세계대전 당시 일본의 가미가제神風 특공대이다.

결과적으로 볼 때 일본 정벌은 모두 실패로 끝났지만, 이를 통해 고려가 독자적인 조선술을 보유하고 있고 그 성능은 중국의 것보다 우수했음을 입증하는 계기가 되었다. 특히 1차 전쟁 당시 연합군의 병력 수가 4만에 이르렀다는 사실은 당시 고려의 조선술을 가늠하는 근거가 된다. 다음의 두 자료 또한 이를 잘 뒷받침한다.

"원종 15년1274 몽고의 황제가 일본을 치고자 하여 김방경과 다구에게 조칙詔勅을 내려 전함을 조성케 했다. 만약 배를 중국식으로 만든다면 비용이 많이 들 뿐만 아니라 기일을 맞추

기도 어려워 온 나라가 걱정했다. 김방경이 동남도독사東南都督
使로 먼저 전라도에 부임하여 사람을 원에 보내 양해를 얻어
배를 본국고려 식으로 만들도록 독려했다."

『고려사』 열전, 김방경조

"고려의 사신이 제帝를 배알하는 자리에서 정우승丁右丞이 아
뢰기를 강남江南의 전선戰船이 크기는 하지만 부딪치면 깨지니
이것이 지난번에 실패한 까닭입니다. 만일 고려로 하여금 배
를 짓게 하여 다시 치면 일본을 가히 정복할 수 있습니다."

『고려사』 세가, 충렬왕 18년 8월 정미조

이후 고려 말에는 날로 극심해져가는 왜구의 침략에 맞서 싸
우기 위해 화약무기를 개발하는 한편, 군함제
도도 새롭게 변화시켰다. 즉 시대의 흐름을
따라 고려 역사에 대선大船 · 누선樓船 · 과선戈
船 · 검선劍船 등 다양한 군함들이 등장했다. 그
가운데 흥미로운 것이 바로 과선과 검선의 개
발, 그리고 화약무기의 도입이다. 고려중기와
말기에 각각 개발된 과선과 검선은, 이름 그
대로 배의 측면에 짧은 창과 칼을 빽빽이 꽂
아두어 적병이 배 안으로 뛰어들지 못하도록

동판으로 만든 최무선의 모습

한 것으로 여겨진다. 이는 훗날 이순신이 개발한 거북선의 경우와 유사하다는 점에서 흥미롭다.

조선 수군의 주력 군함 개발

조선이 건국될 당시 수군의 최대 과제는 고려 말과 마찬가지로 왜구의 토벌이었다. 이에 태종은 간간히 이어져온 왜구의 침략에 단호히 대처해나갔고, 세종에게 양위하고 상왕으로 물러난 이후에도 이종무로 하여금 군함 227척을 거느리고 아예 왜구의 본거지인 대마도를 정벌하도록 지시하기까지 했다. 하지만 세종대에 대마도주對馬島主와 화친조약을 맺고 부산포·제포·염포 등의 삼포를 개방하고 무역을 허락하면서, 이후 수십 년간 왜구의 위협으로부터 벗어날 수 있었다. 이제 조선으로서는 왜구를 토벌하던 시기에 무질서하게 제작되어온 군함들을 일정한 기준에 따라 재분류하고, 또 척 수를 줄여서 평화기의 국방정책에 맞출 필요가 있었다. 이때 개발된 것이 바로 맹선이었다.

이미 세조대에 신숙주가 '군용과 조운에 겸용할 수 있는' 병조선兵漕船을 만들 것을 건의해 대·중·소선을 제작했고, 이후 성종대에 반포된 『경국대전經國大典』에서는 이것이 대·중·소맹선 체계로 확립된다. 대맹선은 80명, 중맹선은 60명, 소맹선은 30명이 탑승할 수 있었으며, 이들은 모두 세미稅米를 실어 나르는 조운선의 역할을 겸하도록 했다. 또한 전체 맹선 수의 3분의 1 이상을 예비용으로 돌려서 보관해두었으니, 이것 역시 평화 시에 사용하기 위한 맹선 체계의 특징을 잘 드러내준다.

이러한 체계는 그러나 머지않아 그 허점을 여실히 드러낸다. 맹선은 왜구를 제압하기 위해 많은 인원과 무기, 군량을 적재 하고 해안 방어 임무를 수행하고 있었지만, 해적질을 목적으로 조선 연해를 침입하는 왜구의 선박은 조선 맹선에 비해 선체가 작고 날렵했다. 이에 조선의 맹선이 왜군선을 목격하고 추격해 도 선체가 둔해 나포는 불가능했다. 이에 조선 수군은 왜군선 과 크기가 유사한 비거도선鼻居刀船이라는 소형 경쾌선을 임기응 변적으로 활용했다. 비거도선이란 당시 어로 작업을 위해 만들 어진 소형 선박이었다. 즉 세종 때부터 연산조까지 맹선제의 단점과 소형 경쾌선에 대한 계속된 보고들로 미루어 보아 속력 이 빠른 군선 건조가 요구되고 있었을 알 수 있다.

이와 같이 조선이 선형을 바꾸고 있을 때 삼포왜란이 발생했 다. 삼포왜란이란 1510년중종 5 제포·염포·부산포에 살고 있 던 일본 거류민들이 조선의 각종 제한 조치에 불만을 품고 대 마도 왜인들과 연계하여 삼포에서 일으킨 대규모 반란 행위를 말한다. 이에 대하여 조선 수군은 효과적인 대처를 하지 못했 다. 또한 사량진왜변1544 때에 왜구는 마침내 화약무기로 무장 하기까지 했고, 을묘왜변1555 때에는 아예 조선의 대맹선보다 더 큰 배를 이용해 침략했다. 이는 16세기 초반 이후 왜구의 침략에 동참한 중국과 서양 출신의 해적들에게서 조선기술과 화약무기기술을 배운 결과로 보인다.

당시까지 왜구에 대한 조선의 전통적인 대처 방안은 왜구의 것보다 더 큰 배에 화약무기를 싣고 맞서 싸우는 것이었던 만큼, 이러한 전력상의 오랜 우위를 상실할 위기에 처한 조선은 서둘러 대책 마련에 나서지 않을 수 없었다. 사실 조선 정부에서는 성종대부터 소위 '대함주의大艦主義'와 '소함주의小艦主義'에 대한 논쟁이 이어져왔다. 즉 척 수가 적더라도 큰 배를 중시하자는 자들과, 작은 배를 사용하더라도 다수의 군함을 보유해야 한다는 이들이 대립했던 것이다. 이러한 논쟁은 삼포왜란, 사량진왜변 등 크고 작은 왜구의 침략에 시달리던 중종대에 와서 더욱 심화되었지만, 보다 큰 배와 화약무기로 무장한 왜구의 위협이 마침내 현실화되면서 점차 대세는 대함주의자들에게 유리해졌다.

결국 을묘왜변이 발발한 명종 10년1555에 신형 군함이 개발되어 왕이 참석한 가운데 시범을 보이게 되었다. 그것이 바로 판옥선이었다. 판옥선은 주변국의 선형 변화에 대처하고 국제전에 대비하기 위해 명나라와 일본의 선형을 참조하여 개발한 군선이었다. 이것은 이전 군함과는 근본적으로 성격을 달리한다. 맹선 등을 포함한 기존 군함의 경우 갑판 위에 여러 층의

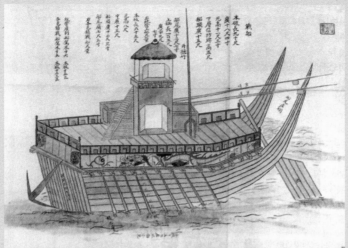

「각선도본」에 나와
있는 판옥선

목포해양유물전시관에
전시된 판옥선 모형

누각을 쌓아올린 경우는 종종 있지만, 기본적으로는 갑판이 하나밖에 없는 평선平船으로서 갑판 위에 사부射夫·포수 등의 전투원과 노꾼櫓軍과 선원 등의 비전투원이 한데 섞여 있었다. 그러다보니 전투와 주행 모두 효율성이 떨어졌을 뿐만 아니라, 노꾼들의 안전 역시 보장받을 수 없었다.

반면 판옥선의 경우 기존의 갑판 주위에 판자로 된 두꺼운 방패를 빈틈없이 늘어세우고 그 위에 또 하나의 갑판을 설치했으니, 이름 그대로 갑판 위에 '판자로 집을 지은' 것과 같았다. 이를 통하여 노꾼들은 2층 갑판 아래의 보호된 공간에서 안전하게 노를 저을 수 있었고, 전투원들은 2층 갑판 위에서 노꾼들의 방해를 받지 않은 채 전투에 임할 수 있었다.

또한 판옥선은 맹선에 비해 배의 높이가 높아졌는데, 이로 인하여 적병이 배 안으로 뛰어들기 힘들어졌을 뿐만 아니라 화약무기의 명중률과 사거리 역시 올라갔다. 이러한 장점을 지닌 판옥선은 을묘왜변 이후 점차 전국적으로 배치되어 맹선 체계를 대체했다. 임진왜란 기간 중에는 판옥선이 조선 수군의 명실상부한 주력 군함으로서 일본 수군에 대해 압도적인 승리를 거두는 역할을 하고, 이후 군함의 대명사라 할 수 있는 전선戰船이라는 이름으로 불리기까지 했다. 물론 임진왜란 이후 조선 수군은 거북선과 같은 특수 군함, 병선兵船·방선防船과 같은 중형 군함, 사후선伺候船 등과 같은 소형 보조함도 보유하게 되지만, 그럼에도 불구하고 전선, 즉 판옥선은 구한말의 군제 개혁으로 구식 수군이 혁파될 때까지 주력 군함으로서 소임을 다하게 된다.

임진왜란기 조선 수군의 주력 군함, 판옥선

임진왜란 당시 충무공 이순신의 지휘하에 조선 수군이 거둔 승리는 세계 역사상 그 유례를 찾아볼 수 없을 정도로 일방적이면서도 완벽한 것이었다. 7년이란 기간 동안 24회의 해전에서 일본 군함 700척을 격침시키고 23척을 나포했지만, 전투로 인한 군함 손실은 사실상 한 척도 없었고 사상자 역시 각 해전에서 십수 명에 지나지 않았다. 여태까지는 이러한 완벽한 승리의 원인을 이순신 개인의 탁월한 전략·전술적

일본군의 전함 아다케부네

능력에서 찾으려는 경향이 강했다. 하지만 군함과 화약무기로 대표되는 해상 무기 체계에서 조선이 일본에 비해 상당한 우위에 있었으며, 이순신은 이러한 무기 체계상의 우위를 100퍼센트 발휘할 수 있도록 전력을 조정하는 면에서 탁월했다는 사실에 주목해야 한다. 여기서 임진왜란 당시 조선 수군의 주력 군함인 판옥선이 일본 수군의 주력 군함인 아다케부네安宅船, 세키부네關船 등에 비해 어떠한 점에서 우수했는지를 살펴본다.

먼저 구조적인 측면을 살펴보면, 판옥선은 바닥이 평평한 평저선의 전통을 이어받았다. 서양의 경우 배의 바닥에 용골龍骨이라는 길고 좁은 각재 하나만 깔고, 그것을 뼈대로 삼아 외판을 붙여나가는 첨저선尖底船이었다. 반면 판옥선과 같은 우리나라의 한선은 배의 바닥에 저판 여러 쪽을 깔고 마치 뗏목처럼 그것들을 이어 붙였다. 그러다보니 자연히 배의 이물과 고물 역시 뾰족한 것이 아니라 뭉툭한 모습을 띨 수밖에 없었다. 이처럼 한선의 바닥이 평평하다는 점은 단점이자 곧 장점이 되었다.

우선 이물이 뾰족하지 못하기에 파도를 헤쳐나가는 능력은 부족했다. 또한 바닥이 평평하기에 첨저선에 비해 물에 닿는 면적은 큰 반면 흘수선은 낮았는데, 이는 배에 대한 물의 저항을 크게 했을 뿐만 아니라 배의 직진 능력에도 좋지 않은 영향을 주었다. 즉 한선의 경우 서양의 배에 비해 속도가 떨어졌던 것이다. 하지만 장점들도 있었으니, 바닥이 평평하기에 갑작스

레 썰물이 되어도 배가 좌초되어 전복될 위험이 없었고, 또한 평저선의 경우 첨저선에 비해 좌우 선회능력이 뛰어났는데, 이는 조수간만의 차가 심하고 섬과 암초가 많은 우리나라 바다에서 사용되기에 적합한 특징이었다. 더욱이 전투 시에 첨저선은 기동력에서 유리하지만, 일단 선체 하

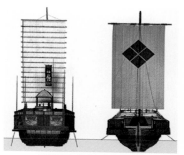

판옥선과 세키부네의 비교도

부 구조가 좁기 때문에 상갑판에서 화포를 발사할 때 하중이나 반동을 흡수하기에 불리한 반면, 판옥선은 평저선으로 반동 흡수에 유리한 구조였다.

아울러 판옥선은 전통 한선 방식으로 제작되었기에 일본 배에 비해 구조적으로 튼튼했다. 우선 목재로 사용하는 소나무가 일본의 삼나무나 전나무보다 단단했고, 판자 역시 더 두꺼웠으며, 쇠못이 아닌 나무못으로 목재를 결합했기에 오래갈 수 있었다. 판옥선은 또한 그 높이가 높았고 거북선은 아예 위를 판자로 덮고 송곳 등을 꽂아두었기에, 조총을 일제 사격한 뒤 적선 위로 뛰어드는 단병短兵 전술을 장기로 하는 일본 수군으로서는 감당하기 힘들었다. 게다가 일본 군함은 탑승하고 있는 장수의 위세를 과시하기 위해 배 주위에 화려한 휘장이나 장막을 두르는 경우가 많았는데, 이것은 조선 수군이 화전火箭 공격을 할 때 좋은 목표가 되었을 것으로 여겨진다.

「조선수군조련도」에 나와 있는 판옥선
(부분도), 전쟁기념관 소장

판옥선의 기동력과 관련하여 『성종실록』에는 '우리나라의 병선은 몸집이 크지만 느리고, 일본 배는 작지만 경쾌하다' 라는 단적인 표현이 나온다. 실제로 일본의 배는 가볍고 날렵한 모양새를 갖춰 조선의 배에 비해 항상 속도가 빨랐다고 생각하기 쉽다. 하지만 판옥선을 포함한 조선의 주력 군함은 거의 예외 없이 돛대가 두 개 달렸던 데 반해, 일본의 군함 대부분은 돛대가 하나밖에 없었다. 돛 역시 조선의 경우 역풍에 강하고 다루기도 쉬운 세로돛을 사용했지만, 일본의 경우 역풍에는 무용지물이 되고 다루기도 불편한 가로돛을 사용했다. 또한 조선의 군함에는 대개 4~6명이 젓는 커다란 노가 달려 있었던 반면, 일본의 군함에는 1명이 젓는 노가 수십 개 달려 있었다. 같은 수의 노꾼들이 노를 저을 경우, 큰 노 하나를 젓는 것이 작은 노 여러 개를 젓는 것에 비해 효율적이라고 한다. 결국 일본 군함은 순풍이 불거나 돛 없이 노만 저을 경우에 한해서 조선의 군함보다 조금 빨랐을 것으로 보이는데, 이것 역시 배가 가볍고 날렵하기에 그런 것이지 돛이나 노의 성능이 조선의 군함보다 뛰어난 때문은 아니었다.

이러한 구조적인 우수성에 덧붙여 판옥선에는 이미 고려 말부터 200년에 걸쳐 발전해온 위력적인 함포가 장착되어 있었다. 반면 일본은 중국과 서양으로부터 화기 제작기술을 도입한 지 겨우 50여 년밖에 되지 않았고, 해상에서의 함포를 이용한 전술능력도 뒤떨어졌다. 특히 조선은 군함에 탑재한 화기를 사용해 왜구를 토벌하는 것에 익숙했기에 이 시기에도 판옥선에서 천天·지地·현玄·황자총통 등의 대형 화포와 승자총통 등의 소형 화기를 적극적으로 운용했다. 따라서 해전이 벌어지면 조선군이 절대적인 우위를 점할 수 있었던 것이다.

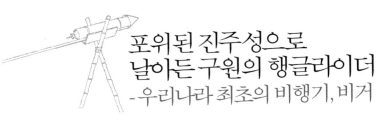

포위된 진주성으로
날아든 구원의 행글라이더
- 우리나라 최초의 비행기, 비거

비행의 역사는 새처럼 하늘을 날고 싶다는 인간의 공상에서부터 시작된다. 몇천 년 전부터 인류는 신화나 전설 속에서 공상의 날개로 하늘을 비행한 것으로 전해 내려오고 있다. 중국 고대 사서史書에 의하면 전설의 지배자인 고대 중국의 천자 순舜이 아직 소년이었을 적에 황녀로부터 비행기술을 배워 새의 날개를 몸에 달고 산속에 있는 감옥으로부터 탈출했다고 전해진다. 또한 은으로 만든 날개를 지닌 고대 이집트의 왕 파라오의 조상인 호루스 신태양신이나 아름다운 몸매에 큰 날개를 지닌 고대 그리스의 사모토라케의 니케승리의 여신, 그리스의 신마神馬 페가수스나 로마 신의 사자 머큐리 등 고대의 신이나 천사는 모두 날개를 갖고 하늘을 날아다녔다.

고대 사람들은 하늘을 나는 것은 신비한 능력으로 신만이 갖

는 특권이라 여겼다. 그 가운데서도 가장
유명한 전설은 그리스 신화에 나오는 다이
달루스와 이카루스의 비행에 관한 이야기
다. 크레타의 왕비 파시파이의 부정을 도와
줬다는 이유로 미노스 왕의 미움을 사게 된
다이달루스는, 납으로 붙인 새털 날개를 달
고 그의 아들 이카루스와 함께 날아서 크레
타 섬을 탈출하는 데 성공했다. 그러나 젊
은 이카루스는 아버지의 충고를 무시하고
태양 가까이 날아갔다가 태양열에 납이 녹

그리스 신화 이카루스의 추락을 소재로 한 삽화

아 지중해에 추락했고, 다이달루스는 750마일을 비행하여 시
실리 섬에 무사히 도착했지만 결국 그곳까지 쫓아온 미노스 왕
에게 살해되고 말았다는 내용이다. 신은 하늘을 날아다니는 자
에게 항상 적의를 품고 있었기 때문에 이들 부자는 하늘 비행
의 첫 희생자가 되고 만 것이다.

옛사람들은 "신은 하늘의 지배자"라고 생각했다. 그토록 하
늘을 날고 싶었으나 그 꿈을 이루지 못한 인간은 처음에는 신
에게 날개를 지니게 하여 하늘을 날아다니게 했다. 그리하여
하늘은 신성한 곳으로서 신만이 살고 있고 인간은 발을 들여놓
을 수 없는 곳이며, 인간이 하늘을 비행하는 것은 신을 모독하
는 일이라고 여겼다. 하지만 나중에는 이것이 원망으로 바뀌어

16세기 플랑드르의 대가 피터 브뢰겔의 「이카루스의 추락」, 벨기에 왕립미술관 소장

신만이 아니라 악마에게까지 날개를 지니게 하여 하늘을 날아
다니게 했다. 중세에는 마녀들이 하늘을 날아다닌다는 미신이
널리 퍼져 있었으며, 이들은 주로 빗자루나 둥근 접시를 탔던
것으로 전해져온다.

새처럼 날고 싶다

중세에는 전설이나 신화에서 벗어나 상
당히 과학적 이론에 기초를 둔 인간의 상상 비행이 성행했다.
이 시기 많은 사람이 비행 장치를 구상해 하늘을 나는 데 도전했다. 지금도 그 당시의 그림, 판화, 조각, 소설 등에서 인간 비행의 흔적을 찾아볼 수 있다. 예언자 노스트라다무스의 장래의 항공에 관한 예언을 비롯하여 로저 베이컨의 기구 구상, 루소의 비행 이론, 덴마크의 동화작가 안데르센의 작품 『수천 년 후』에 나오는 항공여행, 스페인의 화가 고야의 판화 「인간 비행」 「마녀 비행」 등을 들 수 있다. 결국 오늘날 인간이 하늘을 마음껏 날 수 있는 비행기를 발명할 수 있었던 것은 그 오랜 시절 시작된 공상의 날개가 맺은 값진 열매라 할 수 있다.

전설시대를 지나 13세기경 역사시대에 들어서면서 새로운 것에 대한 모험심이 많은 인간들은 상상 비행의 단계를 넘어 인간도 새와 같이 하늘을 날 수 있다고 생각하기 시작했다. 그리고 마침내 인간은 인력 비행man-Powered Flight에 도전했다.

조인鳥人 또는 타워 점퍼Tower Jumper라 불리는 이들은 손으로 만든 인공 날개를 몸에 달고서 높은 탑에서 뛰어내렸다. 그러나 용감한 조인들의 끊임없는 도전에도 불구하고 이것은 인공 날개를 달고 높은 곳에서 땅으로 뛰어내린 그 자체에 지나지 않았다. 그렇기 때문에 대부분이 비행에 실패하고 추락사를 면할 수 없었다. 그 뒤 15세기에 이르러 예술적 구상이 풍부한 사람들은 새가 나는 비행 원리를 연구해 인간도 하늘을 날 수 있을 것이라고 여겨 공학적으로 이를 시도했다. 그 가운데 가장 대표적인 인물이 「최후의 만찬」 「모나리자」 등으로 널리 알려진 이탈리아가 낳은 예술가 레오나르도 다 빈치였다. 그는 1485년에 "어떤 물체라도 공기를 잘 이용하면 공기가 물체에 주는 것과 같은 크기의 힘을 얻을 수 있다. 바람을 향하여 움직이는 날개 덕택으로 독수리도 높은 하늘을 날 수 있듯이, 인간도 인공의 큰 날개를 이용하여 공기의 저항을 훨씬 상회하는 힘을 만들어내면 하늘을 비행할 수 있다"며 인간의 비행 가능성에 대한 연구 결과를 발표했다.

다 빈치는 아직 과학의 빛이 들지 않았던 시대에 천재적 솜씨로 비행기계를 다채롭게 구상해냈다. 그 가운데 하나는 새가 나는 방법을 흉내 내 움직이는 잠자리 모양의 날개를 몸에 달고 새처럼 날개를 흔들어서 나는 날개 치기 비행기계 오르니톱터Ornithopter였고, 또 하나는 나사의 원리를 이용하여 하늘로 올라가는 헬리콥터였다. 이후 그의 연구는 두 가지 형태의 비행기계를 탄생시켰다. 하나는 사람이 중앙 부분에 가슴을 밀착하

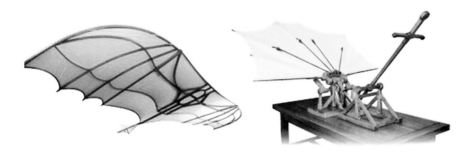

다 빈치의 글라이더

다 빈치의 헬리콥터

여 누운 채로 끈을 이용해 손으로 돌리고 발로 밟아서 날개를 움직이게 하는 것이고, 다른 하나는 사람이 선 상태에서 복잡한 크랑크와 전동 장치를 이용하고 손발을 사용해 날개를 움직이게 하는 것이었다.

이러한 비행기계는 새의 모방만을 생각했던 당시로서는 매우 진보적이고 독창적인 구상이었으나 실제 제작되지는 못했다. 하지만 다행히도 실제 후대에 비행기의 원리를 발전시키는 데는 많은 영향을 끼쳤다. 현재 다 빈치 박물관에 그 설계도와 재현 모형이 함께 소장되어 있다. 이처럼 새가 하늘을 나는 모습을 모방하려는 생각은 수세기 동안 계속되었고 20세기에 마침내 그 꿈이 이뤄졌다.

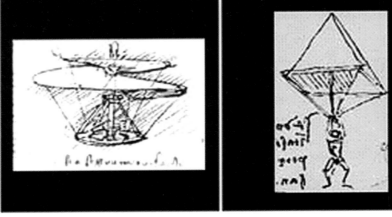

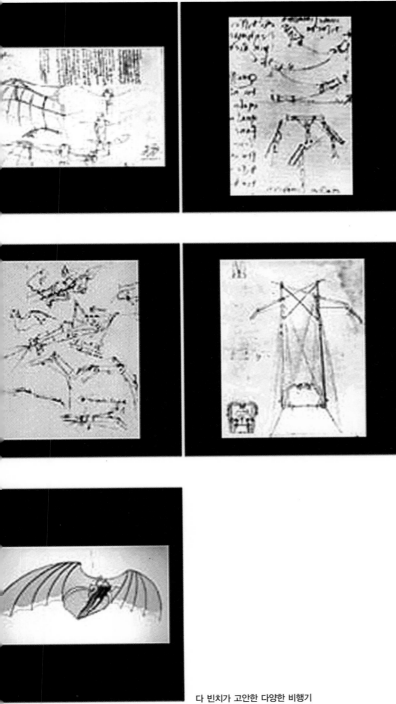

다 빈치가 고안한 다양한 비행기

조선시대의 비행기, 비거

　　　　　　지금으로부터 415년 전쯤 우리나라에서
도 하늘을 날고자 하는 노력이 있었다. 바로 조선시대에 한국
최초의 비행기인 비거가 발명돼 사용되었던 것이다. 조선이란
나라에서 비행기가 떴다는 사실을 믿는 사람은 과연 몇 명이나
될까? 믿기 어렵겠지만 비거는 조선시대에 우리 하늘을 날았
던 우리 비행기다. 비거 혹은 비차라고 불렀다. 그때는 비행기
라는 말이 없었기 때문이다.

　　1592년^{선조 25} 10월 진주성에는 서서히 전운^{戰運}이 감돌고 있
었다. 일본군 장수 가토 미츠야스 · 후지모토 로우 등이 이끄는
2만여 명의 왜군이 전라도로 진출하기 위해서 그 길목인 진주
로 몰려오고 있었다. 일본군은 성을 포위하고 전면 공격을 단

조선시대의 진주성 모습을 그린 병풍

행했으며, 진주목사인 김시민金時敏은 3800명의 군사로 결사 항전하여 이들을 격퇴했다. 당시 조선군은 조총을 비롯한 여러 가지 화기와 장비를 이용했는데, 그중 특이한 장비 하나가 바로 비거飛車였다. 비거는 말 그대로 바람을 타고 공중을 날아다니는 수레를 의미하며, 오늘날의 비행기 개념을 갖춘 장비라 할 수 있다.

신경준의 『여암전서』

임진왜란에 대한 일본 측 기록인 『왜사기倭史記』에는 전라도 김제에 사는 정평구鄭平九가 비거를 발명하여 1592년 임진왜란 때에 진주성 전투에서 사용했다고 기록되어 있다. 당시 조선군은 비거를 이용해 외부와 연락을 취했으며, 영남 고성에 갇혀 있던 성주城主도 비거를 이용해 30리 밖으로 탈출했다고 한다. 이로 인해 왜군은 작전을 펴는 데 큰 곤욕을 치렀다는 기록까지 나오고 있다. 그러나 그 형태나 구조에 대해서는 자세한 기록이 전해지지 않는다. 그렇더라도 김제 출신의 정평구가 비거를 만들었고, 이에 대해 조정에 수차례에 걸쳐 보고했으나 번번이 묵살되었다는 이야기는 한낱 전설이나 야사만은 아닌 듯싶다.

국내의 문헌에 비거가 등장하는 것은 18세기 후반으로, 신
경준의 『여암전서旅菴全書』와 이규경의 『오주연문장전산고五洲衍文長
箋散稿』이다. 조선후기의 실학자였던 신경준의 『여암전서』「책거
제策車制」란 글을 보면 임진왜란 때 김제 사람 정평구가 비행기
를 만들었다고 기록되어 있다.

"임진연간에 영남의 읍성이 왜적에게 포위되었을 때 어떤
사람이 성의 우두머리에게 비거의 법을 가르쳐 이것으로 30
리 밖으로 날아가게 했다."

즉 영남의 진주성이 왜군에 세 겹으로 포위되자, 정평구는
평소의 재간을 이용하여 만든 비차를 타고 포위당한 성안에 날
아 들어가, 30리 성 밖까지 친지를 태우고 피난
시켰다고 한다. 이규경의 『오주연문장전산고』
의 비거변증설飛車辨證說에도 비슷한 기록이 나타
난다.

이규경의 『오주연문장전산고』

"임진왜란 당시 영남의 어느 성이 왜군에게 포
위당했을 때 그 성주와 평소부터 친분이 두텁던
어떤 사람이 '나는 수레', 곧 비거를 만들어 타
고 성중으로 날아 들어가 성주를 태워 30리 밖

에 이름으로써 인명을 구했다."

이규경 자신의 기록 또한 전해진다.

"강원도 원주 사람을 만났는데, 그는 비차에 관한 책을 소장하고 있거니와 이 비차는 4명을 태울 수 있으며 모양은 따오기[鶖]와 같은 형태로 배를 두드리면 바람이 일어서 공중에 떠올라 능히 백장百丈을 날 수 있는데, 양각풍羊角風이 불면 앞으로 나아갈 수 없고 광풍狂風이 불면 추락한다 하더라."

그뿐만 아니라 이규경은 전주부인全州府人 김시양金時讓에게 들은 말도 곁들여 기록해놓고 있다.

"호서, 충청도 노성 지방에 사는 윤달규尹達圭라는 사람이 있는데 그 사람은 명재의 후손이다. 이 사람이 정밀하고 교묘한 기구를 만드는 재간이 있어 비거를 창안하여 기록해두었다. (…) 이러한 비거는 날개를 떨치고 먼지를 내면서 하늘로 올라가 뜰 안에서 산보하듯이 상하 사방을 여기저기 마음대로 거침없이 날아다니니 상쾌한 감은 비길 바 없다. 비거는 우선 수리개와 같이 만들고 거기에 날개를 붙이고 그 안에 틀을 설치하여 사람이 앉게 했다. 물에서 목욕하는 사람이 헤엄치는 것처럼 또한 자벌레나비가 굽혔다 폈다 하는 것처럼 하여 바람을 내면서 날개가 저절로 떠올라가니 잠깐 동안에 천 리를 날아다니는 기세를 발휘하여 십여 일의 시간을 단축하게 된다. 이것은 큰 붕새가 단숨에 삼천 리를 나는 것과 무엇이 다르겠는가? 이 기구에는 늘어진 줄이 종횡으로 연결되어 있는데, 그것을 신축하여 기구를 움직이며 가죽 주머니를 두드려서 바람을 내면 두 날개가 움직이면서 거침없이 대기 위에 떠서 그 기세가 대단히 거세게 된다. 그런즉 생각이 옳게 된 것이요, 이치가 그 속에 있는 것이다.”

위의 기록을 정리하면, 비거는 조선중기의 학자인 윤증의 후손인 윤달규라는 이가 창안했으며, 이규경이 전해오는 자료를 바탕으로 종합하여 정리했던 것이다. 이규경이 정리한 우리나라 최초의 비행기의 구조와 원리는 다음과 같다.

규모는 4인승으로 생김새는 커다란 수리개가 날아가는 모습과 같았으며, 몸체와 날개, 머리, 꼬리 부분이 있다고 한다. 동체와 날개는 모두 가죽으로 만들었고, 동체 안에는 압축공기가 들어 있는 큰 가죽 주머니가 있으며, 동체에는 틀이 설치되어 있어 네 명이 탈 수 있었다. 또 동체에는 주익主翼, 기본 날개와 꼬리 날개가 부착되어 있고, 동체와 날개는 서로 줄로 연결되어 줄을 움직여 날개를 상하로 움직일 수 있도록 되어 있다.

공군박물관에 소장된
비거 모형

　비거의 비행 원리는 가죽으로 만든 북배에서 바람을 일으켜 떠오르게 하며 날개가 돛처럼 바람을 갈라 하늘로 날아오른다고 기록되어 있다. 좀더 세부적으로 살펴보면 먼저 동체에 있는 가죽 주머니 아래쪽에 뚫려 있는 구멍을 열어 압축공기를 아래로 분출시키면[噴腹] 반작용과 함께 공기 방석 작용으로 이륙할 수 있는 힘이 생긴다. 이와 동시에 비거에 탄 4명이 날개를 움직이는 줄과 연결된 기계 장치를 작동해 양쪽 날개를 상하로 움직임으로써 비거는 지면으로부터 떠오르면서 앞으로 나아가게 했다. 이것은 공중에서 100장[200미터] 정도까지 비행할 수 있었으며, 상승기류라도 타면 기록에 있는 것처럼 30리라도 날아갈 수 있었다고 한다.

이를 종합하면 윤달규가 만든 비거는 4명이 정원이고, 주익을 나래치고, 가죽 주머니의 압축공기를 수직 아래로 분출시켜 분사 추진력과 함께 공기방석 효과를 이용하여 이륙한 후, 주익의 나래치기와 밧줄에 의한 조종으로 비행한 매우 기발하면서도 과학적인 발명품이었다. 이러한 비거가 일찍이 16세기 말 한낱 구상에 머무른 것이 아니라 실제로 적지 않은 인원을 태우고 수십 리를 비행했다는 사실은 우리나라 항공기 역사의 유구성과 우수성을 보여주는 사실이라 하겠다. 특히 문헌에 바람이 셀 때에는 비거의 비행이 불가능했음을 밝힌 것은 실제 여러 차례의 비행 경험이 있었다는 사실을 의미한다.

물론 비거와 같은 비행기 구상은 우리나라 외에 중국·독일·이탈리아 등 여러 나라에도 비슷한 내용이 있었다. 중국의 진晉나라 장화張華가 쓴 『박물지博物誌』에도 비거라는 것이 나와 있다. 또 북송의 시인인 소식蘇軾의 시에도 유사한 내용이 나오고 있다.

구름 위까지 날아오르고야 만 조인鳥人들

19세기에 접어들면 독일·영국·미국 등 여러 나라에서 수많은 비행 실험이 이어진다. 특히 19세기 후반에는 공기보다 무거운 비행기계인 동력비행기에 대한 연구가 항공의 아버지인 조지 케일리 경을 비롯하여 오토 릴리엔

탈, 윌리엄 헨슨, 옥타브 샤누트, 새뮤얼 랭글리, 하이램 맥심, 알폰스 페노 등에 의해 이뤄졌다. 그 노력들은 20세기 초 라이트형제의 비행기를 탄생시킨 밑거름이 되었다. 그리고 마침내 라이트형제는 1903년 인류 역사상 최초로

시험 비행하고 있는 비거

동력비행기를 조종하여 지속적인 비행에 성공했다. 그후 발전에 발전을 거듭하여 지금의 초음속 비행기, 우주선이 나올 수 있었다.

그러나 우리나라의 비거는 인류 역사상 최초로 항공시대를 열었던 미국 라이트형제의 동력비행기와 19세기 초반 서양에서 처음 등장한 활공용 행글라이더보다 무려 300여 년 앞서 만들어져 군사 작전용으로 사용되었던 것이다. 이 비거는 16세기에 살았던 정평구, 18세기의 윤달규, 그리고 19세기 이규경과 신경준까지 300년 동안 이어져온 조선의 비행기로서, 우리 선현들의 첨단과학 기술에 대한 남다른 관심을 보여주는 것이라 할 수 있다.

그러나 이를 지속적으로 발전시키지 못했고, 선조들의 빛나는 업적마저 역사에서 지워져버렸다. 그나마 다행인 것은 몇

년 전 공군사관학교 박물관에서는 '건국대학교 항공우주공학과 비거 복원팀'과 공동으로 6개월여 간의 연구를 통해서 우리나라 최초의 비행기인 비거를 2분의 1 크기로 복원하여 일반에 공개했다. 또 2003년에는 KBS 역사스페셜팀과 건국대학교 비차 연구팀이 16세기에 활용 가능한 재료와 수레, 연, 선박 등의 제조기술을 이용해 제작함으로써 2003년 3월 4일 고도 20미터에서 74미터를 활공 비행하는 데 성공하기도 했다. 이를 통해 우리 조상들의 위대한 과학사상을 실증적으로 검증하고 항공 역사의 정체성을 확립한 것이다.

물소의 뿔을 반대로 휘어 만든 고탄력 무기
- 한민족 최고의 장기, 궁시

　　　　　　　우리나라는 역사적으로 수많은 외침을
겪어왔다. 크고 작은 전쟁을 치러야 했기에 성능이 뛰어난 무
기의 보유와 끊임없는 훈련이 나라를 지키는 요체임을 인식하
고 있었다. 전쟁에서는 병력 규모 외에도 전략과 전술, 충분한
물자의 조달, 훈련된 병사와 장수의 통솔력 등 어느 것 하나 중
요하지 않은 것이 없다. 그러나 무엇보다도 병사 개개인에게
지급되어야 할 무기가 가장 시급했다. 스스로를 보호하고 상대
를 제압하기 위해 반드시 필요한 것이었기 때문이다.

　　그런 의미에서 우리나라는 무기에 대한 관심이 남달랐다. 무
기가 전황戰況을 결정했던 사례는 역대 전쟁에서 어렵지 않게
찾아볼 수 있거니와 무기의 성능은 국력을 상징하기도 한다.
예를 들면 조선시대에 외국에서 사신들이 올 경우 그들이 구경

「**활쏘기**」, **김홍도**, 국립중앙박물관 소장

하려 했던 것은 세 가지였
다. 첫째는 조선의 신기에
가까운 궁술을 관람하는 관
사觀射요, 둘째는 형형색색의
화약을 이용한 불꽃놀이인
관화觀火이고, 셋째는 금수강
산의 대명사인 금강산 관광
이다. 이 세 가지는 천하제
일의 명기이자 조선의 자랑
이었다. 조선은 이들 관람을
국가 안보와 관련하여 엄격
히 제한했기에 한 가지 구경

만으로도 외국 사신들은 최고급 대우로 여겼다. 그중에서도 관
사와 관화는 조선의 대표적인 군사 무기이자 호국 병기였다.
이 군사 무기들은 주변의 다른 민족들도 중시했지만, 조선의
기술력은 그들에 비해 분명히 한 차원 높은 위치를 점하고 있
었다.

우리 민족은 예로부터 좋은 활을 만들었으며, 이를 사용한
명궁의 이름을 천하에 떨쳤다. 오늘날에도 비록 내용에서 약간
의 차이는 있지만 양궁에서 보여주는 한국인의 저력은 결코 이
와 무관하지 않을 것이다. 이 장부터는 우리 민족의 가장 큰 장

기인 활에 대해 살펴본다.

삼국시대의 활

활은 대나 나무를 반달 모양으로 휘어서 두 끝에다 시위를 걸고 화살을 활 위에 걸어 당겼다 놓으면 줄의 탄력을 받아 화살이 튀어나가는 원거리 무기 중의 대표적인 것이다. 전투 무기이면서 사냥 도구였던 활은 선사시대부터 화약병기가 출현한 이후까지도 사용해온 우리 민족의 대표적인 장기라 할 수 있다. 민족의 별칭이 활과 관련된 단어에서 나왔을 만큼 우리는 예로부터 활과 인연이 깊다. 고대 한민족의 별칭인 동이족東夷族의 이夷는 큰 활을 의미하는 대大자와 궁弓자가 합쳐져 만들어진 글자다.

우리나라 활의 전통은 고조선시대부터 시작됐다. 중국 사서에 고조선에서 사용한 활을 단궁檀弓이라고 기록한 것이 있다. 박달나무로 만든 활이라 생각할 수도 있으나, 단군 조선에서 만들고 사용한 활이라고 표현하기 위해 그렇게 기록했을 가능성도 배재할 수 없다. 단궁의 실체는 합성궁인 각궁角弓인지 아니면 박달나무로 만들었는지 정확하게 알 수가 없다.

삼국시대의 활은 고구려 고분벽화에 활 쏘는 무사의 모습이라든가 기마수렵도로 생생하게 그려져 있다. 특히 고구려의 맥궁貊弓은 중국 역사책인 『삼국지위지동이전三國志魏志東夷傳』에 "고

구려에서 맥궁이라 불리는 좋은 활이 산출된다"고 소개될 정도
로 유명했다. 당시의 활은 길이가 긴 장궁長弓과 짧은 단궁短弓으
로 구별됐다. 단궁은 말 위에서 쏘기에 적합한 기마용의 활로
길이가 1미터를 넘지 않는다. 몸체는 나무로 만들었는데, 활이
굽는 부분에 짐승의 뼈를 얇게 다듬어 덧붙여 탄력성을 높였
다. 이 때문에 합성궁合成弓 혹은 각궁角弓이라 부른다. 이런 각궁
의 모양은 고구려 고분벽화인 무용총 수렵도에 그려진 활을 통
해 확인할 수 있는데, 뼈를 덧댄 부분에 끈을 돌린 마디가 분명
하게 표현되어 있다. 이 활은 만궁彎弓 중에서도 예맥각궁複角弓과

고구려의 병종과 무기 체계를 알 수 있는 안악 3호분 행렬도. 우측 중앙 부분에 수레를 호위하는 앞에 서 있는 두 명의 궁수가 활을 들고 있는 모습이다.

형태가 매우 흡사하며 같은 시대 중국이 사용하던 활과는 분명하게 구분된다.

활은 모양에 따라 직궁直弓과 만궁으로 구분한다. 직궁은 탄력이 좋은 나무를 적당한 길이로 잘라 양쪽에 줄을 걸어 약간 휘게 만든 단순한 형태다. 이에 비해 만궁은 본래 굽은 활채를 그 반대쪽으로 강하게 밀어 굽혀서 시위를 건 것으로서, 시위를 벗기면 활채는 시위를 걸었을 때의 굽은 방향과 반대 방향으로 굽어진다. 이 만궁 가운데 가장 대표적인 것이 무소뿔, 참나무, 소 힘줄, 실 등의 여러 재료를 복합해서 만든 각궁이었다. 독특한 기술로 제작한 각궁은 그 탄력성이 외국의 활에 비해 탁월했다.

각궁은 물소의 뿔로 만들어진다. 열대에 사는 동물인 물소는 과거에도 고구려 등 기마민족이 있는 북방지역에는 살지 않으므로 지금의 태국이나 베트남, 중국 남부에서 수입하지 않으면 안 되었다. 이렇듯 구하기 힘든데도 불구하고 기본 재료로 삼은 것은 활채 안쪽에 붙여서 활을 당겼을 때, 당시의 다른 어떤 재료보다도 탄력이 좋고 오래 활용할 수 있었기 때문이다. 게다가 가공하기도 좋고 활채의 한쪽 마디를 이음매 없이 댈 수 있을 정도로 길이가 길었다.

물론 각궁의 강력한 힘의 비밀이 반드시 무소뿔에만 있었던 것은 아니다. 활채의 바깥쪽에 소의 힘줄을 붙이는데, 이 힘줄은 활을 당겼을 때 강한 인장력으로 활채를 당겨서 활이 부러지는 것을 막고 복원력을 극대화시켜준다. 이처럼 각궁을 만드는 데 많은 시간과 기술이 요구되기 때문에 제작이 쉽지 않았다. 그럼에도 크기가 작아 다루기가 편리한 데다 위력이 대단해 널리 사용했다.

이렇게 우리나라의 활이 우수한 이유는 우선 사계절이 뚜렷하여 탄력성 있는 활대를 만들 수 있는 재료가 산재했던 사실을 들 수 있다. 그러나 보다 근본적인 이유는 우리나라의 전통적인 전투 방식에서 기마전騎馬戰과 수성전守城戰이 널리 유행한 것에 있다. 삼국시대의 전투 방식은 보병과 기병이 합동전술을 펼치는 보기전步騎戰이 기본이었다. 물론 기본적인 전투는 보병이 전담했으나, 승패를 판가름하는 것은 결국 기동성을 바탕으로 하는 기병의 몫이었다. 이런 까닭에 말을 타면서 전투를 치르는 기사騎射가 중시되었고, 그에 부응하여 기사용의 활, 즉 단궁이 발달했던 것이다. 한편 삼국의 전투는 산성을 공취하고, 이를 방어하는 수성전 중심으로 이루어졌다. 수성전에서는 단병접전보다는 원거리 공격을 최우선으로 한다. 이러한 공격에 적합한 병기는 장궁이었고, 이는 다시 활쏘기[弓術]와 활의 발달을 국가적 차원에서 지원하게 했다.

이런 이유에서 고구려의 활은 맥궁, 호궁好弓, 각궁 등으로 불리며 그 우수성이 널리 알려지게 되었다. 백제 역시 고구려 활에 맞먹을 정도의 활을 보유했는데, 이는 근초고왕이 각궁의 화살을 일본 사신에게 선물한 기록으로 확인할 수 있다. 당나라가 탐내던 신라의 천균노千鈞弩 역시 우수한 활이

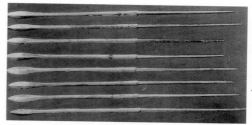

만주의 집안에서 출토된 **고구려의 화살촉**, 청동으로 도금을 했다.

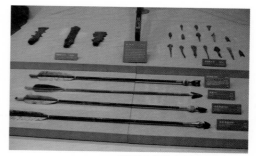

삼국시대의 명적, 전쟁기념관 소장

고구려 화살, 유영기 복원

백제 화살, 유영기 복원

신라 화살, 유영기 복원

있었기에 제작됐던 듯하다.

아울러 삼국시대에는 관리의 등용 수단으로 활쏘기가 널리 활용되었다. 신라는 778년_{원성왕 4}에 유학을 중심으로 한 독서삼품과를 통해 관리를 등용하기 이전에는 말 타고 활 쏘는 기사_{騎射}를 가장 중요한 인재 등용의 척도로 삼았다. 또 고구려의 경당_{扃堂}에서도 기사를 가르쳤으며, 이후의 무인 선발에서도 궁술을 기본적인 시험 과목으로 채택했다. 한편 『삼국사기』를 보면 군왕의 기질로 기사를 부각시키고 있는데, 이 역시 삼국시대에 이를 사회적으로 얼마나 중시했던가를 극명하게 보여준다. 이는 바보 온달이 3월 3일 고구려 평원왕_{平原王}이 연 사냥 행사에서 가장 많은 사냥감을 잡는 등 단연 두각을 나타내 등용되었다는 이야기에서도 잘 알 수 있다. 이렇게 기사를 중시했던 까닭은 활쏘기와 말 타기가 전투능력과 바로 직결되었기 때문이다.

덕흥리 고분벽화의 마사희_{馬射戲} 장면은 기사를 통한 인재 등용을 잘 보여준다. 이 마사희에서는 말을 탄 4명의 무인과 평복 차림의 인물 3명이 등장하며 표적은 5개다. 그림의 오른쪽에 '이것은 서쪽 뜰 안에서 마사희 하는 것이다' 라는 글이 적혀 있다. 그 외에도 마장_{馬場} 중앙에 있는 3명 중 가장 왼편에 '사희주기인_{射戲主記人}_{사희를 기록하는 것을 주재하는 사람}'이라고 적혀 있는데, 이것은 말 탄 무인들의 성적을 심사하고 기록하는 심판관의 역할을 그린 것으로 보인다. 여기서 마사희는 단순한 활쏘기가 아

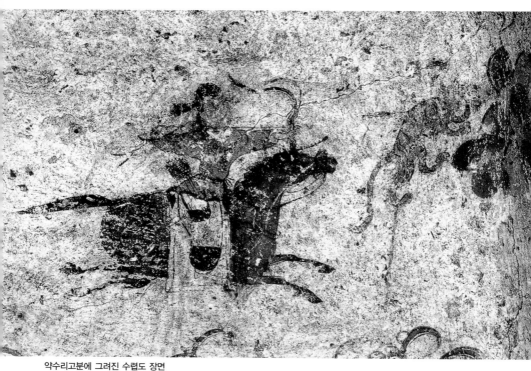

약수리고분에 그려진 수렵도 장면

덕흥리고분에 그려진 수렵도 장면

니라 기사술을 평가 기준으로 삼아 무관을 선발하던 장면을 기록한 것임을 알 수 있다.

삼국시대 최강 고구려군의 무기

고구려의 활은 기병용과 보병용이 다소 다른데, 기병용은 보통 80센티미터, 보병용은 120~127센티미터 정도이다. 위력은 사수의 힘에 따라 큰 차이가 나지만 가까운 거리에서는 갑옷도 뚫고 들어간다. 어떤 장수는 화살 한 발로 사람과 말과 안장을 함께 꿰뚫었다는 기록도 있다.

고구려의 활은 많은 문헌 기록과 벽화가 전해짐에도 불구하고 실물 유물이 매우 희귀한 편이다. 활이 나무와 뼈, 힘줄 등 쉽게 부패되는 유기물질로 제작되었기 때문이다. 다만 1933년 평양에서 발굴된 벽돌무덤 안에서 발견된 골제骨制의 활에서 당시의 모습을 연상할 수 있다. 이 무덤은 353년에 축조됐다는 기록이 남아 있으므로, 발견된 활은 무려 1600여 년 전의 고구려 활이다. 활은 오랜 세월이 흐른 만큼 완전한 것이 아니라 뼛조각 형태로 발견됐다. 조사 결과 뼛조각은 소의 갈비뼈로 만들어졌음이 확인됐다. 또 고구려 고분벽화에는 이런 각궁을 가지고 사냥을 하는 장면이 수십 곳에 그려져 있는데, 앞이 편편한 도끼날 촉을 끼운 화살로도 호랑이의 두개골을 관통시킬 정도의 위력을 지닌 것으로 표현했다. 특히 동명왕릉 부근 12호분에서 수습된 척추 뼈에는 화살촉이 그대로 관통한 채로 남아 있어 활의 위력을 보여준다.

　이처럼 고구려의 활이 타의 추종을 불허할 정도로 위력을 발휘한 데에는 화살의 영향도 컸다. 전쟁에서 화살은 소모품으로, 대량 발사할 경우 적에게 치명상을 입힐 수 있다. 따라서 고대인들은 화살의 궤도를 정확하게 유지하면서도 파괴력을 높이도록 용도와 목적에 따라 다양한 길이와 무게로 만들었다.

　평양의 고산동 7호 무덤의 화살촉은 도끼날 식끌날 식으로 불리는데, 밑이 좁고 끝으로 가면서 점차 벌어지고 그 끝의 날이 직선 형태다. 도끼날 식 화살촉의 두께는 끝이 예리하고 뿌리 부분의 무게는 12그램, 촉의 평면 면적은 19제곱센티미터인데, 고구려 초기 무덤에서 많이 발견된다. 이 화살의 장점은 평면이 거의 수평을 이룬 상태에서 날아가므로 날개와 같은 역할을 한다는 점이다. 더구나 화살 뒤쪽에는 큰 날개가 달려 있어 비행체라 할 수 있다. 이는 현대 비행기에서 앞뒤에 날개를 갖고 있는 이른바 오리형 비행체와 유사한데, 앞뒤 날개에 각각 양력이 생기면서 원거리 비행이 가능하다.

　한편 도끼날 식은 상처를 크게 낼 순 있지만 송곳처럼 끝이 뾰족한 활촉에 비해 상처를 깊이 낼 순 없었다. 또한 명중률에서도 끝이 뾰족한 활촉보다 못하다. 그렇기에 고구려뿐만 아니라 백제나 신라, 가야의 화살촉 역시 끝이 넓적하거나 둘 혹은 셋으로 나뉜 화살촉을 사용했다. 이런 형태는 화살이 날아가면서 회전하기 때문에 꽂히는 순간의 충격이 매우 크다. 현대의 총열에 강선을 넣어 총알이 회전하는 것과 같은 원리라 볼 수 있다. 따라서 고구려는 적들의 화살이 미치지 않는 먼 거리에서 적을 공격할 때는 도끼날 식 활촉을 사용하고, 명중률을 높일 때에는 좁은 활촉을 사용했을 것으로 추정된다. 화살 뒤쪽에 큰 날개를 다는 것은, 화살이 구조상 날아가면서 자연적으로 회전하므로 이것을 더욱 빠르게 하기 위함이다.

고구려의 화살에서 특히 주목할 점은 명적鳴鏑이다. 화살촉 나래 아래에 뼈로 만든 구슬 모양의 소리 내는 작은 구멍을 뚫은 울림통이 붙어 있어 날아갈 때 소리가 나는데, 수렵이나 전투 시 무리를 흩어지게 하거나 모으는 데 일종의 신호 화살로 쓰인다. 무용총 벽화의 수렵도를 비롯하여 약수리와 덕흥리 고분벽화에서도 보인다. 고구려에서 동물을 사냥할 때도 이것을 사용했는데, 소리가 크게 나므로 동물을 한 방향으로 몰아 잡는 데 적합했기 때문이다.

아울러 명적은 전투 개시를 알리는 신호 수단으로도 사용하기 때문에 효시嚆矢라고도 한다. 만약에 적들이 전투 중 명적 소리를 듣는다면 그 순간 두려움으로 인해 전의가 꺾이고 말 것이다. 오늘날 어떤 일의 시작을 일컫는 말로 흔히 '효시'라고 하는 것이 바로 여기서 유래했다. 현재 경상남도 양산 부부총

무용총에 그려진 수렵도 장면. 활의 형태는 만궁이면서 단궁이며, 화살은 촉이 굵고 앞부분이 둥글게 묘사되어 있어 명적임을 알 수 있다(왼쪽).

덕흥리고분에 그려진 마사희 장면

과 일본의 정창원正倉院에 유물이 전해오고 있으며, 시베리아에서도 같은 종류의 화살이 발견되고 있다. 명적은 몽골군의 서방 원정으로 인해 유럽에 전해졌는데, 당시 유럽인들은 그 날카로운 소리만 들어도 벌벌 떨면서 이를 '악마의 화살'이라고 불렀다 한다.

한편 이 당시의 화살촉은 대부분 철촉으로, 철을 두드려서 형체를 만드는 단조鍛造로 제작되었기에 촉머리가 매우 강인했다. 일반적으로 수차례 반복 사용하는 연습용 화살촉은 강철로 만드는 데 비해 소모적인 전투용 화살촉은 보다 강도가 떨어지는 철을 사용했다. 철촉의 일반적인 형태는 독사머리 모양의 촉머리에 목이 긴 슴베가 붙어 있다. 후대로 갈수록 목이 점차 길어지면서 전체 길이가 길어진다. 화살촉 길이의 증가는 활의 사정거리 증가와 불가분의 관계가 있는 것으로, 시간이 흐르면서 그만큼 활의 탄력이 강해지고 사거리도 길어졌음을 알 수 있다. 보통 화살촉의 길이는 4세기까지는 5센티미터, 5세기에는 10센티미터, 6~7세기에는 15센티미터 정도가 일반적이다. 형태는 5세기까지는 도자형, 독사머리형, 마름모형, 도끼날형, 끌형, 삼익형, 역자형, 동검형 등 매우 다양한 편이었으나, 6세기 중엽 이후가 되면 초장경하각형超長頸下角形이라 불리는 목이 매우 길고 촉머리가 보트 모양으로 생긴 철촉으로 통일된다. 즉 철촉 생산은 점차 표준화 · 규격화되어왔다.

파르티안 기사법

고구려의 무용총 벽화에서 가장 인상적인 장면은 궁수가 안장에 앉은 채 상체만 뒤로 틀어 돌려 활을 쏘는 장면이다. 이런 자세를 파르티안 기사법Phartian shot이라고 하는데, 무용총과 덕흥리 벽화고분의 수렵도 등에서 확인되고, 백제금동대향로의 기마수렵 인물상과 경주 사정리에서 발견된 수렵문전^{狩獵紋塼}에서도 나타난다. 특히 백제금동대향로의 수렵 인물상은 백제의 수렵을 보여주는 귀중한 자료이며, 일본 정창원 소장의 은제선조수렵문은 일본 문화에 미친 백제의 영향을 짐작케 한다.

원래 파르티안 기사법은 북방 기마민족의 전형적인 고급 기마술로, 기원전 2세기 이란의 북동부에서 로마와 대적하여 크게 위세를 떨친 파르티아에서 시작된 기술이다. 이것은 실크로드를 통해 동아시아에 전해진 후 삼국시대에 널리 유행했으며, 조선시대까지도 이어졌다.

이 기술은 말 타고 활을 쏠 때의 문제점을 개선하기 위해 개발되었다. 앞으로 활을 쏘려면 말의 머리 때문에 방해를 받고 시야에 사각지대가 생긴

백제금동대향로에 조각된 기사 모습

다. 따라서 말을 타고 사격할 때는 목표를 측면에서 뒤로 가도록 하고 쏘는 것이 시야도 넓고 효율적이다. 신체 구조상으로도 앞으로 쏘기보다는 뒤로 돌아 쏘는 경우가 자세도 안정적이어서 명중률이 높다. 이 기술 덕분에 기병은 말을 타고 달리면서 360도 어느 방향으로든 화살을 날릴 수 있었다. 그런데 이 파르티안 기사법은 '등자'라는 획기적인 장비가 있었기에 가능했다. 즉 이 기사법은 말 타기와 활쏘기가 결합한 복합 무예로서 고도의 숙련과 기예가 요구되었다. 기마전이 전투에서 결정적인 역할을 하던 삼국시대의 전장에서 기사법은 중요한 전투 수행능력이었다.

고구려가 최강의 국가로 발돋움할 수 있었던 요인으로 강력한 무기 체계를 들 수 있는데, 바로 한민족의 장기인 활·화살 등 기본 장비가 중국보다 월등했기 때문이다. 또한 파르티안 기사법을 구사했고, 이들 무기 체계를 극대화시킨 개마무사를 적극 활용한 것도 그 이유 중 하나라 할 수 있다.

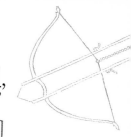

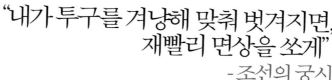 "내가 투구를 겨냥해 맞춰 벗겨지면, 재빨리 면상을 쏘게" -조선의 궁시

　　　　　　　삼국시대 활의 전통은 이민족과의 전쟁
이 잦았던 고려시대에 들어와서도 유효했다. 『고려사』에 보면
국왕이 행차하여 대장군 이하 병사에 이르기까지 활로 과녁을
쏘게 한다든가 백관이 활쏘기를 연습한다든가, 또 숙위군이 약
했을 때에는 궁수를 모집하여 유사시에 대비하도록 했다는 기
록이 있어, 궁시가 전술상 중요한 무기였음을 알 수 있다. 특히
고려시대의 특수부대 중 하나였던 경궁군梗弓軍은 관통력이 강한
활을 전문적으로 다루었다.

　　조선시대에 들어서서도 전통적으로 궁술은 중요시되었으
며, 화포가 출현하기 전까지 궁시는 주된 전투 무기의 하나로
활용되었다. 이는 궁시가 화약무기의 여러 가지 결함을 보완할
수 있어 상호 간의 역할을 통해서 전투력을 유지시켜주기 때문

이었다.

조선의 비밀 병기, 활

　　　조선의 궁시는 고려시대에 사용하던 제도를 거의 답습했다. 그럼에도 이 시기에 각궁과 편전片箭이 크게 발달해 조선의 대표적인 무기로 각광을 받았다. 삼국시대의 맥궁에서 기원한 각궁은 예로부터 우리나라 고유의 기술로 만들어져 강력한 탄력성 면에서 외국의 활이 따를 수 없었다. 1488년성종 19에 조선에 왔던 명나라 사신 동월董越이 각궁을 평하기를 "조선이 사용하는 화피궁樺皮弓은 중국 제도에 비해서 약간 짧으나 화살이 날아가는 힘은 심히 강하다"「조선부朝鮮賦」라고 했다. 이 화피궁이 바로 각궁을 일컫는다.

　편전은 화살 크기가 작아 일명 '아기살'이라고 하는데, 나무로 만든 대롱에 넣고 쏘도록 되어 있었다. 화살이 작아 가벼운

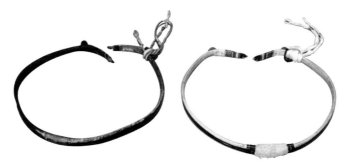

조선시대에 사용됐던 가장 대표적인 활과 각궁, 전쟁기념관 소장

대신 가속도가 붙어 관통력이 컸기에 보병전은 물론이고 기병전에서도 크게 활용되었다. 또한 1000보 이상의 거리까지 날아가 적을 맞혔기 때문에 조선의 가장 중요한 비밀 병기로 활용되었다. 그리하여 세종 때에는 북방의 야인에게 편전 제작 방법이 알려질까 염려하여 함경도 지방에서는 그 교습을 하지 못하게 했다. 그 중요성으로 인해 편전은 조선시대 무관을 선발하는 시험 과목의 하나로 채택되었다. 또한 중국의 창, 일본의 조총과 더불어 천하의 제일로 여겨졌다. 이러한 편전을 중국인들은 '고려전高麗箭'이라고 불렀다. 그러나 편전의 우수성은 조선에 지나친 의존성과 자만을 불러일으켜 도검 · 창 등 다른 무기 개발에 대한 관심을 떨어뜨렸다.

조선 최대의 전란이었던 임진왜란 당시에도 조선의 궁시는 당시 일본군의 것보다 그 위력이 컸다. 윤근수가 "적병이 처음에는 목궁으로 화살을 쏘았는데 화살의 힘[矢力]이 강하지 못했

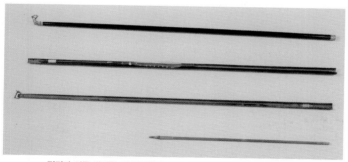

편전과 이를 발사할 때 사용했던 보조 장구인 통아, 전쟁기념관 소장

조선시대에 활쏘기에 사용되었던 완대, 궁대, 동개
전쟁기념관 소장

다"라고 했듯이, 조선의 각궁은 단일 궁으로 된 일본의 목궁보다 강했다. 이 점은 임진왜란 당시의 일본군을 따라 참전했던 서구 선교사들의 눈에도 대단하게 보였다. 루이스 데 구스만도 『선교사들의 이야기』에서 조선인들이 활과 화살을 아주 잘 사용한다고 했고, 루이스 프로이스 신부도 조선인에 대해 "매우 힘이 좋고 활과 화살을 아주 잘 사용하며 그들의 활은 터어키 활과 같이 조그마하다"고 했다. 그러나 점차 화약병기의 위력이 강해지면서 활은 그에 밀려 전투 병기로서의 역할이 줄어들었다. 이후 관가나 군영에서 벗어나 민간에서 활용되어 많은 궁사들이 모여 활쏘기를 수련하고 심신을 단련하는 풍속이 전국적으로 널리 퍼지기 시작했다.

무인 선발의 기본 과목, 활쏘기

조선왕조는 현실적으로 문치주의를 추구했지만 이념상으로는 문무 양반 체제여서 문무겸전文武兼全을 이상적인 덕목으로 내세웠다. 이에 문벌귀족 중심의 협착한 인재 등용에서 벗어나 관리 선발의 문호를 개방해 능력 위주로 인재를 선발하고자 무과武科도 실시했다. 초기의 무인 선발은 취재取才라는 제도를 통해 이뤄졌으나, 이후 1402년태종 2에 정식 무과로 시행되었다. 무과에는 정기 시험인 식년시式年試를 비롯하여 부정기 시험인 각종 별시別試가 있었다. 식년시에서는 28명의 합격자를 배출했지만, 계속해서 증가하는 과거 진출 욕구를 충족시키지 못해서 다양한 특별 시험을 시행했다. 이러한 무과는 세종대를 거치면서 정비되어 『경국대전』으로 법제화되었다.

무과 과목은 크게 무예武藝와 강서講書 시험으로 구분된다. 무예는 활쏘기와 창을 중심으로 목전木箭·철전鐵箭·편전片箭·기사騎射·기창騎槍의 다섯 가지 무예와 격구擊毬로 이루어졌다. 강서는 병서와 유교 경전의 시험이다. 식년 무과의 초시는 무예만이 시험 과목이었다. 이들 무과시험의 내용을 살펴보면 궁술과 기마술이 중심이 되고 있으며, 무기 체계 면에서 보면 네 종의 궁시와 한 종의 창으로 구성되었음을 알 수 있다. 전반적으로 궁시의 비중이 높고, 특히 편전의 평점이 90분으로 전체의 절반에 이를 정도로 편중돼 있었다. 격구는 고려 말에 그 폐단이 극에 달했던 과목으로 문신들의 폐지 주장이 있었지만, 무예 훈련의 기초가 된다고 하여 1425년세종 7 4월에 채택되었다.

무과의 복시覆試는 무예와 강서를 시험하는데, 초장·중장·종장의 삼장제三場制로 운영했다. 복시의 종장은 강서로 시험을

조선시대 함경도 길주에서 무과시험을 보는 장면을 그린 「북새선은도」, 국립중앙박물관 소장

봤으며, 이는 문무를 겸비한 장수의 선발을 목적으로 했다. 전시殿試는 기격구와 보격구의 성적에 따라 합격자의 등급을 정했다. 이에 따라 갑과 3명, 을과 5명, 병과 20명으로 등급이 나뉘었다.

결국 무과는 무예와 함께 병서를 통한 병략兵略에 대한 지식이 요구되는 문무겸전의 무인 선발 위주로 이루어졌다. 이에 따라 시험 과목 역시 활쏘기와 말 타기가 중심이 된 장병長兵 전술 위주였던 것이다. 이와는 반대로 근접전 무예인 격검擊劍칼 쓰기은 시험 과목에서 아예 제외되었으며, 창술도 비중이 매우 낮았다. 또한 군사 훈련에서도 궁술은 중요 포인트가 되었다. 활쏘기는 군관들의 군사 훈련인 동시에 체력 단련이었고, 생활 속 오락이자 유희이기도 했다. 특별한 일이 없는 한 이들은 거의 매일 활쏘기 연습을 했다. 군관들끼리 편을 갈라 요즘처럼 단체전을 하기도 하고, 때로는 인접한 군관들을 방문하여 원정 경기를 펼치기도 했다. 활은 10순巡1순은 다섯 발 단위로 쏘았는데, 20순이나 30순을 쏜 경우도 많았지만 하루에 10순을 쏘는 것이 상례였다. 군관들의 활쏘기 솜씨는 뛰어나서 50발 중 최소한 40발 이상을 명중시키는 실력을 보유한 이들이 다수였다고 한다.

특히 강무가 궁술을 위주로 치러지는 것이고, 대열과 강무가 끝난 뒤 행해지는 관무재의 과목 세 가지 중에서 모구와 삼갑

사가 궁술과 관련이 있다. 그만큼 조선전기의 궁술은 군사 전술의 중요한 부분을 점하고 있었다.

군사 퍼레이드 대열과 강무

조선시대 왕은 해마다 농한기인 봄과 초겨울에 전국에서 군사들을 동원해 직접 훈련을 실시했다. 훈련에는 대열大閱과 강무講武가 있다. 대열은 전국에서 징발한 군사들을 대상으로 전투 대형인 진법 훈련을 실시하고, 여기에 국왕이 친히 나가 사열하는 것이다. 일명 친열親閱이라고도 하는데, 1432년세종 3에 처음 시행되었고, 1451년문종 원년에 진법으로 확정되었다.

대열은 전쟁 상황을 가정해 아군과 적군의 두 부분으로 나눈 후, 기본적인 훈련과 함께 전면적인 공격과 방어 전술을 펼친다. 중앙 사령부의 명령에 따라 전후좌우의 부대 병사들은 일사분란하게 움직이도록 반복 훈련한다. 이때 병사들은 실감나게 화살촉을 뺀 활을 쏘거나 날을 헝겊으로 묶은 창이나 칼로 서로를 베기도 했다. 수만 명의 기병과 보병이 함성을 지르면서 접전하는 광경은 실제 전쟁을 방불케 했다. 대열이 끝나면 왕은 수고한 대소 신료大小臣僚나 훈련을 잘한 병사들을 선발하여 상을 내렸다. 또 병사들의 사기를 드높이기 위해 무과를 시행하기도 했다. 대열에는 적게는 1만 명에서 많게는 10만 명 내외의 병사들이 동원되었다. 10만 명이 징발되면 3만여 명은 직접 대열에 참가하고 나머지 군사들은 보급을 맡거나 대기했다. 대열은 1만에서 3만 명의 병사들이 국왕 앞에서 진법을 시범 보이는 대규모 행사였기에 성 밖의 넓은 평지에서 시행되었고, 어떤 때는 한양을 벗어나 경기도 지역에서 열리기도 했다.

한편 강무는 국왕이 군사를 동원하여 일정 지역에 출동한 다음 그곳에서 사냥하고 복귀하는 일련의 활동을 말한다. 중국 고대 주周나라에서 유래했는데, 삼국시대 국왕이 직접 병력을 거느리고 전쟁에 참여했던 전통과도 무관하지 않다. 조선 건국 후에 무장 출신인 태조 이성계는 스스로 궁궐 내에 갇혀 있는 것을 답답하게 여겨 야외로 출동할 기회를 찾았고, 이를 유교적 국가 운영과 부합시키는 방법으로 강무제도를 도입했다. 이후 강무는 태종 때 23회, 세종 때 30회 등 활발히 시행되었다.

강무를 시행한 목적으로 첫째는 농한기에 군사를 훈련시켜 유사시 전투 병력으로 활용하기 위함이며, 둘째는 사냥으로 잡은 짐승을 종묘 제사에 올리려는 것이고, 셋째는 농작물에 피해를 주는 짐승을 잡아서 농사를 이롭게 한다는 것이다. 이밖에 국왕이 국토를 순시하고 민정을 파악하려는 목적도 있었다. 강무는 봄에는 2월 초, 가을에는 10월 초에 각각 10여 일 동안 시행했다. 강무장은 처음에는 경기·강원·충청·전라·황해도 등 여러 곳에 있었으며, 일단 지정되면 민간의 출입이 통제

조선시대의 강무 장면을 그린 기록화, 세종대왕기념사업회 소장

되고 사냥이 금지되었다.

강무 시행에 따른 군사적 기능은 동원 훈련의 성격을 띤다. 군사 규모는 초기 수천에서 점차 2~3만 명으로 늘어났다. 동원된 군사는 평소 거주지에서 훈련받은 진법의 숙달 정도를 점검받고, 각급 제대로 편성되어 강무장에서 몰이꾼으로 활용되었다. 이를 통해서 명령 체계를 숙달시키고 군율을 지키게 하며, 전투에 대한 공포감과 두려움을 없애고 담력을 키울 수 있었다.

활쏘기는 사대부의 기본 덕목

『병장설兵將說』에서는 "항상 활쏘기, 말 달리기를 일삼고, 겸하여 유술濡術을 익히는 자가 상품上品의 인물이다"라고 하여 활쏘기를 강조하고 있다. 문신이라 할지라도 예禮·악樂·사射·어御·서書·수數의 육예六藝를 배웠던 데에서 알 수 있듯이, 활쏘기射는 말 타기御와 더불어 중요한 과목의 하나였다. 이렇듯 조선시대에는 사대부가 반드시 익혀야 하는 무예로 활쏘기를 꼽았는데, 조선을 개국한 태조 이성계를 비롯해 역대 왕이 활쏘기를 즐겨했고 장려했기 때문이다.

이성계는 일찍부터 명궁으로 이름을 날렸다. 공민왕이 경대부卿大夫들에게 활을 쏘게 하고 친히 이를 구경했는데, 이성계가 100번을 쏘아 100번 다 맞히는 것을 보고 탄복하면서 "오늘날의 활쏘기는 다만 이성계 한 사람뿐이로구나"라고 말할 정도였다. 이성계의 활 솜씨와 관련된 이야기는 많이 있지만, 특히 1379년^{우왕 5} 7월 운봉에 침입한 왜장 아기발도_{阿其拔都}와의 일화가 유명하다.

당시 이성계는 운봉에 침입한 왜구를 상대로 대우전_{大羽箭}·유엽전_{柳葉箭} 50여 개를 발사하여 적을 모두 명중시킬 정도로 활을 잘 쏘았다고 한다. 당시 왜구 장수는 아기발도라는 미소년으로 용모도 준수하고 용맹이 매우 뛰어났다. 특히 그는 갑옷과 투구를 착용하여 화살이 들어갈 만한 틈이 없어 고려군이 매우 두려워했다. 이에 이성계가 휘하 장수 이두란_{李豆蘭(李之蘭)}에게 "내가 왜장의 투구를 쏘아 벗길 것이니, 그때를 놓치지 말고 그대는 재빨리 그의 면상을 쏘아 맞히라" 하고, 시위를 당겨 아기발도의 투구 꼭대기를 정확히 명중시켜 투구를 땅에 떨어뜨렸다. 이에 이두란이 활을 쏘아 아기발도를 사살하여 결국 승리할 수 있었다는 것이다. 물론 이 이야기에는 이성계의 뛰어난 활 솜씨를 강조하기 위해 과장된 측면이 있겠지만, 그의 활 솜씨가 유달리 뛰어났던 것만은 사실이다.

이후 이성계는 한성으로 천도한 후 활을 쏘기 위해 궁중 후원에서도 사후_{射候}를 많이 했다. 이것은 태조가 자기의 무술을 단련하기 위하여 쏜 것으로 여겨진다. 태조 이래 역대 왕 또한 활쏘기를 즐겨 무_武의 중요성을 깨닫고 장려하는 바람에 문신들까지도 활을 잘 쏘았다. 활쏘기를 숭상한 예를 살펴보면 1409년에 태종이 세자에게 궁중에서 활쏘기를 익히도록 했는데 우빈객 이래李來와 간관들이 이를 옳지 않다고 반대하자, 태종은 "옛사람이 이르기를 활 쏘는 것으로 덕을 알아본다고 했고, 또 이를 이르기를 그 재주를 겨루는 것이 군자의 도라 했으니 활 쏘는 것을 중지시킬 수 없다"고 하여 이를 일축했다. 이처럼 궁술은 왕실에서도 중요하게 여겼던 것이다.

세종도 경복궁에 거둥하여 경회루에서 내금위·사금·진무·사복과 충의위·별시위에서 활 잘 쏘는 군사를 시켜서 200보 거리에서 쏘게 했으며, 그때 부사정 박성량朴成良과 부사직 강호문康好文·조유례趙由禮가 가장 잘 쏘았으므로 각궁을 하나씩 하사했다. 특히 문종연간에는 임금이 친히 왕림한 가운데 궁술 대회가 자주 열렸다. 1451년문종 원년 2월에 왕이 서현정에서 동·서반 각 품관의 활쏘기를 보았다. 그후 훈련관에서 무사들의 사후도 관람했는데, 이때 봉석주·신이중 45명이 사후, 치후穉侯, 기창 등을 잘한다고 하여 선발되었다. 이때는 격구·기사 등을 보았고 대내에서 종친을 불러 사

태조 이성계가 사용하던 활과 화살, 동개

후를 했다. 따라서 문종 때에는 문무반을 막론하고 종친이나 각 관서의 관리들도 활을 잘 쏘았다.

세조는 종친과 공신을 궁중 후원에 불러들여 궁술 대회를 열기도 하고 때때로 문신들을 모아놓고 활쏘기를 하여 우수한 사람에게는 상을 주거나 벼슬을 올려주었다. 세조는 미리 알리지 않고 불시에 활쏘기를 관람하는 방식으로 훈련에 힘쓰도록 권장했기 때문에 무사 중에 뛰어난 이들이 많았다고 한다. 또한 1502년^{연산군 8} 2월에는 연산군이 강궁 4개를 내어놓고 "이철동 등 세 명과 시위하는 장사 중에 활시위를 당길 만한 힘이 있는 이는 이것으로 과녁을 뚫으라"고 명령했다. 병조판서 이극돈이 시위하는 장사 17명과 이철동 등 세 명을 번갈아 시험해봤으나 모두 실패했는데, 유일하게 겸사복 박세정만이 활을 당길 수 있었다고 한다. 또 같은 달 정승과 승지들에게도 도성 문밖에서 활쏘기를 연습하게 하고 임금이 직접 시를 지어서 내려주기도 했다.

중종 때는 재상 가운데서도 활쏘기에 뛰어난 이가 있었다. 어유소^{魚有沼}는 1품관이면서도 달리는 말 위에서 활을 쏘았다. 승지 김세형도 기사에 능했고, 최경례는 70세의 많은 나이에도 불구하고 활쏘기와 말 달리는 연습을 게을리 하지 않았다.

이웃 나라에서도 탐낸 조선의 활 솜씨

이렇듯 조선의 활쏘기는 널리 유행했고, 그 솜씨는 중국이나 일본보다 훨씬 뛰어났기 때문에 이웃 나라에서는 어떻게든 조선의 활쏘기를 배우려고 했다. 특히 조선은 편전 쏘는 법을 '아국장기我國長技'라 하여 군사 기밀로 취급했다. 나아가 북방 야인들의 왕래가 잦은 함경도와 왜인들이 거주하는 삼포지역에서는 편전을 가르치는 것 자체를 금지하기도 했다. 이 때문에 중국과 일본에서는 더욱 조선의 활쏘기를 배우려고 노력을 기울였으나 쉽지 않았다. 조선도 이런 점을 이용하여 국력을 과시하려 했는데, 이와 관련하여 1525년중종 20 영의정 남곤南袞이 일본 사신을 접대할 때의 일화가 재미있다.

남곤은 사신들에게 무예를 관람하도록 했는데, 과녁을 쏠 때에 일본 국왕의 사신 및 대내전大內殿의 사신은 앉은 채로 관람하고 나머지 아랫사람들은 활 쏘는 곳으로 가서 관람했다. 당초에 병조에서 보사 40명과 기사 40명을 뽑아서 다른 무인들과 섞어 세워놓고 모두가 활을 잘 쏘는 사람인 것처럼 꾸몄다. 그리고 앞에 선 40명을 뽑아 활을 쏘도록 했다. 이들의 활쏘기가 거의 끝날 즈음 남곤은 일본 사신들에게 다른 무재武才를 더 보고 싶지 않은가 물어보았다. 사신이 더 보고 싶다고 하자 남곤은 즉시 기사를 하도록 지시했다. 기사를 본 일본 사신들은 "평생 이런 것을 보지 못했습니다. 사람마다 쏘면 맞히지 못한 적이 없고, 다섯 번 쏴서 다 맞히지 못하는 사람이 오히려 더 적습니다"라고 말할 정도였다. 그에 앞서 남곤은 말 타고 활을 쏠 사람 10명을 예비로 더 선발해두었는데, 40명이 기사를 다 끝냈는데도 아직 해가 저물지 않자 그 10명도 기사를 하도록 했다. 여럿 중에서도 신빈申濱과 정지하鄭之河의 기사가 뛰어나서 다시 하도록 했다고 한다.

또다른 예로 1718년숙종 44 일본 관백關伯의 즉위를 축하하기 위해 파견했던 통신사의 제술관으로 따라갔다 온 신유한申維翰이 남긴 『해유록海遊錄』을 보면, 당시 통신사 일행인 군관 양봉명楊鳳鳴이 일본의 관백 앞에서 활쏘기를 시연하자 보고 있던 상하의 관리들이 모두 놀라고 겁을 냈다고 기록하고 있다. 이러한 내용은 이후의 통신사 관련 문헌들에서도 쉽게 접할 수 있다.

일본인들은 특히 말을 달리며 허수아비 모양의 표적을 활로 쏘는 기사에 탄복했다. 조명채曹命采의 『봉사일본시문견록奉使日本時聞見錄』에는 "다음에는 기추騎芻를 시험하는데, 추인芻人허수아비은 우리나라에서 쓰는 추적芻的의풀단으로 만든 표적보다 조금 컸다. 임세재林世載·인문조印文調·이세번李世蕃 3인은 세 발을 맞히고 그 이외의 사람은 모두 다섯 발을 맞혔다. 말이 매우 살지고 훌륭하여 나는 듯이 달리는데, 이일제李逸濟는 첫 추적을 맞히고서 말 안장이 기울어져 떨어질 뻔하다가, 곧 몸을 솟구쳐 안장에 바로 앉아서 나머지 화살을 달리면서 다 맞히니, 사면에서 구경

김홍도가 서울의 북일영에서 활 쏘는 장면을 그린 그림, 고려대박물관 소장

하는 사람들이 일시에 모두 입을 벌리고 감탄했다. 대개 왜인은 말 다루는 것에 익숙하지 못하므로 날쌘 말이 내닫는 것을 보고도 기장_{奇壯}하게 여겼는데, 더구나 사람마다 화살을 헛되이 쏘지 않으니, 구경하는 사람이 모두 혀를 내두르며 탄복하지 않는 사람이 없었다"라고 기록되어 있는 것을 볼 때, 일본인들은 조선 무인들의 뛰어난 기사 솜씨와 마상재에 탄복했다는 것을 알 수 있다.

당나라 황제가 욕심낸
신라의 쇠뇌기술
- 활의 또다른 변형, 쇠뇌

쇠뇌[弩]란 활과 비슷하지만 손과 팔 힘이 아니라 기계적인 힘으로 화살을 발사하는 무기다. 서양에서 10세기 전후 석궁이라는 이름으로 유명해지기 시작했으며, 동양에서는 쇠뇌라는 이름으로 기원전부터 면면이 사용되어왔다. 서양의 석궁[石弓, crossbow]과 유사하나, 석궁은 쇠뇌라는 큰 범주에 속하는 일부일 뿐으로 그 의미가 훨씬 좁다.

쇠뇌는 기본적으로 나무와 철로 만들었고 화살을 장전하고 명중률을 보장하는 홈[溝]과 활, 그리고 시위를 풀어주는 방아쇠[弩機] 등으로 구성된다. 가장 큰 특징은 쏘기 전 미리 시위를 당겨놓을 수 있었을 뿐만 아니라 정확한 조준과 발사가 가능했다는 점, 활과 달리 사용자의 팔 힘에 상관없이 일정한 강도로 발사되는 점이다. 특히 활은 익히는 데 시간이 걸리지만 쇠뇌는 단기간의 훈련과 간단한 조작만으로도 60미터에서 300미터 거리 내의 표적에 화살을 정확히 명중시킬 수 있어 훈련되지 않은 병사가 사용하기에는 활보다 쉬웠다. 다만 한 발 쏘고 난 뒤에 재장전과 발사하기까지 시간이 오래 걸려 속도가 활보다 훨씬 느리다는 단점이 있다.

로빈 훗과 윌리엄 텔이 사용한 석궁

쇠뇌가 동양에서 선보인 것은 중국의 전국시대부터이고, 한나라 때부터 대량으로 사용되었다. 서구 유럽에서는 고대 그리스 때부터 써왔다고 한다. 그후 전승이 끊겼다가 중세 이후 이탈리아에서 다시 대대적으로 유행하기도 해, 갑옷을 뚫는 석궁의 위력으로 활을 대체하는 현상까지 일어났다. 실제 로빈 훗이나 윌리엄 텔이 일반적인 활이 아닌 석궁을 쓰는 인물로도 묘사되는 것이 이를 방증한다.

서양에서의 석궁은 고대 그리스 시대에 사용된 노포弩砲, ballista를 축소 · 개량한 것으로, 4세기에서 18세기까지 유럽에서 널리

석궁을 장전하는 병사

사용되었다. 서양에서 석궁을 의미하는 'crossbow'는 십
자가 형태를 띤다 하여 붙여진 이름
이다. 개발 초기에는 빈약한 사거리
때문에 다소 활용도가 떨어졌지만
11세기 초에서 15세기 말까지 유
럽에서 폭넓게 사용됐다. 당시 사
용된 석궁은 사거리가 250미터에 달

서양의 석궁

하고, 갑옷을 관통할 정도로 위력이 있었으며 강력한 살상력을
지녔었다.

　신사협정 또는 신사협약이라는 말이 있다. 사전적 의미로 서

**크레시전투 기록화에
나타난 석궁수.** 당시
프랑스군 대열 속에
는 제노바인 석궁수
가 6000명이나 포
함돼 있었다.

로 상대편을 믿고 맺는 사적인 비밀협정 또는 법적 구속력을 갖지 않는 비공식적인 국제협정을 뜻하는데, 1949년 체결된 제네바협약이 가장 유명하다. 하지만 990년 중세 교회가 남부 프랑스에서 시행한 신의 휴전 협정Truce of God이야말로 문헌에 등장하는 최초의 신사협정이라 할 수 있다. 이 신의 휴전협정 에는 재미있는 내용이 담겨 있는데, 바로 석궁의 사용을 금지 하는 것이다. 이는 인류 역사상 살상무기 사용을 금지한 최초 의 규정이라 할 수 있다. 그럼에도 불구하고 석궁은 점차 그 활 용도가 커졌다.

이후 1066년 정복왕 윌리엄 대공의 군대가 사용한 것을 현 대 석궁의 원형으로 보며, 십자군 전쟁의 주요 지휘관 중 한 명 이었던 사자왕 리처드 1세는 석궁을 보급하고 체계적으로 전 쟁에 사용했다. 그러나 리처드 1세는 1199년 4 월 프랑스 리모주에서 벌어진 공성전 도중 석 궁을 맞고 전사했다. 본 격적인 석궁부대는 12 세기경 이탈리아에서 처음 만들어졌고, 1346 년 크레시 전투에 투입

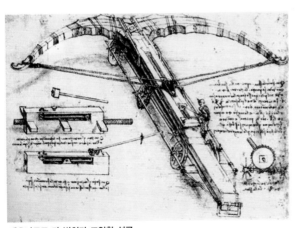
레오나르도 다 빈치가 고안한 석궁

된 제노바인 용병들은 뛰어난 사격 솜씨로 이름을 날렸다. 따라서 12세기 로마 교황이었던 이노센트 2세도 석궁이 잔인한 무기라고 여겨 "기독교인 간의 전투에서 석궁 사용을 금지하라"는 지시를 내리기도 했다.

중국을 능가한 삼국의 쇠뇌 제작기술

우리나라에서 고대 쇠뇌 유물은 평양 일대의 낙랑 유적에서만 집중적으로 출토되었다. 평양시 사동구역 이현리 목곽묘를 비롯해 낙랑구역 정백동 1호묘, 37호묘, 206호묘 등에서 쇠뇌가 여러 개 나왔고, 자강도 전천군 운송리 유적에서도 한 틀이 출토되었다. 이와 같이 유물이 많이 나온다는 것은 이 시기에 쇠뇌가 광범위하게 사용되었음을 말해준다. 유물을 토대로 당시의 쇠뇌를 복원해보면, 전체 길이 67.8센티미터, 활의 지름 69센티미터로, 발사 장치는 높은 가공 정밀도를 가지며 동작 원리가 기구학적으로 교묘하다고 할 수 있다. 아직까지 그 쇠뇌가 중국제인지 한국제인지의 여부가 불확실하지만, 고조선

중국의 고대 쇠뇌, 프랑스 기메박물관 소장

철기시대 쇠뇌의 발사장치인 노기
경북대박물관 소장

철기시대의 노기, 육군박물관 소장

삼국시대 쇠뇌의 발사장치인 노기, 북한 발굴물

의 유물이라고 한다면 세계적으로도 이른 시기에 고조선 사람들이 쇠뇌와 같은 정밀한 철제무기를 만들었고, 특히 구상 설계기술과 함께 기계 가공 제작기술도 상당히 높은 수준에 있었음을 알 수 있다.

한편 2004년 4월 경북 영천시 고경면의 한 포도밭에서 기원 전후의 쇠뇌 부품인 노기弩機가 발견돼 우리나라의 고대 국가에서도 쇠뇌가 제작되었음이 더욱 분명해졌다. 당시 목관묘에서 출토된 청동 노기는 현재까지 한강 이남지역에서는 처음으로 발견된 것으로, 형태나 보존 상태가 평양 일대에서 출토된 것보다 양호했다. 이후 실물 유물은 희귀하지만 삼국시대에도 쇠뇌를 흔히 사용했음을 문헌 기록을 통해 알 수 있다. 김부식의 『삼국사기』에는 558년 신라의 신득身得이라는 인물이 쇠뇌와 포砲를 만들어 성 위에 설치했다는 기록이 남아 있다. 특히 쇠뇌 기술자인 구진천仇珍川에 관한 설화는 신라의 쇠뇌 기술이 원조 격인 중국을 능가했음을 보여준다.

"겨울, 당나라 사신이 와서 조서를 전하고, 쇠뇌를 만드는 기술자[弩師]인 사찬 구진천을 데리고 갔다. 당 황제가 나무 쇠뇌를 만들게 했다. 만든 후에 화살을 쏘아보니 30보밖에 나가지 않았다. 황제가 '너희 나라에서 만든 쇠뇌는 1천 보, 1.26킬로미터를 나간다고 들었는데, 지금 만든 것은 겨우 30보밖에 나가지 않는다. 그 이유가 무엇인가?' 라고 물었다. 그는 '목재가 좋지 않기 때문입니다. 만약 신라의 목재로 만든다면 그렇게 만들 수 있을 것입니다' 라고 대답했다. 천자는 사신을 보내 목재를 요구했고, 곧바로 대내마 복한을 보내 목재를 바쳤다. 황제는 즉시 쇠뇌를 개조하게 했다. 그러나 개조한 후에 쏘아보니 60보밖에 나가지 않았다. 황제가 그 이유를 물었다. 구진천은 '저도 그 이유를 알 수 없습니다. 아마도 목재가 바다를 건너올 때 습기가 배어들었기 때문인 듯합니다' 라고 대답했다. 천자는 그가 고의로 그렇게 만든 것이 아닌가 의심하여 중죄를 준다고 위협했다. 그러나 그는 끝까지 자신의 재능을 모두 발휘하지 않았다."

– 『삼국사기』 권6, 「신라본기」 문무왕 9년조

이 기록을 보면 신라에서 제작한 쇠뇌의 성능과 활이 얼마나 뛰어났는지, 그리고 노사라고 하여 쇠뇌를 전문적으로 만드는 기술자가 있었다는 사실까지 알 수 있다. 특히 쇠뇌 제작기술을 밖으로 유출시키는 것은 기밀이었고, 당나라 또한 이를 얻기 위해서 굉장히 노력했으나 결국 실패했다는 점을 보여준다.

삼국시대 성곽전의 주요 무기, 쇠뇌

삼국시대의 전쟁 양상을 살펴보면 주로 산성을 두고 공방전을 펼치는 공·수성전이 성행했다. 특히 중국의 수·당과 같은 대군을 맞아 싸울 때에는 청야수성전술을 펼쳤다. 이렇듯 수성전을 중심으로 전쟁이 진행되었던 까닭에 그에 따른 무기 역시 발달했다. 그 대표적인 것으로는 투석기인 포砲, 기계적인 장치에 의해 화살을 발사하는 노弩, 성벽을 오르는 적을 제어하기 위한 장병기인 양지창兩枝槍·갈고리창·대형철겸大形鐵鎌, 성벽 주변에 뿌리거나 묻어 적의 말을 통제하기 위한 마름쇠 등이 있었다.

실제 백제의 최후의 도성이었던 부소산성에서 백제가 멸망할 당시의 유물들이 출토돼 7세기 중엽 백제의 수성용 무기의 성격을 파악하는 데 많은 도움을 주고 있다. 그중에서도 동문지東門址에서 대형 철겸 14점, 갈고리창 10점, 삼지갈고리 1점, 양지창 4점, 대형 철촉 20여 점 등이 덩어리 상태로 한꺼번에 출토되었는데, 양지창은 성을 오르는 적의 손을 공격하는 것이고, 갈고리창은 성벽을 오르는 적을 걸어당기는 무기이며, 대형 철겸은 성벽을 오르는 적을 걸어 베는 것이고, 대형 철모는

성벽 상단에 접근한 적을 찌르기 위한 것이며, 삼지갈고리는
성벽 아래의 적을 걸어올리는 무기이고, 대형 철촉은 대형 상
노床弩에 사용되었던 노촉弩鏃이었다.

　이를 토대로 백제와 나당연합군의 전투 장면을 상상해보자.
우선 백제군은 백강을 무사히 건너, 부소산성의 100미터 지점
까지 진격했던 적군에 대해서는 노포로 포석砲石과 대형 철촉을
집중 발사하여 저지했을 것이다. 그런 1차 포격선을 뚫고 성벽
가까이에 접근한 적에 대해서는 장궁을 이용하여 2차 공격을
했을 것이며, 적군이 성벽에 거의 도달했을 때에는 활과 함께
돌을 던지기도 했을 것이다. 또한 적군의 기마병들은 성벽 가
장자리에 뿌려져 있거나 묻혀 있던 철질려에 의해 공격력을 잃
기도 했을 것이다.

　또 신라에는 공수성 전문 부대인 사설당四設幢이 있었는데, 이
부대에는 쇠뇌를 쏘는 부대인 노당弩幢, 성을 공격할 때 쓰는 긴

사다리 부대인 운제당雲梯幢, 성벽을 공격하는 부대인 충당衝幢, 돌을 발사하는 투석기를 다루는 투석부대인 석투당石投幢으로 편제되어 있었다. 이 부대의 설치 연대를 정확히 알 수는 없지만, 558년진흥왕 19에 나마奈麻 신득身得으로 하여금 포와 노를 만들어 국원소경國原小京에 설치했다는 『삼국사기』 「신라본기」의 기록에 의거할 때, 적어도 6세기 중엽에는 노당과 석투당이 창설되었을 것으로 추측된다. 또한 신라와 백제가 국운을 건 전쟁을 수차례 치렀던 7세기 중엽에는 공성용 무기를 다루는 운제당과 충당 역시 설치되었을 가능성이 높다.

이러한 성곽 전투 전문부대는 고구려와 백제에도 마찬가지로 설치되었던 것으로 보인다. 백제에 관한 기록은 거의 없지만, 고구려의 경우는 5세기 전반기경에 축조된 것으로 보이는 덕흥리 벽화고분의 전실 남벽 행렬도에도 쇠뇌가 나오고 있다. 이 행렬도의 앞부분에는 북과 각을 울리는 고취악대가 나가며 그 뒤에는 쇠뇌를 지고 나가는 말 탄 사람이 있는데, 그 곁에 "계현령이 쇠뇌를 들어 올렸다劍縣令捉軒弩"는 기록으로 보아 쇠뇌가 주요 전투 무기로 사용되고 있음을 알 수 있다. 특히 당나라가 고구려를 침략했을 때 백암성 전투에서 고구려의 쇠뇌 화살에 맞아 당나라 장수 이사마李思摩가 피를 흘리자 당 태종이 이를 빨아주었다는 『자치통감自治通鑑』의 기록과, 고구려가 수나라의 대규모 침공에 대비하기 위하여 중국의 쇠뇌 제작 기술자를

매수하여 병기를 수리
했다는 『구당서舊唐書』의
기록 등은 고구려에도
쇠뇌 전문 부대가 있었
음을 알려준다.

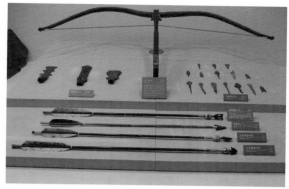

삼국시대의 쇠뇌, 전쟁기념관 소장

삼국시대의 쇠뇌는
목재 부분은 없어지고
발사틀인 노기만이 여
러 점 발굴되었으며, 이를 토대로 복원한 쇠뇌가 전쟁기념관
등에 전시되어 있다.

고려의 쇠뇌 전문부대 정노군

삼국시대에 이어 고려시대에도 쇠뇌는
광범위하게 사용됐으며, 성능 면에서 많이 개선되었다. 고려의
쇠뇌에 대한 관심은 다름아닌 국방정책과 긴밀한 관계가 있었
다. 고려 2군 6위京軍 이외에 정노精弩라는 쇠뇌 운용부대가 있
었다. 국방상 중요한 지역인 북계北界에는 쇠뇌부대를 배치했으
며, 연습 결과에 따라 직을 높여주는 우대책을 시행했다.

목종 때에는 군기감에 노통장弩筒匠이라는 장인이 있어 국가
에서 적극적으로 쇠뇌를 제작·보급했다. 1104년숙종 9 2월에
여진을 정벌하기 위하여 윤관의 건의로 설치된 별무반에 정노

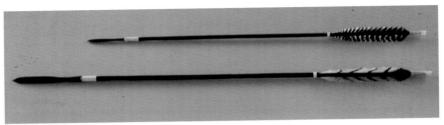

고려시대 쇠뇌와 화살, 유영기 복원, 영집궁시박물관 소장

군軍隊軍을 설치할 수 있었던 것도 쇠뇌 제작이 지속되었기 때문이다. 또한 예종이 쇠뇌를 보유한 정예부대인 정노반精弩班을 사열했다는 기록이나, 묘청의 난 당시 상장군 이녹천이 지휘하는 토벌군이 반란군의 쇠뇌부대에 전멸 당했다는 『고려사』의 기록에서 쇠뇌 사용의 실상을 짐작해볼 수 있다.

고려시대에는 성을 방어하는 무기로 쇠뇌를 매우 중시했다. 그 이유는 쇠뇌가 활에 비해 수성작전과 매복작전을 운용하는 데 장점이 있기 때문이었다. 쇠뇌는 큰 동작 없이 좁은 공간에서 시위를 노기에 걸기만 하면 상대를 쏠 수 있었다. 다시 말해 자신의 몸을 은폐·엄폐시킨 가운데 사용 가능했던 것이다.

『고려사』「김부金富 열전」에는 "훈련된 기병이 평원에서 적을 만나 칼날을 부딪치고 화살을 쏘아 단번에 승부를 결정하는 것은 북방 기마민족의 장점이면서 중국의 단점입니다. 성곽에 올라 강노强弩로 진영을 굳게 하고 지키면서 상대가 쇠퇴해지기를 기다리는 것은 중국의 장점이면서 기마민족의 장점입니다. 마땅히 장점을 취하여 (…) 이는 지금의 우리 형세로는 적절한 것이니 반드시 경성 및 모든 주진으로 하여금 성을 높게 수축하고 못을 깊게 하여, 강노·독화살·돌·화전을 비축하도록 하고……"라는 기록이 있다.

위의 기사는 쇠뇌가 수성작전에 얼마나 유효한지를 보여주는데, 이를 위해서는 성을 높게 수축하는 것만이 아니라 강노를 준비해야 한다는 사실을 언급하고 있다.

특히 고려는 여진의 기병에 대항하기 위해 강궁군이라든가 정노군을 비롯한 특수부대의 역할이 절대적이었다. 따라서 기병을 중심으로 하는 무예와 강궁술을 비롯한 쇠뇌부대의 전술적 활용을 통해서 여진의 기병을 효과적으로 제압하려 했던 것이다. 보병이 기병과 싸울 때는 장창을 지닌 부대를 맨 앞에 위치시키고, 다음은 강궁을 가진 부대, 그다음은 강노를 지닌 부대가 무릎을 꿇고 대기하게 하는 것이 효과적이기 때문이다.

박원작이 개발한 수질구궁노

쇠뇌의 이런 전술적 이점 때문에 고려시대에는 다양한 종류가 개발되었다. 『고려사』에는 1032년덕종 1 3월 상사봉어尙舍奉御라는 직함을 가진 박원작朴元綽이 수질노繡質弩와 팔우노八牛弩라 불리는 특수한 쇠뇌를 개발했다는 사실이 언급되어 있다. 박원작은 1037년덕종 6에는 수질구궁노繡質九弓弩를 개발했다. 당시 이를 본 덕종이 "매우 신기하고 교묘하기 그지없다"라고 찬탄하며 "추가 제작해 각지 요충지에 비치하라"고 했다. 이후에도 그는 천균노千鈞弩라는 특수한 쇠뇌를 제작했다.

팔우노는 명칭에서 드러나듯이 중국의 삼궁팔우상자노三弓八牛床子弩와 유사한 무기인 것 같다. 중국의 팔우상자노는 발사 시 소 여덟 마리의 힘이 필요할 정도로 거대하고 강력한 기계식 쇠뇌였다. 팔우노의 형태와 구조 원리, 성능은 1040~1044년 중국에서 편찬된 『무경총요武經總要』와 1456년에 편찬된 『무경절요武經節要』에 소개되어 있다.

먼저 팔우노는 여덟 마리의 소로 시위를 당겨야 할 만큼 강한 활틀弓體을 지니고 있다. 활틀은 하나가 아닌 셋으로 앞에 두개, 뒤에 한 개로 구성되며, 뒤의 것은 앞의 두 개와 줄로 연결시켜 역방향이지만 탄성의 방향을 앞으로 주게 한다. 이로써 최대 100여 발에 이르는 화살을 날릴 수 있는 강력한 힘을 지

고려시대 팔우노와 그 발사 장면, 유세현 복원, 영집궁시박물관 소장

니게 된다. 적의 중병기를 부수기 위해서 거대한 화살을 여러 개 날릴 수도 있으며 100여 발에 이르는 작고 가벼운 화살들을 통속에 넣어 한꺼번에 날린다. 시위가 워낙 강해 방아나 줄을 잡아당겨서는 쏠 수 없고 짧은 방망이로 방아틀 쇠 부분을 쳐서 쏜다. 통에 있던 화살이 허공에서 일제히 산개하듯 날아가다가 비 오듯이 쏟아지게 되는데, 오늘날의 융단폭격과 비슷해서 살상 범위가 매우 넓다. 팔우노의 또다른 장점은 힘이 좋은 덕에 곡사형이 아닌 거의 직선형으로 화살을 날릴 수 있어 정확성이 뛰어나고 돌에도 깊이 박힌다는 점이다. 거대한 화살을 적의 성벽에 발사해 계단처럼 만들 때도 사용된다.

천균노의 천균은 고대의 무게 단위로, 현대 도량형으로 약 18톤에 해당하기 때문에 천균노란 그만한 무게를 가진 노를 의미한다. 이런 점에서 학자들은 천균노를 매우 무겁고 강력한 성능을 갖춘 거대한 기계식 쇠뇌의 일종으로 보고 있다.

수질구궁노의 경우 학자들 사이에서도 그 실체에 대한 의견이 갈린다. 일부 학자는 팔우노와 유사한 거대한 쇠뇌라고 추정하기도 하지만, 반대로 아홉 개의 쇠뇌를 연결하여 한꺼번에 발사할 수 있는 연노連弩의 일종이라고 추정하기도 한다. 수질노를 횡으로 3개, 층으로 3개를 쌓아 9개의 다연발 시스템을 갖춘 뒤, 층마다 시위를 당기는 기계를 하나로 연결하여 커다란 기계장치로 동시에 시위를 감아 매기게 장착한다. 이처럼 다연발 시스템을 갖추는 것은 다발형보다 더 어려운 기술인데, 격발 장치는 끈으로 쇠뇌의 사수가 하나씩 당기는 연발식, 한꺼번에 당기는 다발식 등 전술 상황에 따른 운용이 가능하도록 했다.

고려시대의 쇠뇌 중에 실물이 남아 있는 것은 없으나 국가무형문화재 궁시장인 유영기와 그 전수자 유세현이 추정 복원한 팔우노가 경기도 파주시 영집궁시박물관에 전시되어 있다. 쇠뇌는 기계적 장치를 이용한다는 점에서 활과는 달리 장거리 공격과 다연발 공격이 가능했다. 화약이 아닌 활 시위를 이용하고 총알이 아닌 화살을 발사하지만 오늘날의 기관총처럼 동시에 다수의 적을 상대할 수 있는 중량감 있는 무기였던 것이다. 무겁고 큰 화살, 더러는 창까지 멀리 날릴 수 있었다. 그뿐 아니라 돌이나 탄환도 날릴 수 있었다.

우리나라에 널리 사용된 쇠뇌는 주로 성곽전에서 성채를 공격하거나 수비할 때 사용되었다. 또한 힘이 좋기 때문에 기본적으로 갑주에 강하고 다른 병기를 부수는 데도 사용되었다. 그렇기에 활을 다루는 궁수와는 별도로 노수弩手와 노사弩師라는 별도의 직역이 설정될 정도로 무기 체계상의 독립된 영역을 확보했고, 실용적인 혁신과 개발을 지속적으로 진행하면서 우리 역사 속에서 그 역할을 담당했다.

여자도 쏠 수 있는 10연발 수노
-조선시대의 쇠뇌

쇠뇌는 한마디로 지지대를 갖춘 기계식 활이다. 전통적인 활에 받침목을 댐으로써 안정도를 증대시킨 후, 당겨진 시위를 걸쇠에 걸어놓고 목표물을 조준한 다음 방아쇠를 당김으로써 화살을 추진시키는 무기다. 전통적인 활에서 화살이 날아가 목표물에 명중되는 과정을 한 단계씩 끊어 구분한 것이다. 발사되는 화살의 수효 면에서는 쇠뇌가 활의 6분의 1활이 분당 6발을 쏘는 데 비해 쇠뇌는 1발밖에 쏘지 못한다에 불과하나, 활을 쏠 때 요구되는 강한 힘의 지속 상태가 쇠뇌에서는 기계적으로 작용하여 명중률에서 대단히 높은 수치를 보인다. 뒤피Duppy의 *The Evolution of Weapons and Warfare*에 의하면, 전통 활의 치명도 수치가 21인 데 반해 쇠뇌는 33의 수치를 보인다.

전통적인 활에 비해 쇠뇌가 지닌 이점은 정확성이며, 동시에 활보다 더욱 무거운 화살을 발사할 수 있다는 것이다. 다만 분당 발사 속도는 활보다 느렸다. 이러한 쇠뇌가 활과 함께 공존했던 이유는 서로의 약점을 보완했기 때문이다. 쇠뇌의 장점은 첫째, 훈련이나 숙련 없이도 운용이 가능했다. 둘째는 엄폐된 시설에서 방어에 유리하다는 점이다. 즉 엄폐된 시설의 구멍을 통해 언제라도 사격이 가능해, 활과 달리 비교적 노출이 없는 성벽 공간 등에서 전투를 할 수 있었다. 셋째는 짧은 거리에서 최고의 정확도를 자랑한다는 점이다. 15세기 서구에서 사용된 일반 군사용 쇠뇌는 45도 각도로 화살을 발사할 때 380~390미터의 사거리를 가졌으며, 직선으로 발사될 때의 거리는 60~70미터 정도였다. Ralph, *The Crossbow*

따라서 쇠뇌의 운용은 보병이나 전차나 기병 집단과 상대할 경우 구릉 혹은 험한 지형을 확보하고, 강노와 장병기를 전면에 배치한 다음 단병기를 휴대한 자와 소노小弩는 바로 그 뒤에 포진시키고, 부대의 후미에도 강노를 위치시켜 후방을 공고히 하고자 했다. 또한 보병이 기병과 싸울 때 먼저 장창을 지닌 부대가 맨 앞에 위치하여 함부로 일어나지 못하게 하고, 다음은 강궁을 가진 부대, 그다음은 강노를 지닌 부대가 무릎 꿇고 대기하게 하여 강노를 함께 운용하기도 했다. 또한 쇠뇌는 추격병에 대한 기습에도 매우 효과적이었다. 임진왜란 때 의병들이 성주지역에 침입한 일본군과 전투 시에 강노수들을 매복해놓

았다가 격퇴시킬 수 있었다.

　이러한 강점으로 쇠뇌는 고대부터 널리 사용되었다. 고려시
대에도 수질노, 수질구궁노 등 다양한 종류의 쇠뇌가 제작되었
으며, 특히 정노반이라는 쇠뇌 전문부대를 운용하는 등 광범위
하게 쓰였다. 그러나 이후로 그 사용이 뜸해지고 조선조에 와
서는 쇠뇌를 만드는 기술조차 거의 사라져가고 있었다. 1431
년세종 13에 쇠뇌를 시험 제작할 때에는 궁중에 있던 도자기에 그
려진 쇠뇌 그림을 참고해야 할 정도로 정보가 부족했다. 1450
년에 집현전의 부교리 양성지는 고려시대부터 쇠뇌제도가 우
리나라에서 끊겼다고 했고, 세조 때에 중국을 다녀와서는 명나
라에서도 쇠뇌가 호랑이 사냥에만 사용된다고 보고한 데서 익
히 알 수 있다.

쇠뇌의 쇠퇴

　　　　　조선시대에 쇠뇌는 사용은 했지만 활에 비해 소홀히 취급돼 군대에서 비중 있는 무기로 운용되지 못했다. 『조선왕조실록』을 보면 가끔 쇠뇌와 관련된 기사가 등장하지만, 어느 기록에도 군에서 대량 운용했다는 내용은 나오지 않는다. 왜 이 시대에 쇠뇌가 소홀히 취급됐는지는 분명치 않으나 조선전기의 방어 전략·전술과 관련 있어 보인다.

　조선전기 방어 전략의 기본 방향은 두만강과 압록강 유역의 영토 개척을 위한 진취적인 방향으로 이루어졌다. 당시 만주 일대의 여진이 200여 종족으로 분열된 상태였기에 조선의 군사력으로도 제압이 가능했다. 따라서 세종대에는 민생 안정을 통한 재정 확보로 사민정책徙民政策과 행성行城 축조를 통해 영토를 개척했다.

　이후 문종대에는 국내 정세의 불안, 민심의 동요, 경제력의 위축 등에 따라 방위 전략의 수정이 불가피해졌다. 서부 몽고 지방의 오이라트Oirat가 세력을 확장해 대규모 군사 침입 가능성이 높아진 현실에서 새로운 관방론關防論의 수립이 요구되었는데, 기존의 행성론은 장성이나 행성을 축조하는 데 막대한 인력이 소요되었으며, 대규모의 적을 방비하는 데도 부적절했기 때문이다. 이에 새로운 방위 전략은 주·군의 위치에 읍성을 쌓아 내지의 요충을 중점적으로 방어하는 체제로 형성되었다.

한편 조선전기의 전술체제는 진법陣法, 즉 오위진법五衛陣法이었다. 이는 개인의 전투 역량보다는 전투 대형에 의존했다. 군사들의 무기 체계는 주로 궁시·화기 등 이른바 '장병기長兵器'였다. 군사들은 기병과 보병 두 부류로 나뉘어 음양오행에 근거하여 짜인 진법에 따라 대형을 갖추었다.

특히 조선의 방위 전술론은 공격형이 아니라 방어론 중심이었다. 이것은 기본적으로 성곽을 중심으로 한 전술로 장병 무기인 궁술과 화포술의 발전에 기여했다. 당시 조선이 보유한 군사기술 중에서 여진이 가장 두려워한 것은 화포와 편전이었다. 조선은 화약무기와 활에 대해서는 국가적 차원에서 관심을 쏟았으나 다른 무기의 개발과 운용은 등한시했다.

결국 1433년세종 15에 개발된 '일발다전법'을 비롯한 대대적인 화기 개량이 있었고, 괄목할 만한 성과가 나타났다. 반면 쇠뇌는 활이나 화기의 발달에 비해 상대적으로 쇠퇴하는 결과를 초래했다.

새로운 쇠뇌를 제작하다

조선전기에는 화약무기의 발달과 활에 대한 애착심이 컸으며, 특히 조선시대의 관계 법령에 '화약무기류는 민간인 소유를 절대적으로 금지시킨 반면 노에 대해서는 민간인의 소유를 금지하지 않는다'고 언급돼 있는 것을 보면 쇠뇌가 당시에 중요한 전투 무기에 포함되어 있지 않다는 사실을 알 수 있다.

조선에서 쇠뇌가 다시 사용된 것은 성종·중종 때의 일이다. 성종 6년에는 새로운 체제의 쇠뇌를 제작하여 시험했고, 성종 26년에는 국왕이 전라좌도 수군절도사 등에게 새로 창안된 쇠뇌의 견본을 보내면서 이를 제작하여 시험하도록 했다. 그 당시 개발된 쇠뇌는 중종 5년에 제포에 침입한 왜구를 토벌하는 데 사용되었고, 그 성과에 만족한 중종은 재위 15년과 16년에 직제학 서후로 하여금 100근의 강노強弩와 극적궁克敵弓, 120근짜리 노궁弩弓 등을 만들게 했다. 또 1583년선조 16에 여진족 5000여 기병이 방원보防垣堡에 침범하자 만호 최호崔浩가 강한 쇠뇌를 이용하여 격퇴시켰다.

임진왜란 때에도 진주성 전투 등에서 쇠뇌가 부분적으로 사용되었다. 특히 1592년선조 25 11월, 유성룡이 선조에게 적정을 보고하는 글에서 "듣건대 경상좌병사 박진朴晉은 여러 곳의 적진을 쳐부술 때 연노連弩와 진천뢰를 사용했는바 적은 이것을 두려워했다고 합니다"라고 하여 쇠뇌가 실전에서의 전술적 효과를 크게 발휘했음을 역설하고 있다. 쇠뇌는 계속해서 전투 무기로 이용되었으며 진천뢰와 더불어 살상 효과가 컸음을 알 수 있다. 당시 의병들이 매복전에서 쇠뇌를 많이 활용하여 전투를 승리로 이끄는 데 크게 기여했다.

미국에서 공개된 거북선도에 나타난 수노기 사용 장면

　임진왜란이 끝난 후에는 한동안 화기의 발달로 인해 쇠뇌의
사용이 주춤했지만, 조총의 등장으로 조선군의 전반적인 활쏘
기 기술이 저하되자 별다른 훈련 없이도 사용할 수 있는 쇠뇌
가 다시 각광을 받게 되었다. 1715년숙종 41에는 도제조 이이명李
頤命의 건의로 삼군문三軍門에서 각각 수백 좌의 쇠뇌를 만들어 북
한산성에 비치했으며, 1725년영조 1에는 장흥의 김성대金成大가
변방에 쇠뇌 1000여 기를 설치할 것을 건의했다. 또한 영조연
간에는 『노해弩解』라는 책이 출간되었는데, 여기에는 쇠뇌의 제
작 방법이 상세히 수록되어 있었다.

변진영의 『노해』

『노해』는 쇠뇌를 만들고 운용하는 전술을 해설한 병서인데 갑산 도호부사를 역임한 변진영邊鎭英이 저술했다. 쇠뇌 제작기술이 점차 퇴색해가고 있고, 군사적 활용도 미미하던 시절에 그 부활을 주장하며 개인 차원에서 저술한 무기 제작 교범이라고 할 수 있다. 1727년에 초판이 간행되었으나, 현재 국립중앙도서관과 육군박물관이 소장하고 있는 책자는 그의 친구인 이세환李世瑍의 교정본으로서 1729년에 간행된 것이다. 『노해』는 18장밖에 안 되는 소책자인데 겉표지를 제외한 본문은 33쪽이고, 그중 제작법을 그림으로 설명하기 위한 도면이 11쪽을 차지할 정도다.

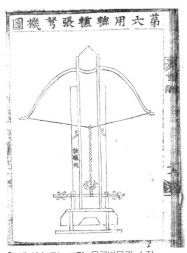

『노해』의 녹로노 그림, 육군박물관 소장

변진영은 임진왜란 때 금산에서 순절한 변응정邊應井의 증손으로 거제현숙종 29(1703), 통우후統虞侯숙종 33(1707), 부호군숙종 36(1710), 거제부사숙종 37(1711), 전주영장숙종 40(1714), 갑산부사숙종 41(1715), 곡산부사숙종 44(1718), 부호군숙종 46(1720) 등을 역임했다.

변진영은 각궁에 지나치게 의존하는 당시의 무기 체계를 비판하고, 배우기 어려운 각궁 대신 노약자도 손쉽게 익힐 수 있는 쇠뇌를 제작해 널리 보급하자는 의도에서 그 기술과 전술적인 운용법을 개발했고, 그 결과를 이 책자에서 도해를 곁들여 설명하고 있다. 제작 방법에서는 쇠뇌에 사용되는 활과 몸통에 해당하는 노기와 방아틀, 시위를 당기기 위한 도르래인 녹로轆轤를 만들고 사용하는 방법을 도면과 아울러 설명하고 있다. 또 전술적 운용 방법으로 쇠뇌를 연결하여 설치하는 연노법連弩法과 이를 매복·설치하여 활용하는 방법에 역점을 두어 설명하고 있다. 이어서 성곽을 방어할 때 운용하는 법과 수전에서의 사용법을 간략하게 덧붙이고, 마지막에는 쇠뇌를 효과적으로 운용하기 위한 편제와 용병법을 제안하고 있다.

특히 그는 갑산부사로 재직하면서 쇠뇌 30여 기를 제작해서 요해처에서 시험했는데, 화살의 힘이 매우 빨라 견고한 갑옷도 뚫을 수 있었다고 한다. 이러한 그의 노력은 당시 어사로 파견되었던 최상리崔尚履에 의해 높이 평가받았다. 이후 그의 주장은 조정에 채택돼 한성의 5군문, 전국 각 도의 병영과 수영 등지에서 각각 쇠뇌 수만여 기를 제작해서 유사시에 대비하기도 했다. 이후 함경감사 윤헌주尹憲柱는 그의 『노해』를 보고서 출간하여 각 진영에서 교습하게 했다. 좌의정 이이명 등도 그의 저작을 조정의 주관하에 출판해 배포하고자 했으나 여러 사정으로 시행되지는 못했다.

당시 『노해』가 매우 긍정적 평가를 받은 것은 도로가 험하고 산악지대가 많은 우리나라의 지리적 환경에 부합했기 때문인 것으로 여겨진다. 이 책은 쇠뇌와 관련하여 현존하는 유일한 전문 병서라는 점에서도 역사적 가치가 매우 높다.

『훈국신조기계도설』의 수노기와 궐장노

조선후기 영·정조대에 이르면 실학자들을 중심으로 쇠뇌의 중요성이 다시 부각된다. 군사 훈련이 부실해지는 등 안보 체제가 와해되는 상황에서 다시 주목받게 된 것이다. 다산 정약용 선생은 『목민심서牧民心書』에서 무사들이 익혀야 할 여덟 가지 필수 무예 중 하나로 쇠뇌 사용법을 꼽으면서 무과시험 과목에 포함시킬 것을 주장하기도 했다. 비록 대량으로 사용되진 못했지만 조선시대 쇠뇌 중에는 특징적인 것이 많다. 조선후기에 씌어진 무기 관련 서적인 『훈국신조기계도설』을 보면 탄창을 이용하여 여러 발의 화살을 연속해서 발사할 수 있는 수노기手弩機가 등장한다. 『만기요람』에 정리된 각 군현의 무기 비축 현황을 살펴보면, 당시에 수노궁이란 이름으로 주요 방어지역에 대량으로 비축되어 있음을 알 수 있다.

수노기는 연노連弩의 일종으로 조선후기에 훈련대장 신헌에 의해 제작되어 사용된 쇠뇌이다. 연노에는 방아쇠를 당기는 간단한 동작 하나로 적에게 한꺼번에 계속해서 화살을 퍼부을 수 있는 연발식과 여러 개의 화살을 동시에 발사할 수 있는 다발식이 있다. 수노기는 연발식 쇠뇌의 일종으로, 기존에 있던 발사 장치를 개량하여 장전 및 발사가 용이하도록 했다. 적게는 3발에서 10발까지 연속 발사가 가능하기 때문에 쇠뇌의 최대의 약점이라 할 수 있는 발사속도를 증대시킨 것이 특징이다. 즉, 전갑箭甲이라는 통을 쇠뇌틀 위에 얹어놓고 그 속에 10여 발의 화살을 넣어 발사 때마다 화살이 자동적으로 떨어져 장전된다. 이후 고현기叩弦機쇠뇌의 손잡이로 노상弩床과 전갑箭甲을 이어준다를 전방으로 밀었다

수노기, 전쟁기념관 소장

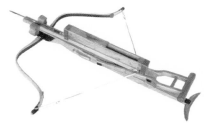

유물을 토대로 재현한 수노기, 영집궁시박물관 소장

당기면 화살이 발사되게 했다. 이때 전갑은 상광하협上廣下狹위는 넓고, 아래는 좁은 것으로 돼, 떨어지는 곳의 폭을 화살의 직경보다 약간 넓게 하여 화살이 시위에 잘 걸리도록 했다.

　다시 정리하면 수노는 전갑이라 불리는 화살 상자를 장착하고 있다. 전갑 속에는 화살 10발 정도를 한꺼번에 넣어 손잡이를 앞뒤로 당기면 자동으로 발사된다. 별도의 장전과정 없이 연발 사격이 가능하므로 수노는 다른 쇠뇌와 달리 발사 속도가 빠른 것이 특징이다. 특히 손으로 손잡이를 앞뒤로 당기는 것만으로 발사되기 때문에 여자도 쏠 수 있다는 의미에서 부인노

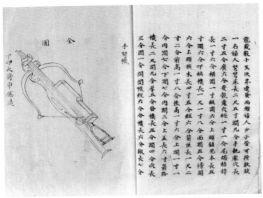

「훈국신조기계도설」의 수노기 그림, 육군박물관 소장

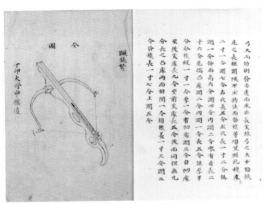

「훈국신조기계도설」의 궐장노 그림, 육군박물관 소장

婦人弩라는 별칭으로 불리기도 했다. 수노는 자동 장전을 위해 화살 끝에 깃이 없다. 때문에 화살이 균형을 잡기가 힘들어 사거리가 짧고 명중률이 떨어지는 것이 단점이다. 현재 수노기는 수 점이 있는데, 일부는 쇠뇌 틀만, 일부는 활만 전해오고 있다. 현존하는 수노기의 전체 길이는 101~105센티미터이다. 이를 토대로 무형문화재 궁시장 유영기가 복원·재현하기도 했다.

한편 『훈국신조기계도설』에는 궐장노蹶張弩도 소개되어 있는데, 이것은 발로 활을 밟고 시위를 건다고 해서 이름 붙여진 것으로 가장 일반적인 형태다. 『훈국신조기계도설』에 소개된 궐장노는 중국 전국시대의 고전적인 쇠뇌의 형태를 거의 그대로 유지하고 있다. 다만 『무비지』의 것은 여러 개의 나무를 겹쳐서 활채를 만든 반면 조

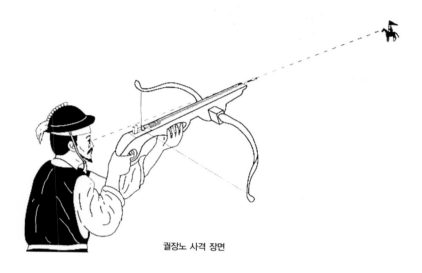

궐장노 사격 장면

선의 것은 활채가 하나로 구성되어 있다.

 궐장노의 구조를 보면 긴 나무로 만든 활틀의 앞부분에는 활 하나를 끼울 수 있는 홈이 있고, 그 아래에는 자물쇠가 달려 있다. 활틀 뒷부분에는 당겨진 시위를 걸어놓았다가 방아쇠를 당길 수 있도록 고안된 금속제 발기처發機處가 달려 있다. 궐장노에 사용되는 화살은 장전과 편전인데, 이 둘 모두 발사되는 동안 노상과의 마찰을 줄이기 위해 화살촉을 송곳 모양으로 만들었다. 특별히 정해진 것이 없으며 사용하는 이의 힘과 용도에 따라서 크기와 재질을 달리했다.

 기계식 활인 쇠뇌는 발사 원리나 성능 면에서 궁시와는 또다른 특성을 띤 무기라 할 수 있다. 그럼에도 불구하고 조선시대

수노기를 시험 발사하는 장면

에 쇠뇌가 궁시에 비해 크게 활용되지 못한 점은 조선시대의 방어 전략과 전술 운용, 무과 시행 등과 관련이 있다. 무武의 문화 형성에 따라 궁시가 더욱 중요하게 여겨졌기 때문이다. 그렇지만 쇠뇌의 은밀성과 정확성은 전술적으로 매복이나 저격용으로 그 활용도가 높아 조선에서는 북방 야인의 침입에 대비하여 적의 주요 접근로에 배치하여 많은 효과를 보았기 때문에 그 특성을 살려 지속적으로 사용되었다. 1871년 신미양요 당시 강화도 방어를 위해 파견된 어재연魚在淵 부대가 지닌 무기 중에 수노궁 30개가 들어 있음을 볼 때, 큰 비중은 아니었으나 지속적으로 사용되었음을 알 수 있다.

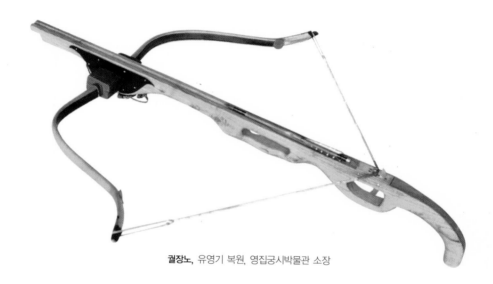

궐장노, 유영기 복원, 영집궁시박물관 소장

화염 조선
ⓒ 박재광 2009

1판 1쇄 2009년 2월 10일
1판 2쇄 2014년 8월 4일

지은이 박재광
펴낸이 강성민
편집 이은혜 박민수 이두루
편집보조 유지영 곽우정
마케팅 정민호 이연실 정현민 지문희 김주원
온라인마케팅 김희숙 김상만 이원주 이천희

펴낸곳 (주)글항아리|출판등록 2009년 1월 19일 제406-2009-000002호

주소 413-120 경기도 파주시 회동길 210
전자우편 bookpot@hanmail.net
전화번호 031-955-8891(마케팅) 031-955-1903(편집부)
팩스 031-955-2557

ISBN 978-89-962155-0-9 03900

글항아리는 (주)문학동네의 계열사입니다.

이 도서의 국립중앙도서관 출판시도서목록(CIP)은 e-CIP홈페이지(http://www.nl.go.kr/ecip)에서
이용하실 수 있습니다. (CIP제어번호 : CIP2009000235)